離死之心

竹慶本樂仁波切◎著

Dzogchen Ponlop

藍　星◎譯

江翰雯◎審校

Mind Beyond Death

謹以此書

獻給我摯愛的父親——已故的丹卻雍杜，

和我慈愛的母親——列謝卓瑪，

由此誕生了培養智慧與慈悲的無盡珍貴機會。

目次

離死之心

4

堪布一竹清嘉措仁波切　序

༄༅། །བར་མེད་པས་བར་དོ་མེད་པའི་ཚིགས་བཅད། །

中際不存在，中陰亦不存

སྐྱེ་དང་འཆི་བ་ངོ་བོ་མེད་པའི་ཕྱིར། །
དེ་གཉིས་བར་ཡང་སྐྱེ་མེད་སྤྲོས་བྲལ་ཙམ། །
བདག་དང་གཞན་ལ་ངོ་བོ་མེད་པའི་ཕྱིར། །
དེ་གཉིས་བར་ཡང་སྐྱེ་མེད་སྤྲོས་བྲལ་ཙམ། །

出生與死亡皆沒有自性，
因此兩者之間僅是無生且遠離造作的。
由於自與他皆沒有自性，
因此兩者之間僅是無生且遠離造作的。

ཞེས་མཁན་པོ་ཚུལ་ཁྲིམས་རྒྱ་མཚོ་རིན་པོ་ཆེས་འབྲུག་ཀརྨ་སྒྲུབ་སྟེ་དགོན་པར་ཐོལ་བྱུང་དུ་སྨྲས་སོ། །

西元2006年10月9日，堪布竹清嘉措仁波切於不丹噶瑪竹狄寺即興流露而說。

སྔོན་འགྲོའི་ཞུ་ཚིག

ཚེ་འདིར་དབང་ཕྱུག་གདམས་པས་རྗེས་འཛིན་ཞིང་།།

ཕྱི་མར་ཐར་པའི་ལམ་དུ་འཁྲིད་མཛད་པ།།

བར་དོར་འཇིགས་པའི་འཕྲང་ལས་སྒྲོལ་བ་པོ།།

མཆོངས་མེད་བླ་མ་མཆོག་གིས་བྱིན་གྱིས་རློབས།།

དེ་ལ་འདིར་སྒྱིར་འཇིག་རྟེན་པ་ལ་མང་པོ་ཞིག་གིས་བར་དོ་ཞེས་པ་ནི། འཇིག་རྟེན་ཚེ་འདིའི་སྣང་བ་འགགས་པའི་རྗེས་སུ། ཞག་བདུན་བདུན་བཞི་བཅུ་ཞེ་དགུའི་རིང་ལ་འཇིགས་ཤིང་ཡ་ང་བའི་སྣང་བ་སྣ་ཚོགས་པ་ཞིག་འཆར་རྒྱུ་ཡོད་པ་ཞིག་ལ་ངོས་འཛིན། མདོ་ཕྱོགས་སུ། བོད་ཡིག་ཏུ། ཆོས་མཛོན་པ་མཛོད་ཀྱི་འཇིག་རྟེན་བསྟན་པའི་སྐབས་སུ་རང་གཞུང་ལས་བར་དོ་ཞེས་པའི་ཚིག་ཉིན་དངོས་སུ་མེད་མོད། རྩ་བར། འདིར་གང་ཚེ་དང་སྐྱེ་བ་ཡི། སྲིད་པའི་བར་དུ་འབྱུང་བའོ། །ཞེས་འཚེ་བའི་སྲིད་པ་དང་། སྐྱེ་བའི་སྲིད་པ་དང་། བར་མའི་སྲིད་པ་སྟེ་སྲིད་པ་གསུམ་གྱི་ཐ་སྙད་མཛད། དེ་དག་ལས་བར་གྱི་སྲིད་པའི་ཡིད་ལུས་ཀྱི་རྣམ་པ་དང་། ཁྱད་ཆོས། ཚེ་ཚད་སོགས་ཀྱི་རྣམ་བཞག་ཀྱང་མཛོན་ཆམ་མཆིས། རྒྱ་ཡིག་ཏུ། ཇེ་བྲག་བཤད་མཛོད་ཆེན་མོར་བར་དོའི་སྐོར་སྤྱི་དང་། ཇེ་བྲག་དགོང་ཞེ་དགུའི་སྐོར་གྱི་རབ་བྱེད་ཅིག་ཀྱང་ཡོད་པར

離死之心

གྲགས། སྐྱགས་ཕྱོགས་སུ། བར་དོ་སྐོར་གྱི་ཁྲིད་ཡིག་དང་དོ་སློང་རྒྱས་འབྲིང་བསྡུས་
གསུམ་སྟ་ཚོགས་པ་ཞིག་ས་དགེ་བཀའ་རྙིང་གི་གསུང་རབ་རྣམས་སུ་བཤུགས། དེ་དག་ཏུ་
བར་དོ་སོ་སོའི་མིང་གི་འདོགས་ཚུལ་དང་། དབྱེ་བསྡུའི་རྣམ་བཞག་འདུ་ཁྱུད་ཚོས་མང་
བ་ཞིག་སྣང་། གྲུབ་ཐོབ་ཀཱརྨ་གླིང་པའི་ཟབ་ཆོས་ཞི་ཁྲོ་དགོངས་པ་རང་གྲོལ་ལས་བར་དོ་
ཐོས་གྲོལ་ཆེན་མོའི་གཞུང་དུ། སྐྱེ་གནས་བར་དོ་དང་། རྨི་ལམ་བར་དོ། བསམ་གཏན་
བར་དོ། འཆི་ཁ་བར་དོ། ཆོས་ཉིད་བར་དོ། སྲིད་པ་བར་དོ་སྟེ། བར་དོ་དྲུག་གི་གདངས་
ཁྲིད་ཟབ་ཅིང་རྒྱས་པ་ཞིག་དང་། ཇི་ལེ་སྨྲ་ཚོགས་རང་གྲོལ་གྱིས་བར་དོ་སྤྱི་དོན་དུ་གསར་
རྙིང་ཐུན་མོང་ལུགས་སུ། རང་བཞིན་སྐྱེ་གནས་ཀྱི་བར་དོ་དང་། འཆི་ཁ་སྐྱག་བསྟར་གྱི་
བར་དོ་དང་། ཆོས་ཉིད་འོད་གསལ་གྱི་བར་དོ་དང་། སྲིད་པ་ལས་ཀྱི་བར་དོ་སྟེ་བཞི་ར་
བསྟན་ཏེ། གོ་བདེ་ལ་གནད་ཕྱོག་པར་གསུངས།

　　བར་དོ་ཐོས་གྲོལ་ཆེན་མོའི་གཞུང་ནི། རྒྱ་ཡིག་ཏུ་བསྒྱུར་ཡོད་པ་མ་ཟད། དབྱིན་ཡིག་
ཐོག་འགྱུར་སྟ་ཕྱི་མི་འདུ་བ་ལྟ་དང་། རྡྭ་རན་སོའི་སྐད་ཡིག་ཏུ་འང་བསྒྱུར་ཡོད་པར་གྲགས།
ཇི་ལེ་སྨྲ་ཚོགས་རང་གྲོལ་གྱི་བར་དོ་སྤྱི་དོན་དེ་འང་འབྲི་ཡིག་ཏུ་བསྒྱུར་འདུག

　　དེང་གི་ཆར། ་སྐུ་འབུམ་མཚོག་རྟོགས་ཆེན་དཔོན་སློབ་རིན་པོ་ཆེ་གང་གི་ཞལ་སྣ་
ནས། དབྱིན་ཡིག་ཐོག་སྒྲགས་ཅོམ་གནང་བའི་འཆོ་ལས་བཀལ་བའི་སེམས་ཞེན་བྱ་བ་
བར་དོའི་ཁྲིད་ཡིག་འདི་ནི། བདག་དང་བདག་འདྲ་བའི་སེམས་ཅན་ལས་ངན། འདིར་སྐྱད་
བདེན་འཛིན་གྱི་ཨ་འཐས་ཆེ་བ། ཉིན་པར་ཚོས་བཅུད་ཀྱི་ཡོལ་པོར་གྱུར་པ། མཚོན་མོར་
གཏི་མུག་གི་རོ་ཉལ་བྱིད་པ། སྲིད་སྒྲུག་གཏམ་ངན་གྱིས་མི་ཚོ་གནད་མཁན་རྣམས། འདི་
ཕྱི་བར་དོ་ཀུན་ཏུ། འབྲལ་མེད་རྟེས་སུ་འཛིན་ཕྱིར། ཐོག་མར་སྐྱེ་གནས་བར་དོའི་ཁྲིད་ཀྱི་
རིམ་པས་རྟེས་འཇུག་རྣམས་འདི་ར་སྐྱད་ལ་ཞེན་པ་བསློག་པ་དང་། དལ་འབྱོར་ལ་སྙིང་པོ་

ཡེན་པར་བསྒྲལ། ཞི་གནས་ཀྱི་ལམ་ལ་བསླབ་ནས་རྩེ་ལམ་བར་དོའི་ཁྲིད་ཀྱི་རིམ་པས་ རྗེས་འཇུག་རྣམས་སླུ་ཡུས་དང་རྩེ་ལམ་གྱི་རྩལ་འབྱོར་ལ་བློ་སྦྱོང་། རྩེ་ལམ་ཆོས་ཉིད་ཅིང་ སྒྱུ་བསྒྱུར་བྱེད་ནུས་པར་བསྒྲུབ། བསམ་གཏན་བར་དོའི་ཁྲིད་ཀྱི་རིམ་པས་རྗེས་འཇུག་ རྣམས་ལ་ཕྱག་རྟོགས་ལུགས་ཀྱི་ལྷག་མཐོང་ལ་བརྟེན་ནས་སེམས་ཀྱི་ཌོ་བོ་ཐད་ཀར་ངོ་ སྤྲད་པའི་ཐབས་རྣམས་གསལ་བར་གསུངས་ནས་སྐོམ་ཏུ་འཇུག་ཅིང་། འཆི་ཁར་བར་དོའི་ ཁྲིད་ཀྱི་རིམ་པས་རྗེས་འཇུག་རྣམས་ཀྱིས་འབྱུང་བའི་ཐིམ་རིམ་དང་། སྣང་མཆེད་ཐོབ་ གསུམ་གྱི་སྣང་བ་དང་། འཕོ་བའི་ཁྲིད་ཀྱིས་མཚམས་སྦྱར་ཏེ། འཆི་ཁར་གྲོལ་ཐུབ་པ་འམ། ཌོ་ཤེས་ཀྱི་གདོད་ཐོབ་ཏུ་འཇུག ཆོས་ཉིད་བར་དོའི་ཁྲིད་ཀྱི་རིམ་པས་རྗེས་འཇུག་རྣམས་ལ་ སེམས་ཆོས་སྐུའི་ངོ་གསལ་དང་ལོངས་སྐུ་ངོ་གསལ་གཞིན་སུ་ཌོ་སྐྱང་། ལོངས་སྐུ་ངོ་ གསལ་དེ་འང་རྒྱལ་བ་ཞི་ཁྲོའི་ལྷ་ཚོགས་ཀྱི་སྐུ་ངོ་ཟེར་གསུམ་གྱི་རྣལ་ལས་ཤར་བས་ བདེན་མེད་སྒྱུ་མ་ལྟ་བུར་བློ་སྦྱོང་། སྐུ་ཆུལ་དེ་དག་ཐམས་ཅད་རང་སྣང་ཡིན་པར་ཌོ་སྤྲད་ དེ། བར་དོ་ལོངས་སྐུར་གྲོལ་བའམ། བར་དོའི་འཇིགས་པའི་འཕྲང་ལས་སྐྱོལ་བའི་དཔའ་ བོའི་སྐྱལ་མ་ལྟ་བུའི་གདམས་ཁྲིད་གནད་བོ། སྲིད་པ་བར་དོའི་ཁྲིད་ཀྱི་རིམ་པས་རྗེས་ འཇུག་རྣམས་ལ་སྐྱར་འཆིའི་བར་དོར་རང་ཌོ་མ་ཤེས་པས། སྐྱར་སྐྱང་གསུམ་ལུག་ལྡོག་ ཏུ་འཆར། ཆོས་ཉིད་ཀྱི་རྒྱལ་ལས་ཤར་བའི་སྐུ་ཌོད་ཟེར་གསུམ་རང་ཌོ་མ་ཤེས་པར། སྐྲ་ ཡིས་འཇིགས། ཟེར་གྱིས་དངས། སྐུ་ཡི་སྐྱང་བས་སྐྲག་པ་ལ་བརྟེན་ནས་བར་དོའི་ འཁྲུལ་སྐྱང་སྣ་ཚོགས་སུ་འཆར་བ་ན། དེ་དག་གི་སྐྱང་ཆུལ་རྣམས་རེ་རེ་བཞིན་རང་སྐྱང་ ཡིན་པར་ཌོ་སྐྱང་། རབ་རང་བཞིན་སྐྱུལ་སྐུའི་ཞིང་ཁམས་རྣམས་དང་། འབྲིང་དག་པ་ མཁའ་སྤྱོད་ཀྱི་གནས་དང་། ཐ་མ་འཇིག་རྟེན་གྱི་ལུས་རྟེན་བཟང་པོ་ཡིན་ནུས་པ་བསྐྱེད་ རྟོགས་ཀྱི་གནད་ལ་རེས་ཤེས་སྐྱེད་དུ་འཇུག་པ་སོགས་ཀྱིས་ཚེ་འདིར་དག་པའི་ཆོས་ཀྱི་

འབྲོར་བས་མཚོན་པར་ཕྱུག་ཅིང་། ཕྱི་མར་དགེ་བའི་ལས་རྒྱགས་ཡོངས་སུ་ཕོངས་པ་མེད་
པར་འབྱེར་རྒྱུ་ཡོད་པར་གནང་བའི་ཐབས་ཟབ་མོ་ཁྱེད་པ་ཅན་ཐམས་ཅད་བཀའ་དྲིན་དུ་
སྩལ་གནང་མཛད་ཡོད་དོ།།

དེ་ལྟ་བུའི་བར་དོའི་ཁྲིད་ཡིག་འདི་ཉིད་ཀྱི་ཆེ་བའི་ཡོན་ཏན་ནི། བློ་གྲོས་ཀྱི་མིག་ལྟོང་
བ་རྣམས་ལ་ལམ་སྣ་ཁྲིད་མཁན་གྱི་དམིགས་བུ་ལྟ་བུ་དང་། ལམ་གོལ་དུ་འཁྱུན་པའི་སྐྱེ་བོ་
རྣམས་ལ་ལམ་དངོས་སྟོན་མཁན་གྱི་ས་མཁན་ལྟ་བུ། དད་ལྟུན་གྱི་འབྲོར་སློབ་ལྟོས་བཅས
རྣམས་ལ་བར་དོའི་འཇིགས་པ་ལས་སྐྱོབ་པའི་དེ་དཔོན་ལྟ་བུ། འཆད་ཉན་སྒོམ་སྒྲུབ་ཀྱི
བྱ་བ་སྤྱོར་ལེན་བྱེད་པའི་གང་ཟག་རྣམས་ལ་ཤེས་བྱའི་སྐྱ་བརྒྱད་འབྱེད་པའི་རིན་ཆེན་མཛོད་
ལྟེ་ལྟ་བུ། ཐོས་སྤྱོན་གྱི་སྐྱེ་བོ་རྣམས་ལ་ཤེས་རབ་ཀྱི་ཀ་སྒྲུང་རྒྱས་པར་བྱེད་པའི་རྐྱ་བའི
དཀྱིལ་འཁོར་ལྟ་བུ། སྒྲུབ་ལ་གཅིག་ཏུ་གཞོལ་བའི་རྣལ་འབྱོར་པ་རྣམས་ལ་བར་དོ་རང་རྩོ
འཕེན། སྐྱ་གསུམ་ལམ་དུ་བྱེད། རང་སྣང་འོད་གསལ་གྱི་སྣང་བ་འཆར་བར་བྱེད་པའི་ཉི
མའི་དཀྱིལ་འཁོར་ལྟ་བུ། མདོ་རྒྱུད་ཀུན་གྱི་དགོངས་པའི་བཅུད་ཕྱུང་བ། ལག་ལེན་ཀུན
གྱི་སྙིང་པོའི་དོན་འདྲིལ་བ། གདམས་ཟབ་ཀུན་གྱི་མན་ངག་ཚང་བ། ཕ་ཆྱུབ་ཀུན་གྱི
ཞལ་རྒྱུན་རྡེ་ལྟ་བ། མཁས་འཇམས་རྒྱས་སྲོས་ཀྱི་དགག་སྒྲུབ་མ་གནད། གཞན་ཟེར་རྫེས
བློས་ཀྱི་ལད་མོ་མ་མཛད་པར། ༼ སྒྲུབས་མཆོག་རང་ཉིད་ཀྱི་དགོངས་ཉམས་རྗེ་བཞིན་པར
སྟོན་པའི་གདམས་ཁྲིད་དོ་མཚར་སྤྲུ་དུ་བྱུང་བ་ཞིག་ལགས་སོ།།

དེ་ལྟ་བུའི་བཀའན་རྩོམ་ཤིན་ཏུ་ཁྱད་པར་འཕགས་པ་འདི་ཉིད། སྐྱེ་འགྲོ་མང་པོའི
འདྲེན་བྱེད་ཀྱི་ཡུལ་དུ་སྤྱིལ་བའི་སློ་ནས་མཐོ་ཐོས་དན་རིག་གི་འཕྲིལ་བས་འཕུལ་ཡུན
ཐན་བདེའི་དཔལ་ལ་འགོད་པར་དམིགས་ཏེ་པར་དུ་བསྐྲུན་པའི་ཐར་ཡོན་ནི། ས་གཞི་ཆེན
པོའི་རྡུལ་གྲངས་ཀྱིས་མི་ལང་ཞིང་། རྒྱ་མཚོ་ཆེན་པོའི་རྒྱ་ཕྱུལ་གྱིས་འཛལ་མི་ནུས་པ་ལྟར

ཆོད་གཟུངད་དུ་མེད་པ་ལྟ་ཞི། ད་ལྟ་རང་རེ་རྣམས་ཀྱི་མིག་གི་བདུད་རྩིར་ལོངས་སུ་སྤྱོད་དུ་
ཡོད་པ་འདི་ཡང་ཚེ་གང་ད་བཅུའི་ཟླ་ལན་གཉིག་ལྟ་བུ། སྦོན་བསགས་བསོད་ནམས་
མང་པོས་བསྐྲུན་པའི་སྐལ་བཟང་གི་དགའ་སྟོན་ཞམས་སུ་མྱོང་བ་ཡིན་པ་གོར་མ་ཆག

དེ་ལྟ་བུའི་བར་དོའི་ཁྲིད་ཡིག་འདི་ནི། བཀའ་མ་དོ་རྒྱུད་ཐམས་ཅད་ཀྱི་སྙིང་པོ་
གཅིག་ཏུ་དྲིལ་བ། སྒྲུབ་བརྒྱུད་ཤིང་རྟ་ཆེ་བརྒྱུད་ཀྱི་གདམས་ཟབ་ཡོངས་སུ་ཚང་བ། རྒྱ་
བོད་མཁས་གྲུབ་ཀུན་གྱི་དགོངས་དོན་རྟེན་པར་འགྲོལ་བས། ཆོས་ཐམས་ཅད་འདིར་སྦོན་
འདིས་སྤྱོན་འདི་ཕྱིར་སྤྱོན་པའི་ལུང་གི་སྐྱེ་ཞིག་ཡིན་པར་སེམས་ཏེ། དེའང་། ཇེ་ལ་སྐུ་
ཆོགས་རང་གྲོལ་གྱི་བར་དོའི་སྙི་དོན་ལས། བརྒྱུད་ཁྲི་བཞི་སྟོང་གི་ཆོས་ཐམས་ཅད་རྫོགས་
པས་རྫོགས་པ་ཆེན་པོ། ཐམས་ཅད་སྐུ་གསུམ་ལས་འདའ་བ་མེད་པས་ཕྱག་རྒྱ་ཆེན་
པོ། བློས་བྲས་ཐམས་ཅད་ལས་འདས་པས་ན་ཤེས་རབ་པར་ཕྱིན། མཐའ་ཐམས་ཅད་དང་
བྲལ་བས་དབུ་མ། ལམ་གྱི་མཆོག་འབྲས་བུ་མངོན་དུ་བྱེད་ཕྱིར་ལམ་འབྲས། ཉོན་མོངས་
རང་སར་ཞི་བས་ཞི་བྱེད། གཉིས་སྣང་གི་ཞིན་འཛིན་རྩད་ནས་གཅོད་པས་གཅོད་
ཡུལ། སངས་རྒྱས་ཀྱི་གོ་འཕང་ལ་དངོས་སུ་སྤྱོར་བས་སྤྱོར་དྲུག མ་རིག་འཁྲུལ་བའི་བློ་
ཏོག་སྤྱོང་བས་བློ་སྤྱོང་སོགས་མདོར་ན་ཆོས་ཟབ་དགུའི་རྣམ་གྲངས་མཐའ་ཡས་པའི་དོན་
དོན་གྱི་སྙིང་པོ་ནི་འདི་ཁོ་ན་ལས་གཞན་མེད། ཅེས་གདམས་པ་ཁྱད་པར་ཅན་གྱི་བཀའ་
ཡུང་གནང་བ་དེ་ཉིད་ཀྱིས་རྟེན་འབྲེལ་གྱི་མཐའ་བརྒྱན་ཏེ་མཇུག་གྲུབ་པར་བྱས་པ་ལགས་
སོ།།

༈སྒྲུབ་བས་མཆོག་རྟོགས་ཆེན་དཔོན་སློབ་རིན་པོ་ཆེའི་བཀའ་ལུང་གི་ཆོད་ལས་སྒྱི་བོའི་གཅུག་ཏུ་
བཀོད་དེ། གུས་འབངས་ཐ་ཤལ་བ་ཕྲུབ་བསྟན་ཉི་མས་དད་པའི་མེ་ཏོག་གི་སྙིམ་པ་སྙིང་གས་བཀོད་
ནས་ཕུལ་བ་ལགས།

阿拉生嘎仁波切　英文序

此生，您以灌頂和心要口訣引導我們，

來生，您將帶領我們直趨解脫之道，

於此間之中陰，您讓我們從怖畏的鎖鍊中脫離，

無等上師啊，懇請您賜予我加持！

　　在佛教界中，「中陰」或「中有」境界，已然成為眾人朗朗上口的用語。我們被告知，當此生的現象消褪時，在肉體脫離的狀態下，有四十九天會經歷恐怖、駭人的境相——這即是大多數人所認知的中陰。但是深入探究的話，從佛教典籍觀點看來的中陰概念，並不僅止於此。

　　印度闡釋佛經的釋論所譯成的藏文典籍中，例如世親的《阿毘達磨對法論》或稱《阿毘達摩俱舍論》（*Treasure of Abbidharma*），曾談及中陰，但其中並沒有使用「中陰」一詞，只說：

　　有一種存在狀態，於死、生之間所經歷。

　　這本釋論繼續討論了「存在」的三個層面：死亡、出生、和介於死生之間的狀態，同時也大略探討了中陰狀態下的意生身、其特性和時間長短。

　　自印度佛經譯成中文的《大毘婆沙論》（*The Great Treasury of Exposition*），用一般常見的方式來討論中陰，也以整品的篇幅來

揭顯四十九天的歷程。

但是藏傳典籍密續部分的中陰法教，仍是較爲豐富的。藏傳佛教四大教派：薩迦、格魯、噶舉和寧瑪，都各自著述了爲數不等的釋論和心要口訣。這些著作討論了不同型態中陰的名稱和分類法，其闡述的風格極大部分是相同的，但同時也凸顯了每個傳承獨特的遺緒。

寧瑪派大師噶瑪林巴（Karma Lingpa），據說由印度大師蓮花生大士所付託，取出了一部甚深法教《文武百尊自解脫智》（*The Self-Liberated Wisdom of the Peaceful and the Wrathful Deities*）。在這一部系列法教中，最富盛名的著述是《中陰聞教大解脫》（*The Great Liberation through Hearing in the Bardo*），通常被稱爲《西藏度亡經》（*The Tibetan Book of the Dead*），其中深刻且詳盡地闡述了六種中陰：生處中陰、睡夢中陰、禪定中陰、臨終中陰、法性中陰（或實相中陰）與投生中陰。

另一位以講述中陰著稱的上師是才列·納措·讓卓（Tsele Natsok Rangdrol），他解釋道，根據舊譯派和新譯派常見的說法，上述六種中陰也可被濃縮成四種：自然的生處中陰、痛苦的臨終中陰、光明的法性中陰、以及業報的投生中陰。他指出，這種將中陰分爲四類的表述法，直接切入此中核心而易於理解。

雖然才列·納措·朗卓關於中陰的主要著述已經翻譯成英文，然而在這個有著多重語言的世界中，最負盛名而廣爲流傳的卻是《中陰聞教大解脫》（即《西藏度亡經》）一書，這本書已被譯成中文，英譯本至少有五種版本，另外也有法文版。

因此，幸好有熟悉西方世界與英語的藏傳上師竹慶本樂仁波切，於此適時傳授了中陰法教，提供給我們直接且清新的解說，

超越了各譯本的隔閡。仁波切在《離死之心》的行文之間充分流露出慈悲，關懷了如我一般的芸芸眾生：被惡業纏身的人，對此生的妄相深執不放；白天被世間八風所役使，到了晚上就變成無明沉睡的死屍；將生命虛擲在錯誤行為和無謂閒聊上——仁波切的話語為我們照亮了正道，為此生、來生和中陰提供了指引。

在探討中陰時，仁波切由生處中陰的解說著手，鼓勵讀者扭轉對此生現象的執著，並淬取出此珍貴人身最有意義的精華。針對這個中陰，仁波切提供我們「止」禪的教訣，以之培養平靜穩定的心性。

下一個是睡夢中陰，針對這個部分，仁波切教導讀者如何修習幻身與睡夢瑜伽，這些法門讓我們有機會了知自己的夢、轉化夢境、並幻化出新夢。仁波切也闡釋了明光瑜伽修法的見，藉此法門，我們便能了悟熟睡狀態即是明光覺性。在禪定中陰的部分，仁波切根據大手印和大圓滿的「觀」禪來引導我們，並清楚說明了直接認證自心本性的方法。

仁波切對臨終中陰的討論，則詳述了肉身四大和微細意識分解消融的程序，其伴隨著明（顯）、增、得三種境相的歷程而發生，並以遷識的教訣作結；仁波切以此引導那些虔誠而精進投入修行的行者，以期幫助他們在死亡時即刻證得解脫的境界，若是無法完全證得，至少也能清晰強烈地一瞥自心本性。

在概述法性中陰時，仁波切詳盡說明了心性明光顯現的兩個次第：法身明光或母明光（motherlike luminosity），以及報身明光，報身明光則以文武百尊清晰鮮明的光、聲、相的形式而現前。他鼓勵我們在此時要培養一種對這些境相非真如幻本性的覺知。若能確信一切現象皆是自心所現，我們便可能在實相中陰

（法性中陰）時證得報身的解脫境界。仁波切對此次第的口訣猶如無畏的戰士嚮導，帶領我們穿越可怖中陰的深壑。

最後，仁波切帶領我們穿越投生中陰。仁波切說明，假如一個人在臨終中陰或法性光明中陰時，不能了悟自己的真正本性，那麼明、增、得的三種境相就會以逆反的程序出現。先前不識本性之故，此時便會生起巨大的恐懼，等到這種恐懼強化時，各種混亂的中陰現象就會進一步產生。仁波切指出，每個混亂的現象，都無非是自己本覺所反射的顯影，因此，我們仍是有機會選擇的：上根的修行者將可以投生在自然顯現的化身佛土中；中根的修行者會投生在淨土，像是阿彌陀佛的淨土；而一般的修行者則可以在人道中有較好的投生。此處，仁波切說明了生起次第和圓滿次第的重點，藉此幫助有興趣的讀者逐漸產生定見，因而能在此生中饒富正法，並且不虞匱乏地將這善德之財帶往來生。仁波切的口訣揭顯了如何善加利用上述所有解脫大道的甚深法門以及其利益，這是多麼不可思議的大恩德啊。

本書中陰指引教授實為無價之寶。對那些智識駑鈍之人來說，它能親執其手，一步一腳印地陪同他們一路走過；對那些踏上歧途的人來說，它是糾正其方向的繪圖師；對願意完成這些口訣的具信之士來說，它是一位穩定的船長，善巧地帶領他們避開中陰的恐怖；對那些投入聞、思、修三學的精進弟子而言，它是打開寶礦的萬能鑰匙，能開啟百扇通往智慧的門；對學者而言，它是光華無遮的滿月，讓夜間綻放的洞見之花盛開；對完全投入修行的瑜伽士和瑜伽女而言，它是太陽，其燦爛的光芒照亮了中陰的時機之窗，因而能了悟真實本性、實證三佛身、並體驗一切感知對境皆是明光。

離死之心

掌握了一切經、續的意旨，濃縮了一切實修的要訣，對其甚深與精髓的口訣毫無保留，並維續了口傳派傳承（oral transmission）之脈，仁波切避開了邏輯學家的爭辯與演員般道聽途說的重複叨絮，以其個人親證的智慧，將此法教的神奇禮物交付我們手中。

我衷心期盼許多眾生都能藉由閱讀本書、聆聽本書話語、銘記其內容，甚至僅是把手放在書本上一次，而從此書得到世間短暫和勝義究竟的莫大利益。出版這樣一種崇高法教的福德，勝過於地球上一切塵土的總數，一切大海的海水加起來也無法淹沒這些福德。能親賭如此奇妙的示現，哪怕僅是在眼前一閃，也是我們過去許許多多善業累積的結果。

這本書不僅包含了西藏八大實修傳承所有關鍵、甚深的口訣，也透過極為清新且富含密意的方式闡述了印度所有成就大師的心意。因此，我認為竹慶本樂仁波切的這本著作實為一個總集的珍寶。

為了吉祥緣起之故，我想用摘錄自才列‧納措‧讓卓中陰著作中特別的一段話來作總結，我相信，它極精確地描述了你手中這本書的功德：

「因為它總攝了佛陀所有的八萬四千法門，所以它是大圓滿（Dzogchen）；因為它揭示了三身之外再無更高的境界，所以它是大手印（Mahamudra）；因為它超越一切概念，所以它是圓滿的般若波羅蜜多（Prajnaparamita）；因為它遠離一切邊見，所以它是中觀；因為它帶來所有修道的勝果，所以它是道與果（Lam Dre）；因為它在當下就止息了煩惱妄念，所以它是息解法（Shijey）；因為它徹底斬斷了二元分別的執念，所以它是袪

（Chö，或名施身法、斷境法）；因爲它直接讓行者與佛果的境界相結合，所以它是六支加行（Jor Druk）；因爲它轉化了念頭困惑的無明，所以它是修心（Lojong）。總之，沒有其他法教與這掌握了一切甚深佛法精髓的極致教訣無關。」

　　將殊勝皈依處——竹慶本樂仁波切的著作恭置頭頂上，我，圖登・尼瑪（Tudeng Nima），是他虔誠的信徒中最駑鈍的一個（審校註：阿拉仁波切與本樂仁波切兩人互爲彼此的老師和忘年之交。這種互相欣賞珍惜的態度是藏傳佛教師徒關係中極爲珍貴的一部份），從內心深處獻上這些投入虛空的信心花之話語。

離死之心

英文版編輯手記

　　《離死之心》是以2002年在美國堪薩斯州聖安東尼歐市所舉辦之「知識寶藏閉關」中的開示爲基礎。竹慶本樂仁波切在此地上了十四堂關於六種中陰的課程。許多參加者先前已對中陰法教有了一些認識，在結合閉關的氛圍、強而有力的主題內容和仁波切個人直接的傳授風格後，更是深深影響了學生們。往後數年間的閉關課程中，不斷有人請求此法教的錄影帶和書寫本。另有幾組研討小組形成，提出了許多超乎最初教授範疇的問題。最後，仁波切終於同意將這一系列開示編輯出版，並加上了更多的教法與闡釋。

　　目前這個長版教本保留了原先的開示，但進一步引用了仁波切爲這本書所撰作的口述與書寫釋論。他所講述的中陰，主要以下列的藏文典籍爲本：蓮師的《六種中陰教訣》，取自噶瑪‧林巴（Karma Lingpa）取出的文武百尊系列法教、才列‧納措‧讓卓的《正念之鏡》（*Mirror of Mindfulness*），以及第一世蔣貢‧康楚的《智慧寶藏》（*Treasury of Knowledge*）。它同時也以仁波切得自其上師的口訣教授爲基礎，因此，我們可以說，《離死之心》忠實遵循了這些經典且權威之著作的基本架構，其中有每個中陰的定義，也描述了凡夫和證悟者體驗這些中陰的方式，以及將其迷惑的面向轉化爲清明境界的禪修練習，讓了悟智慧的可能性得以開啓。

　　爲了讓這些法教盡可能地易於了解，我們將一些補充資料加在附錄的部分：名詞解釋的部分解說了專有名相，而在適當的地

方也盡可能附上藏文對照。另外還有兩個圖表：一個圖解了書中對死亡漸進過程的詳盡描述（即「收攝消融的程序」），另一個則提供了死後狀態中顯現之本尊（文武百尊）的順序與其象徵的進一步細節。附錄中更收錄了仁波切對開展前行基礎修行的簡潔歷史性觀點，還有一些精選的瑜伽證道歌，即任運傳授佛法並示現證悟境界的道歌，以及佛陀對臨終的諸菩薩給予建言的《臨終智大乘經》（*Sutra on Wisdom for the Time of Death*）的翻譯，再加上兩首仁波切自己創作的詩等等，使得附錄增色不少。最後則是一份仁波切創建的那瀾陀菩提佛學中心（The Nalandabodhi Centers）的名單，供所有想要進一步得知學習課程和禪修教授之資訊的人士參考。

　　這本書不僅是為了那些熟悉佛學和修行的人們，也是為了剛接觸這些想法和語言的新手所出版的。雖然仁波切的呈現方式立基於精確的學術架構上，但本書並非是一本技術性或學術性的論述，其內涵其實是我們從證悟上師之傳承所聽來的一則精彩故事。因此，本書所呈現的教法，其本質絕非是理論性甚或是宗教性的，這顯然是一門需要將具足探究力的智識運用到切身經驗上的心智科學。經典上說，透過研讀與修持這些法教，即能洞穿死亡的迷惑，屆時，我們便能超越那造成生死之間涇渭分明的裂谷，並發現自身無堅可摧之究竟覺醒境界。

　　本書是在重述幾世紀之前，偉大印度上師蓮花生大士的一小群弟子所聽到的故事。這位非凡上師的生平充滿了許多冒險事蹟與成就，更證得了最高的成就，即自心無垢、不壞之本性、刹那遣除所有的幻相，甚至是死亡的可怖幻相。據說蓮師是在一團虹光中從這個世界離去的，所留下的是許多彌足珍貴的教法和他的轉化歷程的描述，以利未來的弟子。雖然這則故事無絲毫改變，但任何聽聞它或將它牢記於心的人，卻可能會因此而有所改變；就像歷來所有的經典故事般，它帶你踏上了旅程，唯有如此，你才是主角，而結局也才掌握在你手中。

　　因此，你在這裡所看到的這則故事，是你自己的；這是我們身與心、生與死的故事，也是我們以人身而存在的一個不可否認的真理。雖然我們知道生命的真相和死亡的無可避免，但卻甚少正視這個事實；即便知道，我們的習性卻是衝動地轉過身去。儘管我們不想面對死亡或其所引發的恐懼，但逃避這個令人為難的真相並不會對我們有所幫助，到最後，事實真相還是會追上我們。如果我們生生世世都忽視死亡，那麼死亡就會以大驚奇的方式來臨，在臨終的床榻上，我們不會有時間學習如何應付這樣的情境，也沒有時間培養智慧與慈悲，好善巧地引領自己通過死亡的地域，屆時，我們便只能勉力面對任何所遭逢的處境——那可是一場真正的賭局。

　　我們為何要冒這種險呢？我們有機會選擇——我們可以做好準備以面對生命中最不安的時刻，或是毫無準備地遇上這樣的時

刻。如果我們選擇直接直視死亡的眞面目，那麼我們肯定可以將這個相遇轉化爲甚深的體驗，而爲我們的心靈之旅帶來不可言喻的利益；假如我們選擇去否認，那麼，當我們遇到死神時，我們將會像個天眞的年輕人，帶著滿袋子現金走進一處深夜的賭窟，到了早上，我們變富有快樂的賭注會是多少？

不管我們準備與否，我們都會遇上死神。這位偉大的神祇是誰？祂凌駕我們的威力又是如何？這位引發諸多恐懼的傳奇人物，其實僅是無常與因果，或稱做「業」的擬人化而已。在佛教典籍中，這位「神祇」是無敵的，在祂的戲局中沒人能打敗祂——除了智慧的眞正擁有者以外，智慧殺掉了殺手，清理好桌面、帶著獎品離開。

從遠古至今，許多文化都發展出口述與書寫文獻，其中饒富死亡和臨終的知識。在世界各地的智慧傳統中，有許多傳統都提出了一個問題：如何使死亡體驗成爲更有意義、更具威力的關鍵，以聯繫自身更深或更高層次的本性？近幾年來，「死亡和臨終」已成爲一個熱門議題，而「死亡」本身也成爲一種行話，然而，儘管似乎有些人樂意談論死亡，卻沒有人眞正想要面對死亡，也沒有人想要置身於死亡正在發生的環境中。伍迪・艾倫曾說：「我並不怕死去，只是當它發生時，我不想身歷其境而已。」這反映出二十一世紀世界中許多人的心態，我們其實全都在企圖逃避死亡。我們害怕聽到死亡或正視死亡，更遑論體驗死亡了，因爲我們已塑造出一種負面和恐懼的死亡文化意象；我們相信死亡是我們所有一切的終點，是失去所珍惜的每件東西，而我們的恐懼也阻撓著我們去了解自身的故事——那一則終歸是再生與解脫的故事。

根據佛教的教法，事實是死亡與出生持續地不斷發生著。這種認知同樣也出現在基督教義中，聖保羅曾說道：「我每天都死去。」重點是去了解死亡是生命歷程的一部分，每個當下它都在發生，而不僅只是在生命結束之時。那麼，我們又如何學會在自己的生活中，認出這種緊隨著每一刹那而發生的死亡呢？

　　撇開我們對死亡的抽象概念不談，我們必須深入觀照自身的心靈和內心。這趟旅程需要我們去思惟死亡對個人的意義是什麼——不是從醫學或科技的角度，像是呼吸或是心跳的停止，也不是從信仰或文化傳統的觀點來看，反而是需要自詰：「從個人的、自身生命的體驗來說，死亡對我代表什麼？什麼是我對死亡最基本、發自內心的感覺？」這是一個重要的問題，因為我們定義死亡的方式，有很大成分決定了自己會如何經歷死亡，但也會成為如何好好經歷死亡的指引。

　　依照佛教的洞見，為了死得好，一個人必須活得好；要死得好，唯有明白如何活得好才辦得到。是不是因為我們不知如何活得充實、活得好，才如此擔憂死亡呢？為了轉化我們對死亡的恐懼並克服恐懼，我們必須和死亡正面接觸，而不是去否認它，我們必須透過真正的深入思考來和死亡產生聯繫。我們必須用沉靜、清楚的心來思惟死亡的意象，而不是以迷信和謠言為基礎而營造出死亡意象的想法來看待它，我們必須確實地看到並赤裸裸地感受那種狀態。和死亡徹底晤面的方式，即是每日、每刻、每事都死去；我們的想法、我們的痛楚、我們的情緒、我們所愛的關係，甚至我們的喜悅，都死去。假如我們不每天死去，是無法真正面對死亡的！

　　從佛教的觀點看來，死亡不僅只是意味著到達終點，同時也

代表到達出發點。死亡是一個改變的過程，終點既非正面也非負面，它就僅是一個事實或實相而已。當我們接受了出生的想法時，死亡就是其中的一部分，我們一進入這個世界的入口，就伴隨著一張離開此世界的契約。所以，不管你在折磨時刻結束時，有鬆了一口氣的喟嘆，或是拼命希望一些好萊塢影片式的剎那可以永遠持續下去，每個時刻都會結束；無論結局是快樂或憂傷的，每個故事都有個結局。然而當一個剎那或是一個生命結束時，我們毫無爭辯的餘地，沒有任何斡旋的空間；而了知這個事實或實相，就是我們在日常生活中和死亡接觸的方式。

　　究竟來說，我們所謂的「生命」只是一個持續的幻影，是每一個剎那的相續〔審校註：延續（持續）和相續的不同：「延續和持續」是同一個東西持續不斷存在著，但「相續」則是不同微細剎那環環相扣，而形成「看似持續」的狀態〕，或是種種想法、情緒和記憶的脈流，我們認為這些是自己的所有物，也因此一躍而存在，成為這個相續的所有者。但是，仔細觀察的話，我們會發現這個相續是如夢、似幻的，它並非是一種延續或具存的實體；它是由每個單一剎那所組成，這些剎那生起、消融、又生起，就像海裡的浪濤般，所以，這個「我」也在每個剎那生起和消融，並非是從這一刻又延續到下一刻。這一刻的「我」消融後，就不見了，下一刻的「我」生起時是全新的，這兩個「我」不能說是相同或不同，但它們卻被概念之心界定為一個單一、持續的自我：「對，這就是我……」

　　在這個遷流之中，我們可以清楚看到死亡的過程；瞬間念頭的消融、震顫情緒的消褪，我們知覺的快速變動──一個聲響、一個觸動出現、又旋即消失。但就在我們經驗到某個時刻結束的

當下，我們也經驗到生的過程；對應著不斷改變的知覺，一個新世界又因新想法和五彩繽紛情緒的生起而誕生了，因此，一個剎那的結束也同時是再生的，就像唯有透過死亡，一個新事物才能出現一般。

　　恐懼死亡，就會讓我們看不到顯而易見的東西；擁有自我再生力量者，方是永恆的，而真實固定延續者，卻沒有創造的力量。若沒有生和死的遊戲，這個世界便會停滯不動，就像是用固定攝影機在人工造景室裡所拍出的電影場景般，鏡頭下所捕捉到的世界是固著不動的，很長很長的一段時間裡，都沒有任何東西改變；若沒有死亡和再生的持續遊戲，我們的生命就僅是僵化和無感的，其後果會是很悲慘的，因為根本沒有任何東西會改變。相反地，擁有這些時時刻刻的變化、被無常所加持，是多麼美好和清新！

　　如果我們是延續的、穿透不了變化和死亡，那麼，尋求某種超乎或存乎自外的東西，便會是毫無結果的，無論我們怎麼稱呼它——真主、造物主、神聖的奧義、聖境、或神的恩典，都永遠也找不到，而只會找到自心更多的投射罷了。只有藉著每天死去，我們才能真正跟自己的生命聯繫上；當我們仍執著於相信自身存在的延續性，卻以為自己可以找到生與死之間有意義的關連，那麼我們也只是活在自己所創造的虛構世界中罷了。

　　當這個相續的幻相到達終點時，即使只是短暫的一瞥，我們都會有機會瞥見那深藏於幻相之下的真相，這才是真正、常住的心之本性，與蓮師的本心與證量無二無別；這就是本覺、光明的智慧，由此自然任運地生起了一切萬象。這個智慧在凡夫狀態下是覺察不到的，因為它是超越概念的，因此，也超越了時間，即

所謂「非生也非死」（birthless and deathless）。假如我們能連結上這樣的體驗，過去和未來就可被超越，我們自然會覺醒，而到達一個廣大粲然的世界。

當我們真正明白在每個結束裡也有著再生，就會開始放鬆，我們會對變化的過程敞開心胸，會覺得可以真正碰觸到實相，而不再畏懼死亡。由於了解到死亡和生命並非是分離的，這使得我們現在可以學習活得更好、更充實。從佛教的觀點看來，我們可以選擇：現在就開始主導自己的生、死故事，或是等待、對無常的訊息充耳不聞，直到死亡自己來開啟生死故事的序幕。既然我們都看重快樂的結局，為何還要選擇和死神博奕呢？

關於「死亡和臨終」的議題，古老的佛教智慧有太多可提供給我們現代社會。在這本書中，我將探討在日常生活中，如何了解和應用這些沒有時空限制的法教，我希望這本書能以佛教金剛乘傳統的內在觀點，為大家澄清並洞察這些內容。祈願這些法教所體現的甚深智慧與真摯悲心，能快速遣除眾生的一切妄念幻相，並寬解他們最大的恐懼；祈願心之真實本性，這內在的佛性，指引我們所有的人，在生、死之道上皆安好無恙。

竹慶本樂仁波切，2006年10月7日
誌於美國華盛頓州，西雅圖之西方那瀾陀學院

第一章

實相時刻

每當我們啓程踏上一段漫長旅程時，就有種死亡和再生的感覺；我們所經歷的體驗，有著一種過渡的特質。當我們步出家門、掩上大門的那一刻起，就開始將我們的人生置諸腦後，我們告別親友、熟悉的房間和習以爲常的慣性；當我們爬進將載著我們前往機場的計程車時，可能會感覺到夾雜著興奮的後悔。當家的景象逐漸遠去時，我們同時有著傷感的別愁，和從一切桎梏中釋放出來的歡欣。我們離家愈遠，就愈把焦點擺在下個目的地上；我們愈少想到家，便愈多想到將往之處。我們開始看新地圖，開始想著將會在哪裡降落，想著新的人們、新的風俗和新的環境——新一批的體驗即將到來。

直到我們抵達目的地之前，我們都是在過渡之中——介於兩點之間。一個世界已然消失，彷彿昨晚的夢境，而下一個世界還未出現。在這個時空之中，有一種全然自由的感覺：遠離了身爲日常之我的諸般瑣事，不被繫縛在幾乎是千篇一律的要求、日復一日的世界裡，而是有著一種新鮮感和對當下時刻的欣賞。同時，我們可能會經歷感覺恐怖或無立基點的時刻，因爲我們已經進入未知的領域中，沒辦法確定下一刻會怎樣、自己又會被帶往何處。但是，當我們放鬆心情，不安全感就會消失，周遭環境也會變得友善和充滿支持。我們又再次在自己的世界裡怡然自得，可以帶著信心自然地前進。

然而，旅程並非永遠都會照計畫而行。假如我們是搭飛機旅行，航班可能會延遲或取消；假如我們是搭火車，天氣狀況可能會延誤行程；假如我們是在路上，一時之間，在交通壅塞的狀況下可能會突然爆胎，讓我們必須駛離主要的快速道路，前往小鎮的修車廠。因此，對可能發生的事未雨綢繆，是挺合理的。我們

必須確定已帶著任何可能會派上用場的東西，必須知道我們的路線、沿路便捷的設施和服務據點，以及當地的風俗。然後我們大可放鬆心情，無入而不自得，這即是處在當下的體驗。

撒手人寰，在許多方面都滿像是進行一趟漫長之旅。在此，我們所進行的這趟旅程是一個心靈之旅。我們拋下了肉身、所愛的人們、所有的資產和這一生的所有經驗，朝向下一生邁進。我們在過渡之中，在兩個點之間；我們已經離開家，但還未抵達下一個目的地，我們既不是在過去、也不是在未來，我們就處於昨天和明天的夾縫之間。我們現在所在的地方就是當下，這是唯一一個我們所能置身的地方。

這個當下的體驗，即是藏傳佛教所謂的「中陰」或「中有」（bardo）。中陰或中有的字面意思即是「中間」，也可以被譯為是「中介」或「介於兩者之間」的狀態。所以，我們可以說，當我們處在任何兩個時刻或刹那之間的時候，即是在中陰的狀態裡；過去的時刻已經消失，未來的時刻還未出現。不管是下一個念頭或是下一生，在下一件事情出現之前，有一個純然敞開的空隙、一種此時（nowness）的感覺。這和我們的任何旅行是相同的，我們處於轉變之中——即便是下班從辦公室回家或是離開原本的家園搬到另一個州，也是這樣。如果我們留心這些轉變的話，如果我們可以在這些時刻對周遭環境保持警覺的話，那麼，在超越此生的中陰狀態時——這涵蓋了必經的臨終和死亡中陰之路，我們便較有可能對自己所處的環境具有覺察力，將會比較能掌控旅程，也能用清楚和穩定的心，來面對嶄新或具挑戰性的經歷。

當我們能全然地處在這些情境中，在死亡中陰中所遭遇到的經驗，就會變得單純和自然。我們會真的有能力做到放鬆自己、

並放下希望和恐懼，我們會有足夠的心力對新的經驗保持好奇心，也可以學會了解我們自己，也就是了解到，在究竟上，最真實的自我，其實是超越我們對自我的有限概念的。在這個轉捩點上，藉由認出心的真實本性，我們便有機會超越概念，並將死亡的現象轉化為覺醒的體驗。

因此，就像我們為任何旅行做準備一樣，譬如打包衣物等等；為了我們最主要的下個旅程，即從這一生到下一生的路途，建議您最好也做好萬全的準備，而本書的主題，就是在探討這些準備工作。

中陰法教

根據藏傳佛教的法教，修行之道的精華可說就在於當下開始，也在於當下的結束。大量且詳盡探討修行之道的佛教哲學與禪修傳統，全都指向這個離戲純粹（simplicity）的狀態。這些體系中最著名且最刺激的，莫過於六種中陰的密乘法教了，特別是，這些法教描述了六種明確的存在狀態：三種與此生有關，三種則是關於死亡、死後和進入來生的經驗。綜觀六種中陰時，便能清楚看到其涵蓋了我們身為有情眾生的全部經驗範疇，生與死皆然。

六種中陰的法教以存在的所有狀態來指出自心的根本相續，從這個觀點看來，我們所稱的「生」和「死」僅只是概念而已——這些只是象徵或被歸類為「存在之相續狀態」的相對性命名，而這種存在的相續狀態其實是非生也非死的不壞覺性。無常——潮起潮落的現起與消融，描繪出我們能夠見、聽、聞、嚐、

觸或思考的萬象；而這清淨本然之心，則含攝了所有的轉換，並超越了由二元分別概念所創造出的所有疆界。雖然我們可能會執著此生，並恐懼其終點，但是在所謂死亡之後，此心仍在；而且若有此心，便會有不間斷的幻化展現——無垠、明亮和持續地化現。

然而，這個理解到底只會是寬慰人的一個想法，或是會成為契入更深層次之智慧與究竟解脫的鎖鑰，端看我們自己。相對而言，只要我們尚未認證自心真正的本性，我們就不是自由解脫的；這個本性是空、明的智慧，它是原本清淨的覺性，是超越二元的覺醒狀態。

雖然我們從未和這個本性分離過，我們卻看不見它，看到的反而是我們所「認為」的自己，我們所相信的自己。我們所見的自我，是由念頭所杜撰出來的，因此我們看到的也是一個杜撰的世界，和夢境相似。然而，透過修行的法門培養出正念覺察和覺性，我們便開展出洞見，或般若，能直接見到心之本性；而在全然了悟這個本性的那個當下，我們的中陰旅程便結束了。經典上說，這種和全然徹悟產生聯繫的機會，在死亡之時和往生後的中陰狀態會大大增加，只要我們已經準備好和它相會。

何謂中陰？

六種中陰的系列法教，描述了我們在活著和死後，所經歷之各種覺知狀態的旅程。為了全盤了解並賞析下面章節中所介紹的這些中陰教法，先在最基礎的層面上檢視何謂中陰，會滿有用的。假如我們不知道其中所指出的狀態有何意義的話，這些教法

就不可能產生眞正的幫助。一開始，我們必須知道中陰的意義不只一個；其中一個是易於理解和認知的，也就是概念性或世俗相對層次的中陰；另一個是更爲細微且更難以掌握的，也就是非概念性或勝義究竟層次的中陰，非概念性的中陰被認爲是中陰經驗的精髓或眞正本質。

對中陰的了解是有次第的，就像所有學識的累積一樣。這個了悟可能發生在自心放鬆、敞開的任何時刻裡；你可能是在看電視或吃飯時了悟到這個中陰的本性，而不是在鑽研一本書的字義時。不管它怎麼發生，你爲了通達這個了知所展開的旅程，就是一條指引自己走向直接體驗自心的道路，它所導向的是一個超越念頭的清淨覺性體驗；你也將會一再一再聽到，這個清淨本心此刻就在你身上——比你的影子還更接近於你。

一旦我們開始了解何謂中陰之後，就能夠從這些包羅萬象的教法中受益。當我們開始運用教法於心，我們就是在爲漫長的旅程做好準備，準備好在各式各樣且不時有挑釁的情境下，觸碰自心、認證自心、並掌控自心。所有佛教的修心，全都是爲了這個目的，不管我們熟悉「中陰」這個字眼與否。

概念中陰與體性中陰

從某個觀點看來，中陰指的是一段特定時間內的經驗，有一個明顯的開頭、一種持續的感覺和清楚的終點。中間的時程可能會短得如彈指般，也可能會延續更久，比如生、死之間的時間延續，或出生到證悟之間。所以，中陰指的是經驗的某個時刻或刹那，不管這個時刻有多長。

在此我們可以這麼說，任何時刻或剎那的延續，都不是那個體驗本身，我們對於時間的感知是在這個體驗之外，隨後才發生的。舉例來說，我們頭痛時可能會說：「今天早上我頭痛，直到下午四點鐘才好。」當我們用一段可衡量的時間數量來標明頭痛時，這樣的標籤是概念化的；若從經驗性——感覺起來像什麼的觀點來看，其確實的延續時間再怎麼也不可能被界定出來。這即是為何佛法開示時常描述到，時間和空間是相對的現象，這和西方相對論的觀點極為吻合，好比愛因斯坦對時空關係的觀察。譬如，某個特定事件對某人來說轉眼即逝，但對另一個人來說，同樣的經驗卻似乎持續了一劫之久。因此，當我們用固定時間量的角度來看待中陰時，所看到的是一個相對的或概念化的中陰面向。舉例來說，當我們說「從出生到死亡」時，我們所談論的是概念之心所串連的一條「由許多片刻組成的長鏈」，然後又被概念心視為一個整體。

當我們從體性的角度來看待中陰時，看到的是究竟的、非概念性的中陰面向。體性中陰是在此時的體驗中，即在某個時刻消失和下個時刻現起之間的空檔中被覺察出來。這個體性不外乎就是自覺智慧（self-aware wisdom），亦即我們自心的根本本性。在大手印的法教中，這個心之本性被稱做「平常心」（ordinary mind），在大圓滿的法教中則被稱為「本覺」（rigpa），代表「純粹的覺性」或「裸然無遮的覺性」。這個智慧並不以實質的形式存在，而是以清淨覺性、以心之明光存在。當我們認不出這個本性時，我們是用一種會產生迷惑和痛苦的方式來感知世界的；當我們認出這個本性時，則能清楚、清明地感知這個世界，因而得以生起解脫的境界。

道上的岔路

　　某一刻消逝與下一刻現起之間的空隙體驗，以及那將決定我們未來方向並締造下一個經驗的「實相時刻」，兩者實是等量齊觀。西藏有句話說，我們每一刹那都處在岔路口。如果我們認出了自心本性，那麼，透過清晰的觀照，在我們面前現起的一切便是勝義諦、實相的顯影；假如我們認不出自心本性，選擇了另一條岔路，那麼由於染污的所見，任何在我們面前現起的便都是世俗諦迷妄的顯影。所以，中陰是一個關鍵的時刻，是我們旅程中一個重要的、決定性的轉捩點。

　　不管我們在岔路上選擇了哪一個方向，重要的是去了知，從究竟的角度來說，一切萬法都是我們自心本性的各種面向，萬法並不獨立存在於自心之外。經典上說，任何了悟這點的人，就不用再繼續經歷這六種中陰的輪迴，所有的中陰都自然地解脫了；而任何不能了悟這點的人，就必須繼續這個旅程。然而，我們也說，每個有情眾生都具備了這個裸然無遮的覺性，它自然具現在一切眾生的心續之中。

　　你並不需要完成任何前置作業，不需要任何特殊訓練，也不需要經過任何形式的宗教洗禮；你也不需要成為一位學者、一個偉大的禪修者、一位偉大的邏輯學家或哲學家，才能「體驗」到自心本性，因為我們當下心識的體性即是清淨覺性，是遠離所有諸如此類的標籤和概念的，無關乎哲學或宗教。我們擁有這個覺性與否是無庸置疑的，唯一的問題是，我們認出覺性了嗎？儘管我們都有機會這麼做，我們卻不斷地錯失這個當下。不過，還是有一些特定時機是較容易見到這個覺性的，當心緒很強烈時，這

個機會似乎是最強大的。

如此強烈的心境出現在許多情境之下，有時是痛苦的，有時是愉悅的。我們可能會經歷到憤怒、妒忌或焦躁，我們也可能會覺得幸福、歡喜或大樂；無論是什麼心境，這些經驗增強到某個點時，就會讓我們了悟到赤裸無遮的覺性，而那即是所有這些體驗的本性，無論我們當下處在何種情境或狀態中。假如我們能夠只是看著自心，觀察念頭和情緒的生起，那麼對自心的了悟自會現起。如果現在你好像沒辦法做到，那就繼續看著自心，終有一天這個觀照便會一箭中的；不過，如果你不努力，那就不會有太大的希望可以了悟自心。

困頓於過去與未來

假如我們仔細檢視日常生活的經驗，就會知道自己甚少處在當下，反而常常是活在過去或未來。我們的經驗主要停留在概念的層次，因為我們總是迷失在念頭裡，一會兒想著過去的人生如何，下一會兒想著未來的人生會怎樣。

我們花掉大半的時間和精力在未來上，就為了完成那尚未成真的希望和夢想；這一切的辛苦，只是為了在未來的那個時刻，對未來的那個我有所裨益，卻都不是為了現在的我、此時此刻的「我」。「未來」總是在遙遠的某處，但從未進入「此時」的世界裡，好讓我們可以享受努力工作的成果。若是這樣的話，為何我們要努力得半死，像一部瘋狂的機器般呢？這彷彿是煮了一餐又一餐，卻從未真正吃過一盤菜似的，雖然我們是如此又飢又渴，但卻被恐懼所驅使，把食物和飲料貯存起來；我們把成瓶的汽水

放在冰箱裡、把成罐的食物放在櫥櫃裡，卻從不吃喝，因為這些儲備是為了消解未來的飢渴之用。這就是我們日常生活中常發生的事，我們總是為了未來而工作，這樣又怎能解決飢渴之苦和其所引發的恐懼呢？只要我們還一直錯失當下，就根本不可能真正克服這些問題。

我們的另一個習氣是活在過去的奇幻世界裡，不斷地回想已逝的事件；要不是在享受重溫舊夢的快樂，就是對往事感到挫折。然而，過去已不在了，過去的那個我、我們的敵友、和真正的事件本身，都遠遠地逝去了。當我們試著重溫先前的經驗時，我們並不是真正在重歷同一事件，每次我們所回想的，都是稍有變異的經驗。為什麼？因為我們的心境老是不一樣，所以每次的回想都會不同，我們的經驗會受到稍早念頭的影響，也受到即將現起念頭的影響，因此，我們對過去的回憶必然會有所扭曲。我們無法再一次地經歷同一經驗，無論那個經驗被認為是美妙或恐怖的。

基於這些理由，我們說，只有在當下經驗的那一剎那中才能夠找到真理，而當下經驗總是瞬間即逝的，所以，為何我們要稱記憶是「過去」呢？每個念頭都是在當下產生的，我們現在所經歷的都是新的，並不是我們先前所經歷過的，而是我們當下時刻正在創造的。只是用神經質或迷戀的方式來重溫過去，對我們毫無幫助；但另一方面，假如我們能妥善地主導自己的經驗，用正念覺察和覺性來思維過去的事件，那麼我們就可能在這些行為中獲得某些洞見。假如這樣的思維能幫助我們從習氣中解脫出來，那麼這些記憶就有某些裨益。

然而，一般來說，我們若不知道對應或禪修心性的適當法

門，那麼這些不斷冒出的往事回憶和對未來的投射就不會有太大的結果，因為我們從未處在當下，從未確實地見到實相或了悟中陰的真正本性。

非於此處、非於彼處

如果我們既不是在過去，也不是在未來，那我們在哪兒？我們在這裡、在現在，我們已經揮別過去，但也還未投射出未來；當我們可以直接用這種方式來和當下產生聯繫時，這是非常細微的、甚深和有力的經驗。從這個觀點看來，死亡就發生在每一個剎那中，每個剎那停止時，就是那一刻的死亡；另一個剎那又生起，這就是下一刻的誕生。

假如我們真的穿透這個體驗，就會有種非概念的感覺，這是一種無念或離念的清明覺性。每當自心的平穩念流止滅時，就有種敞開的感覺、有種置身無處的感覺。我說的並不是一般感覺的無所適從；在凡俗一般的語言中，當我們說某人無所適從時，他們仍是「身處某個地方」。在這裡，無處就是無處。在這個當下、此時的經驗中，早已有一種非實體、消融的意味。從密乘的觀點看來，這即是我們所了解的中陰，我們覺得自己既不在此處，也不在彼處；既不是在過去，也不是在未來。

在這個點上，我們開始體驗到消融的感覺，儘管我們之前幾乎不曾注意到它，這種消融的感覺卻是持續不斷地出現在我們這一生中。當念頭消失時，我們也隨之而逝，我們所界定的自己，就這樣消融在遠離自我概念的覺性之中。在那個當下，我們便直接體驗到現象的非實體性，空性的實相，或空性；但同時又有如

此多的能量現前——如此之多，因而又形成了另一個剎那。這個能量帶來一種如此敏銳的清明感，就像是一面明鏡，使心終於可以認出自己；在這個心鏡中，我們看到自身覺性清晰卻通透的本性。

不管我們是將心專注在色、聲、香等等的感知上，或是專注在概念化的想法念頭，或是透過止觀禪修而將心放在禪定的狀態上，每種情況都有著「此時」的感覺。若從微細的層面上看，它們都是相同的體驗，我們有著置身無處的經驗，有種無立基點、沒有固實地基可以站立的感覺，但我們就是在那裡。處在那個虛空多少是種神秘的經驗，那也是中陰的體驗。

一件日常的工作

既然中陰即是當下，因此它並不是不可觸及的。我們可能會覺得：「喔，中陰法教和修行太難以理解了，它們太複雜、像謎團般。」但是，當我們讓自己熟習它們之後，就會發現這些法教既非難以接近、也不詭密。事實上，它們和我們每天日常應對自心的經驗息息相關，我們不需要覺得氣餒，認為中陰法教太難而不可能上手。然而，中陰法教也可能看起來挺令人沮喪，或總是在討論駭人的議題；多半的時候，人們認為這個法教談的都是關於死亡和臨終，以及這些狀態的痛苦。但是，中陰法教並不僅是關於痛苦和死亡，如同前述，中陰法教基本上是在探討此時、當下的經驗。因此，中陰法教絕對是實用和可觸及的，是我們都可以掌握的東西。

這些法教也是一種精神的提振，也就是說，當我們修持時，

就好像是從規律的工作中抽身休息一般。在這個例子中,規律的工作所比喻的就是身處過去或未來之中;但就如同我們會走出辦公室去喝杯咖啡般,我們也可以離開過去和未來的念頭,進入當下的虛空之中,因此,中陰法教也是一個放鬆和重振的修行。

撲天蓋地的煩惱

在死亡和死後的中陰狀態中,我們極容易受到強烈的情緒和撲天蓋地而來的驚慌和恐懼的影響,因此學會如何在「現在」有效地面對和處理自己的情緒,被認為是得以面對之後這些中陰經驗的主要修學所在。假如我們已學過並思惟過這些處理和面對情緒的法教,不僅學會且修持了禪修法門,那麼,當情緒在日常生活中現起時,我們已作好準備來處理和面對。我們會變得更加正念覺察,也更加善巧,而情緒也會變得更易於處理;它們並不會馬上就停歇,但當情緒現起時,我們便可以察覺。我們會想著:「喔,現在我要開始生氣了」,或是「現在我真的很嫉妒」。我們可以看到情緒來了,也可以控制,並且逐漸超越。但是,假如我們一點也不熟悉自己的情緒,那麼當它們到來時,我們甚至無法注意到它們的生起;我們不僅沒有認出它們的現起,連它們已經來了又走了都不知道。在這樣的情況下,我們很難開始去面對和處理自己的情緒,因為我們已經太習慣馬上對這些情緒的能量起反應了。

舉例來說,當醫生用一個小捶子敲打你膝蓋的某個部位時,你的腳便會自動彈起。同樣地,我們也習慣對某種情緒的現起產生自動反應;而基於習氣的緣故,我們會有兩種反應的方式:負

面的或正面的。假如我們習慣於負面心態，在對應情境時毫無覺性和正念，那麼不管我們是多麼想要將正面能量帶入內在心境中──想要停止沮喪、憤怒、恐懼等等，都會顯得十分困難和充滿挑戰。當憤怒現起時，我們會繼續激烈地回應，我們的怒氣可能會爆發出來，可能會對某人大吼大叫、摜門或摔東西。無論是什麼情緒，我們都知道用這種方式回應的話，結果會如何──一種情緒會引發另一種情緒，於是我們便會經驗到更多、更多的痛苦。我們可能會輾轉難眠，憤慨和嫉妒轉為盛怒，而盛怒又引來憎恨，這自然會讓我們變得越來越用負面的方式去做回應。對某人大吼、或痛毆別人一頓來「解決問題」，可能會讓我們覺得很「痛快」，但這並不能終止我們的痛苦，問題就在於這種反應只會帶來更多的痛苦。

另一方面，假如我們經由培養正念覺察、覺性和慈悲，而變得習慣於正面的想法、行為和心境，就會極容易在危機中產生正面的心念，然後，當一個強大的情緒如憤怒現起時，覺性也會自然隨之而生。我們會有時間思考：「現在我已經生氣了，那麼我應該怎麼做？」當我們能用這種方式來反應時，就可以將心安撫下來，並回想起這個令我們感覺氣憤之人的優點。我們會願意用盡修行道上所知的一切可能方式，對別人、同樣也對自己生起更大的悲心。

以六種中陰法教的觀點來看，我們在這一生中的所有修行，都是為了讓心習慣於正面狀態，並且讓我們做好準備，以迎接在死亡和死後將會經歷的極端情緒和刺激情境。

為迎接這些經驗所做的準備，就起始於在當下純粹地做我們自己、處於所在之地就行了。假如我們想要成功地度過死亡和死

後的旅程，就得善於掌握當下的經驗才行，任何我們所正在經歷的，即是我們那時的自己；而當我們談到當下時，並不是在談任何外在的東西，所以不應往外尋求，我們應該直接觀照當下那個體驗的虛空界，它一直就在我們的面前。這個虛空既非你的，也不是我的；既非他們的，也不是我們的，這個「在中間」（in-between）的虛空界就是中陰。

若能將這些法教牢記於心並付諸實修，我們將會極容易以正面方式，回應在這些中陰裡所顯現的內心清楚投射。法教中提及，即便在此生中我們不能了悟心之本性和一切萬法的實相，在死亡時還是可能有機會了悟的；因爲在死亡時，心性的顯現是如此地強大有力。縱使我們在臨終時不能了悟心之本性，據說在死亡後現起的兩個中陰狀態中，仍將有後續的機會。此外，縱使那時我們也沒能成功，我們至少還能夠維持一個平靜、祥和的心境，而得到一個不錯的投生，算是習於正念和覺性修行的成果。

學習如何運用這些法教也能夠利益他人。假如我們有個臨終的朋友，或是某個我們認識的人情緒崩潰了，倘若我們自心相當平靜的話，在某種程度上，我們便能成爲那個人的靜定力量。當某人對我們發脾氣或大吼、或對我們攢鬥時，假如我們可以保持穩定，不魯莽地做回應或不厲言相向，那麼我們就可以對那個人產生正面的影響，而這即是我們的修行所帶來的大利益。

得自傳承的訊息

將中陰法教視爲一整套完整的教法是很重要的，這意味著，若我們只是專修中陰教法，這些教法本身便已足夠讓我們在此生

中獲得證悟。對這些教法產生信心，信任這些訊息，並且相信自心，即是關鍵所在，這樣我們就能夠將這些教法有效地運用在生活中。

　　一個常見的問題就是我們會想著：「雖然法教很完美，但我卻不能恰如其份地修行。」我們可能會有這類的想法，因為我們覺得自己的修行方式並不像其他人那樣。就因為我們的修持方式並不像「他」或「她」或是「他們」，我們會想：「我做得不對。」然後，慢慢就停止修行了；這是我們的一個大問題。然而，我們應該清楚知道，每個人修持任何教法的方式都是頗為個人的；我們聽聞法教的方式、了解法教的方式，以及對實修了解的表達方式，全都是個人性的。而當你將所聽聞、學習到的法教付諸實修時，就會是、也必須是你自己的東西。你修行的方式並不優於其他人的方法，但也不會比較差勁；它恰是適合你的方式而已，而其他人所做的，也正好是適合他們的方法。用自己的方式修行時，不要灰心喪志，要相信我們的確是在生活中有效地運用這些教法，這是很重要的。

　　假如我們必須確實地按照前人的方式來修行，那麼我們就會得到這樣的結論：佛教傳承所有的先賢祖師們，沒有一個是修行恰當的。偉大的西藏瑜伽士密勒日巴為他的上師馬爾巴蓋了一座九層樓的高塔，但馬爾巴並沒有為他的上師那洛巴建過這樣一座塔。其中有人錯了嗎？如果是，那麼誰錯了？同樣地，住在西藏的馬爾巴三次前往印度，師事那洛巴，這位了不起的印度上師非常仁慈，他用備極關愛與寬厚的方式來對待他的西藏徒弟，然而那洛巴卻是受盡他印度上師帝洛巴的折磨；雖然如此，他卻沒對馬爾巴做同樣的事。馬爾巴並不需要經歷所有相同的考驗和試

煉。

　　這些上師並不盡相同，也沒有用同樣的方式來修行，所以就某種程度而言，統一且制度化修行的概念在佛教中是晚近才出現的。雖然一群人一起共修相同的法教很重要，但這並不代表每個人都得用完全相同的方式來進行每個環節。某個人可能每天花三小時修行，而你可能每天只需花一個小時，這樣對你來說就夠了，真正重要的是你如何修持，而不是做多久。

　　當我們回顧佛教的傳承史，所有過去的上師都給我們這樣的訊息：他們全部都是獨自修行的，但他們全都證得了同樣的證悟。為何我們不能在這個二十一世紀也用上師給我們的方式而達到同樣的目標呢？我們可以為自己修行方式的獨特性感到歡喜，開開心心、盡可能地常修且有效地修持。這是了悟自心本性與掌握中陰法教的關鍵。

　　重要的是明白沒有任何人可以讓我們覺醒、救我們出離輪迴，在佛教中沒有這回事。這可能是佛教最不利的條件，同時卻也是佛教最大的優勢。這點告訴我們，沒有其他任何人在宰制我們的生命、我們的經驗、我們的自由或我們的束縛。那麼誰要負責？是誰在操控？是我們自己，我們自己在掌控一切！我們可以讓自己更加深陷在輪迴裡，或是現在就能從中脫困，這全看我們自己的決定。我們是那個必須持續看著自己念頭的人，是那個必須持續尋覓心之本性的人，沒有什麼外在的上師、本尊、佛或菩薩可以幫我們尋找。雖然他們會很樂意這麼做，但這卻幫不了我們，而只會幫助到他們自己。我們得要自己來才行，這就是關鍵。

中陰的分類

　　在這套中陰法教中，有各種分類的系統。此處所闡明的是一個完整的分類，由六種中陰所組成。第一種中陰叫做「自然的此生中陰」或「自然的生處中陰」，第二種叫做「睡夢中陰」，第三種叫做「禪定中陰」；前三個中陰主要和這一生的種種顯相與修行有關。第四種中陰叫做「痛苦的臨終中陰」，第五種叫做「光明的法性中陰」❶，第六種叫做「業報的投生中陰」，後三種和死後狀態的種種顯相與修行有關。

　　簡言之，自然的生處中陰是介於我們出生到遭遇致死之緣的期間，包括了我們所有苦樂的經驗，也是我們心靈修行之道的基礎。睡夢中陰則是有關入睡與醒來之間的間隔：醒時的顯相消融，在這段間隔中，如幻的夢境顯相現起，之後又會再度感知醒時的種種顯相。禪定中陰則是指我們的心安住在禪定狀態中，即三摩地的間隔；這時，我們的心並不受制於一般日常狀態下十足的迷惑。

　　痛苦的臨終中陰，是介於我們遇到致死之緣到真正死亡的間隔。在這段期間，我們粗重肉身、微細身和心識的一切元素，都逐漸消融分解而融入虛空中，死亡的明光顯現。光明的法性中陰則是介於乍死後到我們進入投生中陰的期間，這時，本初和全然

原文註：

❶ 心與一切現象的俱生本性稱為「真如」（suchness）或「如是」（thatness），或梵文中的「法性」（Dharmata）。*Dharma*意指「現象」（法），*ta*則是其「本性」或「體性」。法性中陰的名稱，是因為心的究竟本性——其真正的實相，在此時會清楚鮮明地顯現。

離死之**心**

清淨的心性明而空的顯相會鮮活清晰地現起。投生中陰則是緊接著光明的法性中陰之後，直到當我們進入未來父母胎門之前的期間❷。由於我們不能了悟自心本性，無法獲得解脫，我們從無意識的狀態中「醒來」，遊蕩了四十九天，經過許多強烈的體驗後，我們對家園和父母的渴求越來越強。到了這個中陰的頂點，自然的生處中陰的各種顯相再度現起，我們便進入了下一生。因此，輪迴便繼續下去，我們經歷到更多的痛苦，然而也擁有更多機會來開展我們的智慧與慈悲。

　　中陰法教也可以濃縮成四種分法：自然的生處中陰、痛苦的臨終中陰、光明的法性中陰和業報的投生中陰。在這種分法中，睡夢中陰和禪定中陰被包括在自然的生處中陰之中。當你看到中陰法教用這種稍微濃縮的方式來分類時，你可能會發現其中的用語有些不同。不管中陰法教的分法如何，對這六種中陰基本要點的討論，都會被涵蓋在內。本書中的討論方式是以六種中陰的分類為基礎，我們要記得，這並不是唯一用來了解或區分中陰的方法。所有的方式都導向同一目標：即是了解各種中陰的實相，並超越我們的痛苦與迷惑。

中陰法教的淵源

　　在各層面的佛法中都可發現中陰法教，雖然佛陀曾在經教中

---

❷ 據說有四種出生的型態：胎生、卵生、溼生和化生。胎生是人類與哺乳動物所經歷的；卵生則是動物，例如鳥類與爬蟲類所經歷的；溼生則有不同的說法：是昆蟲出生的型態，或者在現代，也可指複製生命；化生指的是誕生在淨土中，不倚靠粗重的五大。化生也可以指偉大人物在這世界上的出世，如蓮師是神變化生為坐在蓮花上的八歲孩童。

給予許多和中陰相關的開示，但中陰法教主要還是源自於密續，即金剛乘教法。在西元八世紀時，由偉大的印度成就者蓮花生大士將這些中陰法教傳入西藏❸。蓮花生大士有時也被稱爲「第二佛」，或是稱爲蓮花生和蓮師。他以極爲明確清楚的語言，將這套法教傳給了一批幸運的弟子，特別是赤松德贊王、空行母耶喜措嘉和卻闊‧祿以‧嘉參；共有「二十五弟子」被認爲是蓮師法教傳承的主要法嗣。之後，蓮師將這些法教埋藏在達拉‧岡波（Taklha Gampo），以利益未來的世代。

蓮師的法教後來由噶瑪‧林巴所取出，他是一位伏藏大師，即「取寶者」，這些伏藏師的修、證傳承仍舊持續著。許多其他伏藏師也取出了蓮師的其他中陰法教，因此這些教法是直接傳承的一環，而直接傳承則隸屬於伏藏法的範疇。其中有各種不同的伏藏（審校註：伏藏法的教法內容種類繁多，中陰法教只是其中之一），有些取自虛空、有的取自水中、有些取自地下或岩石中；有一些則是在禪觀中所得，被稱爲「心意伏藏」。

重要的是關注中陰法教的廣度。我們不需要把中陰縮減到只是單一角度或只有一部特定的典籍如《西藏度亡經》。中陰法教比那還要廣泛許多，而且包含了金剛乘的多種法教，其中最著名的就是蓮師的法教。我們必然會看到這些法教的闡釋稍有差異或變化，這些差異反應出不同大師的個人體驗和各種表達方式。舉例來說，儘管一些中陰經驗的陳述順序可能會不一樣，但是我們的生命中的確會出現這些經驗。

---

❸ 蓮師在西藏之佛行事業的期間，眾說紛紜。有些資料來源指出，此時期是在西元第九世紀。

在本書中所呈現的中陰，主要是根據蓮師的《六種中陰教誡》法教，來自噶瑪·林巴所取出的「文武百尊系列法教」，以及我個人從上師處所接受過的口傳法教。其他的參考典籍，還有才列·納措·讓卓所著的《正念之鏡》，和第一世蔣貢·康楚所著的《知識寶藏》。

我們的所有準備工作——努力培養對中陰的智識了解、關注於開展對法教的確信、相信我們本身的能力等，這些都是在進入六種中陰的細節前，所必備的重要步驟。假如我們知道何謂中陰，知道其分類和目的，就能夠欣賞和領會這些法教每一階段的智慧。當一位證悟的大師，好比蓮師在傳授這樣的法教時，是由他自身證悟智慧的經驗所流露而出的。他知道中陰的全部實相，也知道眾生在每個中陰狀態下是如何經歷的。因此，當我們在研討每個階段的闡述時，要試著儘可能把它們帶入你自己的修行中，因為你永遠不知道這些法教何時會派上用場。

六中陰根本偈

以下是六種中陰之根本偈的譯文，摘錄自噶瑪·林巴在岡波·達的山中所取出的蓮師《文武百尊六中陰教誡》。這些偈頌可在修行時唸誦，或是做為思惟六種中陰時的摘要或簡短備忘錄。❹

---

❹ 由竹慶本樂仁波切與蓋瑞·韋納所翻譯，版權屬於竹慶本樂仁波切與蓋瑞·韋納，西元2002年。

嗳瑪！
時值生處中陰現前時，
捨棄懶惰無暇可怠失；
確立聞思修義不散亂，
以相與心爲道證三身。

嗳瑪！
時值睡夢中陰現前時，
捨棄迷睡死屍般不覺；
契入正念本性不放逸，
知夢修持轉化與明光。

嗳瑪！
時值禪定中陰現前時，
捨棄散亂迷惑之積聚；
住心無迷無執離邊見，
證得生圓次第穩定力。

嗳瑪！
時值臨終中陰現前時，
捨棄一切貪求與執著；
契入明晰口訣不散亂，
轉爲無生虛空自顯智。

離死之心

嗳瑪！
時值法性中陰現前時，
捨棄一切驚恐怖畏懼；
契入了悟所現皆本覺，
以此了知中陰諸顯相。

嗳瑪！
時值投生中陰現前時，
執持專一心念之願力；
於此不斷演練絕妙業，
閉止胎門憶逆轉輪涅；
此乃堅定及持聖觀時，
捨棄嫉妒修上師雙運。

【白話文】

嗳瑪！
此時，正是生處中陰顯現之際，
捨棄怠惰吧，可虛擲的時日實在不多了！
要讓自己確立聞思修的真義，毫不散亂地，
邁向顯相與心無別之道，實證三身！

噯瑪！
此時，正是睡夢中陰顯現之際，
捨棄那如死屍迷睡般的不覺吧！
要契入正念覺察和不放逸的本性中，
認證夢境，修持轉化和明光的法門！

噯瑪！
此時，正是禪定中陰顯現之際，
捨棄散亂迷惑的積聚吧！
安住在不迷亂、不執著、遠離邊見的本性中，
證得生起次第與圓滿次第的穩定力！

噯瑪！
此時，正是臨終中陰顯現之際，
捨棄對一切的迷戀、貪求和執著吧！
要契入明晰口訣的本性中，毫不散亂地，
轉入那自顯覺性的無生虛空之中！

噯瑪！
此時，正是法性中陰顯現之際，
捨棄所有驚恐、怖畏和憂懼吧！
要契入了悟一切所現皆是本覺，
以此來認證中陰的種種顯相！

離死之心

嗳瑪！

此時，正是投生中陰顯現之際，

應持守專注一心的願心。

要持續不斷地演練善妙的行持，

關閉胎門，憶念著逆轉輪迴與涅槃。

此乃如如不動和執持聖觀時，

捨棄嫉妒，禪修上師佛父母的雙運吧。

白話文中譯：江翰雯

第二章

純粹妄念

自然的生處中陰

自然生處中陰的法教，是關於如何使我們的生命有意義、並將生命情境轉化為覺醒之道的法教。人生苦短，而這無生之心因為不識本性之故，又得要繼續其旅程。但我們在這一生中所培養出的穩定心性和洞見，將會無誤地引領、支持我們渡過死後的中陰；同樣地，那些我們尚未克服的煩惱習氣，也會左右我們在中陰裡的經驗，並成為讓我們痛苦延續下去的必然助力。

從佛教的觀點來看，每當任何眾生出生時，誕生的其實是「心」，即我們個別的心識。我們的心、身之間的關係，就好比旅者和其暫住之處的關係；我們就像是一位過客，短暫地停留在一間公寓或一處旅館中。我們的停留是不確定的，但我們可以住下，直到租約到期。我們並不知道租期有多長，因為這是我們過去世所簽下的契約，只要契約到期，我們要不是自願離開，就是被無情的房東給掃地出門，這只是遲早的問題而已。有些房東還滿仁慈的，會讓我們再多待個幾天，但我們必須準備好在任何時候離開，好繼續下一段旅程。離開並不一定表示會到很糟的地方去，有可能是從一間旅館搬到一處宮殿，但也可能是流落街頭，這全看我們自己——端看我們自己的業力和努力。

六中陰根本偈的第一偈說道：

嗳瑪！
時值生處中陰現前時，
捨棄懶惰無暇可怠失；
確立聞思修義不散亂，
以相與心為道證三身。

噯瑪！

此時，正是生處中陰顯現之際，

捨棄怠惰吧，可虛擲的時日實在不多了！

要讓自己確立聞思修的真義，毫不散亂地，

邁向顯相與心無別之道，實證三身！

　　六種中陰的第一個是自然的生處中陰。這也有各種不同的說法：生死之間的中陰、自然的間隔、生與住的中陰……等。當我們越過門檻進入這個中陰時，就代表著我們已經結束了前一個中陰，即投生中陰的存在狀況。自然的生處中陰就從誕生那刻開始，即我們離開了娘胎、進入此生的那一刻起，一直持續到我們遇到致死之緣為止，而這個緣就是造成我們離開此肉體的主因。生處中陰包括了我們出生、歷經童年與成年，直到遇到終結之緣為止的所有一切顯相。

顯相之舞

　　在任何時刻，我們眼中的世界看起來是怎樣的光景——是一座愉悅的宮殿或是一個戰場，端看我們如何對應這一生中所遇到的顯相來決定。「顯相」是佛教哲學中的一個重要名相，若能對這個詞彙的使用方式有大致的了解，是很有幫助的。就某個層面來說，顯相指的就是我們透過心的功用所經驗到的任何事物，這包括了我們所見、所聽、所聞、所嚐、所觸的事物，這些對境便成為五根識的顯相。此外，「顯相」也包括我們對那些（五根識）對境的想法和感覺，因此，我們的念頭和情緒也是心的顯相，特

別是指意識的那個心的面向。

當我們以六種中陰心靈之旅的觀點來看顯相的概念時，要注意兩件事：一是心到顯相之間的關聯，二是心之本性。當我們開始探索這個主題時，就會看到這個主題有多麼廣大；其中也會談到淨相與不淨相的觀點，以及顯空不二。上述對顯相的了解會讓我們更深入明瞭，自己對世界的體驗到底如何以及為何形成。我們之所以追求此智慧，是因為它導向了自在解脫的方向；究竟來說，我們並不需要繼續受苦，而除了痛苦的止息之外，我們還有機會變得更覺醒、睿智和慈悲，以成就我們偉大的潛能，也就是經典所說的證悟境界。

一旦我們開始懂得如何面對生命顯相，以此做為生處中陰的修道基礎之後，就可以更加看清顯相的本身。不管我們觀照到的是形色、聲音，或是感覺與念頭，都會看到顯相是暫時和變動不居的。顯相由各種「因」產生，也受到無數不同的「緣」（輔助條件）所影響，這些因和緣稍縱即逝，又各自從其他「因」而生起，且被其他「緣」所影響。此外，創造出我們的世界的無數顯相，是持續不斷地現起的。

這即是顯相之舞。心在感官界中隨著各種現象起舞。我們如何回應、涉入這些形成每剎那之環境的物質、心理和情緒的現象，決定了我們下一剎那、再下一剎那的經驗到底會變好或是變壞。這些全都是業的動力，或更精確地說，是我們各自的別業，以及共業的模式。業是因和果的連環套：種子讓花開花、又產生種子等等。顯相則是雙面的：有感知面的主體面，和被感知面的客體面。

顯相的概念和我們在六種中陰裡的經驗有關。在死亡和死後

階段裡，心的各種顯相持續現起和消融，其表現的方式和我們對其真正本質的洞見息息相關，而正是在自然的生處中陰裡——當我們得以生為珍貴人身並擁有肉身基礎時，我們才有最好的機會來面對自心，並以此生的各種顯相做為步上證悟修道之用。不管這些顯相是善是惡，我們需要的是充分利用自己的處境，來進一步開展自己的正念覺察、覺性和穩定的心性。

達到這樣的程度時，我們就會具備心的禪定和毅力，讓我們得以運用覺性來思維面前生起的任何顯相，而不會用重蹈覆轍、習以為常的方式來回應；我們的念頭和情緒不會馬上挑起負面心境和行為。在培養出這種平靜禪定的功德特質後，這種能力便會止息混亂和焦躁的心境，不僅對於生處中陰有立竿見影的利益，對於死後的幾個中陰狀態也有極大的利益。

淨相與不淨相

所有的顯相可被歸類成兩種：淨相與不淨相。「淨相」指的是證悟者的感知，他們全然了悟到自心本性即是清晰、顯明的空性。這樣的證悟者看著世界時，並不會見到和心性有所分別的實存現象，而是能見到、並賞析領會顯相之舞是清淨覺性的光明顯現。所以，他們不會執著於顯相上，或攀執現象是真實的，因此他們與現象的互動遠離了任何貪執的跡象。

「不淨相」指的是一般凡夫的感知，凡夫錯誤地視世俗相對的諸顯相是一種與自心明顯有別的存在狀態。因此，由於凡夫的習氣使然，他們對顯相的經驗是迷惑的，他們和二元化現象之間的種種互動也必然是執取和攀緣的。因此，生處中陰有兩種型態

的體驗：一種是那些直觀眞正心性與實相之人的體驗，一種是錯誤地認取有一個實存「外在」世界之人的體驗。

　　誤認實相的本質時，我們便很難了解如何去超越一般的二元認知。我們每日的經驗強化了我們慣常的感知；基本上，我們覺得自己的存在，是單一的、持續的、恆存的我，而且自然對這個想法發展出強大的貪執心；這即是所謂的自我與我執餵養。此外，當我們開始將更多特質當作是這個自我的屬性時，更發展出第二層的攀附：我們不僅是個「我」，還是個聰明的、英俊的或有趣的「我」。我們也可以使用其他標籤，像是富有、貧窮、藝術氣質、運動天分等，然後我們還提醒自己：我是個佛教徒、是共和黨員、或是美國太空總署的科學家等，故事繼續發展下去只會變得更加有趣、具體。我們用社會的、哲學的、心靈的、科學的和政治的標籤來定義自己，而每一個標籤又都有更多的演繹。

　　這是一個永無止境的歸類或貼標籤的過程。我們為自己下標籤，然後為所處的周遭世界下標籤。在這個基礎上，我們對自我的貪執更加深化，而我們和其他人之間的關係也變得非常有趣；我們製造出朋友和敵人，發展出價值觀和信仰體系，並落入派系之中。在所有這些競爭的基礎上，我們可能會覺得有改善這個自我的必要；我們需要找到更好的工作、變得更成功，而當我們達到這個目標時，就想要更有權勢、更有名，想當然爾地，還要更有錢，而當我們有了十億美元之後，就會想要有一兆美元……沒完沒了。

　　在我們生處中陰的所有經驗底下，潛藏著一個無明愚癡的根本底層，使我們完全見不到事物的本來樣貌。這本心的無明愚癡面向，錯誤地感知自我和外在現象是眞實的，亦即是本來實存

的；但事實不然。這也被稱爲「假相」。緣此之故，輪迴的種種顯相現起，我們涉入了主、客二分或能、所二元的行爲中；我們對某些事物有了取、納，於是對這些事情產生了貪執；又棄、捨其他事物，於是對這些事物產生了憎惡。

這便是輪迴的本質，簡單地說就是，我們以一種膚淺的方式來看待、體驗和思考周遭的感官世界、以及我們的情感世界與智識世界。我們見不到其深層的眞相，其甚深的本性，即空性；我們無法了悟一切顯相的眞正本性：一切現象在究竟勝義上，本來是非實存的，但在相對世俗層次上則持續地顯現。我們就是無法認出此顯相與空性的雙運或無二無別。

對顯相錯誤認知的結果，便是產生痛苦並受制於強烈的痛苦狀態，也就是所謂的「煩惱」（kleshas）。梵文kleshas可譯爲「苦惱之心」或「擾動之心」，一般來說，這個詞彙指的是我們凡俗、迷惑的各種情感經驗。然而，「煩惱」並不只有情緒，還包括痛苦的根本原因，即無明愚癡。佛教典籍中提到三種根本煩惱：貪、瞋、癡，這些被認爲是「三毒」，或苦惱心的三種根源。煩惱還包括了嫉妒和驕慢的情緒，以及我們可能會經歷的其他任何情緒或混合情緒。這類苦惱的心境，從心靈旅程的觀點來看，被視爲是具破壞性的，障蔽了心的本然清明，也是許多不善巧行爲的成因。因此，當情緒沒有以正念覺察和覺性來覺照時，便被認爲是煩惱——是不淨或染污的心境，總是在助長我們的痛苦，並爲我們的生命帶來更多的傷痛和毀壞。

然而在本質上，並沒有淨相與不淨相的分別，因爲一切顯相的本性都是相同的——是清晰、顯明的空性，標籤並不會影響心的究竟本性。不過從世俗相對的觀點來看，有所分別的認知還是

有害的，這是我們喪失理智的開端；由於在我們面前現起的顯相被認為是有所分別的，因此我們便會以得失心、或希望與恐懼的觀點來面對這些顯相，對這個世界的體驗於是變得充滿了掙扎與懷疑的性質。到最後，這種持續痛苦的狀態便成為我們的正常狀況，這便是凡夫在自然的生處中陰中的情狀。但是，我們還是可以藉由將經驗者（即自心），帶入證悟之道上，而有機會轉化我們對現象的迷惑。當我們用正念覺察和覺性直觀自己的迷惑時，就會開始看穿這些迷惑，而看到迷惑本身即是心本然清淨、醒覺的本性。

　　最後，據說那些在過去世與心靈修道智慧有強烈業緣的人，出生後自然會和這個智慧產生聯繫，並且會在累世中持續開展這個業緣，直到成就其甚深證悟的潛能為止。有許多上師的生平故事正是這種甚深聯繫的典範，不過沒人能媲美偉大的上師蓮花生大士，即這套中陰法教的弘傳者。但還是有其他和這個法教有真正業緣的人，可能會有頓悟的體驗，他們可能會任運自然地體悟到這個世界是顯空不二的，就像是水中的月影般；屆時，他們對這個世界的凡俗感知就會轉化為淨相。

體現之心

　　現在，你可能是在家中，舒服地坐在你的公寓裡。假如你是住在舊金山，也許你正望向窗外，享受著金門大橋的美景。但是，雖然你的身體處在一個特定的地方，但你的心也許在其他地方──你可能想著辦公桌上成堆的工作、街角那家新開張的餐廳，或是到印度去朝聖。假設你有這樣的念頭：「我好久沒見到

大學的老朋友了，不知道她過得怎樣？」當你處在生處中陰時，這僅是一個尋常的念頭，當這個念頭消失時，你仍是坐在同一張椅子上。然而，假設你有著同樣的念頭，然後竟然發現自己真的坐在你朋友的客廳裡的話，會是怎樣的光景？

假如在下一刻，你發現自己又到了下一個心念所想之處——你的辦公室、當地的小飯館、或是恆河邊的銀行，又會如何？

在死後的中陰，這種自動遷移並不是純粹的幻想或揣測而已，心識的瞬間變動會引發環境上同等的變化。當我們的心從一個念頭跳到下一個念頭時，我們便會尾隨而至。為什麼？因為那時已經沒有肉身可以讓心泊靠，只有心、只有心識，以難以控制的方式到處漂流、顯現。縱使是在生前，假如我們不知道處理念頭和情緒的法門，我們的心也會狂放不羈的；而死後，心就變得更加狂野。

重要的是牢記著，即使我們的心目前和身體相連著，心也僅是一個短暫的過客。當我們擁有這個身體的蘊蔽所時，多少會覺得有些踏實感，我們的身體讓心得以穩定下來，身體提供了一個固定的參照點；當我們的心飛出去時，不管心飛得多遠、多少次，總是會回到這個身體，就像一隻在大海中的鳥飛回船上一般，這隻鳥可能會飛出去一會兒，但總會倦鳥歸巢；牠沒有別的地方可去。然而，除非我們已先在禪修練習中獲得心的禪定，否則在之後的其他中陰狀態中，並沒有任何一個讓心得以穩固停泊的地方。

這樣的不穩定性會是一個可怕的經驗，因為各種情緒的現起會使這不穩定的體驗更加惡化；我們不僅感到不踏實，也會以浮動的情緒來回應這變動的環境，我們一下生氣、一下嫉妒、一下

又樂極了，我們情緒的顯現就像感知與念頭一樣生動鮮明。但是，藉由培養穩定心性之力，我們自然便可超越一切恐懼。這是因為死後的狀態是一個心念的歷程，當我們能夠充分掌控自心時，就沒有什麼好怕的；我們知道心將會如何回應，我們知道在壓力之下，心會如何展現自己，我們知道自己可以保持平靜、清明和專注。

現在我們有幸生而為人，且擁有一個可以做為心之支助的身體；而人生之所以能成為所謂的「珍貴人身」，是指我們擁有各種善緣條件來幫助精神體悟的開展，並提升慈、悲、利他等功德特質。因此，重要的是藉由開展進一步的正念、覺性和禪定功夫，以便能充分利用我們的處境。假如我們既平和且清明，如此不僅可以領悟自心本性，也可以非常清楚精確地籌畫每一天、每一生和每一個投生。既然我們喜歡做計畫，這就是一個可以好好計畫一番的機會，而且是一個確定且非臨時的計畫。假如我們缺乏掌握自心的能力，那麼所有擬定的計畫便會是暫時的，我們不知道要怎麼將計畫付諸實行；但是，倘若我們能夠掌握自心，可以掌握我們的情緒和整個意識型態的環境，那麼我們就可以擬定確切的計畫，不僅是為了此生的生處中陰，還包括更長遠的未來，如此，我們所遇到的任何情境都會變得和諧可親，而這六種中陰的各種體驗都會成為有力的因緣，讓我們能進一步了悟自心本性。

修道三次第

當我們步上真正的精神修道時，我們的目標就是要克服自己

的無明混亂與迷惑，並真正發現自己的本來面貌。只要我們尚未完全了解自己，就還是會有著潛層的痛苦。然而，姑且不論我們的修道會通往何處，那想要深刻真正地了解自己的一股欲望和渴求本身，其實就是對我們所追求的自心本性之智慧與慈悲的一種表達。

從佛法的觀點來看，依循修行之道最有效的方式，即是透過智慧或般若的開展。一般而言，般若既是聰慧的智能、覺性的敏銳度，也是我們增長聰慧後所產生的智慧或了知。更進一步地說，般若有兩種：世俗的和出世的。世俗的般若和我們對世俗相對世界的知識與理解有關；它可能是學識或敏銳的心智，能精確地看到事物的運作方式。出世的般若則是「較高」的智慧，是穿透的洞見，能斬斷所有的迷惑並直接見到心的究竟本性——心的清楚、明晰空性。在其圓滿的境界裡，較高的出世般若是「智慧」的同義詞。這條修道所本的智慧法教，形成了開展智慧或般若的種種善巧方便法門，能讓我們的追尋臻至正果❶。

在這條修道上，我們要有兩種發現：一是去發現心之真實本性；二是去發現那些障蔽我們見到這個真實本性的事物，這就是

❶「佛教中的般若一詞——『慧』或了知，……並不是指某種消極智識或僅是知道某些事實而已；相反地，它代表對顯相和一切萬法的真正本性，從色相到遍知等廣泛程度的積極知曉與探究……。因此，佛教中的『慧』是『全盤、窮盡地辨別現象的共性和別性』……。『慧』（prajña）和『智』（jñana）之間是息息相關的。通常這兩個名相就是被當成同義詞來用，或說，智不外乎是慧的圓滿頂點，即般若度（prajñaparami-ta）。但一般來說，慧代表的比較傾向為殊勝洞見與了悟（同時包括概念性與非概念性）的分析與辨別面向，而智主要是強調了悟的非概念性、立即與全面性的面向。」摘錄自卡爾·布魯霍索（Karl Brunnhölzl）所著《晴空之中心：噶舉傳承的中觀》（Center of the Sunlit Sky: Madhyamaka in the Kagyu Tradition）一書，由紐約雪獅出版社於西元2004年出版，頁143-146。

世俗相對世界的實相——世俗諦。每一個發現緊接著先前的發現而來，亦即先是去發現那阻止我們見到本具之心的種種障礙，而此處的智慧就是學會如何克服這些障礙，並了悟我們俱生的潛能，我們自心的根本狀態；它本來就是清淨與覺醒的，也早已離於一切染污。這個根本的潛能，在佛教中被稱為「佛性」。

由於佛教修道強調的是智慧與成就證悟之潛能，因此我們可說這既是一門心智科學，也是一種生命的哲學。它並非是一種常態認知下的宗教，也並不將「神性」或「神力」歸諸於任何外界眾生或外力之上；反而是一種觀待自己存在的方式，可為我們的生命帶來意義，並且當我們越來越能展現不離智慧的慈悲行為時，便能利益這個世界。

我們又要如何明白這些道理，並展現自己的潛能呢？我們要藉由聞、思、修三階段的過程，將自然的生處中陰諸顯相作為證悟之道用。在這三階段的心靈修道中，有三種般若得以開展。在聽聞或研習佛法的過程中，生起了「文字般若」，也就是理解的智慧；從思考或思惟佛法的過程中，生起了「觀照般若」，也就是領會體驗的智慧；在本然安住禪定的過程中，生起了「實相般若」，也就是了悟的智慧。大瑜伽士密勒日巴尊者在其道歌或修行教訣中，闡述了這三種階段；這些道歌描述了，透過這些實際活用的過程，我們便得以吸收佛法的精髓並轉化自己的經驗。

有一些正規或非正規的修持方法，可以幫助這三種般若的開展，直接洞穿我們在自然生處中陰裡的混亂情緒和我執。聽聞或研讀的階段包括了聽聞法教、上課、研讀與討論經典……等活動。在此階段，基本上我們是在發展對自心之究竟本性的概念理解，以及對自心的世俗相對顯相——迷惑的念頭與煩惱情緒的概

念理解。我們聽聞法教以便得知這些顯相如何遮蔽了心性，如何遮止本性而讓我們無法直接感知。此外，我們還研究因和果，理論性地學習到這些迷妄的顯相是如何產生的，又要如何止息。

思惟的階段由修學分析式禪修所構成，在此，我們開始直接對治世俗相對的各種顯相。藉由智力的運用來檢視內心，我們學習用更廣大的精確性與清明來看待這些顯相。在修道的這個階段，我們開始洞穿固實的念頭與情緒，並且瞥視到清淨的本心。

最後，在禪修的階段，我們放下概念的檢視，而僅是將自心安住在專一的禪定境中，即三摩地中；此時，我們會體驗到慣常焦躁心境的止息，並能止靜地安住在當下。這是我們禪定旅程的開始，這將通往最終之出世智慧的頂點，即對心之本性的全然證悟。這個階段的達成有兩個次第：首先，我們必須先修學被稱為「四加行」的前行，再投入真正「止禪」或「奢摩他」的實修。

當我們修完這三個階段後，就會獲得一種對心性實相恆常深化的智慧。

聞的階段

在聽聞和研習佛法的第一階段中，我們培養文字般若——理解的智慧。我們的目標是發展出對這趟心靈之旅的一個清楚概念了解，也就是其基礎、道路、次第和最後的結果。我們由研讀一般佛法的基本法則，特別是由熟悉中陰法教開始。儘管我們通常以為聽聞法教是極為容易的、是我們多年來一直在做的事情、也是我們修學的一環，但是聽聞和研習其實也被認為是一種修行，就如同禪修也是修行一般。

在這個脈絡下，「聞」指的是聆聽口授法教與研習書籍兩者。聽聞佛法被認為是透過運用正念覺察來開展文字般若的一門藝術或善巧。就修行法門本身而言，重要的是以純淨的發心開始著手——誠心希望一切眾生，包含自己和他人，都能從你的研修上得到利益。這是關於如何開頭的部分。接下來，我們需要用不評斷的心來聽聞法教；這表示你「真的想要了解」所聽聞到的內容，你的心沒有被自己的觀念和先入為主的想法所填滿。而開展文字般若的最後教訣，是以專一的心、一種不散亂的關注心態來聽聞。除此之外，重要的就是真心感謝你所擁有的機會，這樣一來，法教就會觸動你的內心。

運用以上三點教訣來聞法的結果，是使「聞」成為和「修」無分別的一種戒律。就像在禪定修行中所做的一樣，你的心變得平和與專注，自然地產生了一種清明的心境，這使得你的解知變得極為清楚。在這個階段中，你的智慧仍是概念性的，當你聽聞或閱讀佛法的字句時，你是用概念之心來解知的；但這個概念之心有著清明的特質，並非僅是你混亂的想法，所以，這樣的心具有更大的洞見力。

到此，我們有了辨察何謂「正知」或「正見」的能力，這泛指運用我們自身的體驗，照見了痛苦、無常與無我的根本真諦，以及德行的重要。我們能夠在念頭和情緒不斷現起的幻化展現之中，見到這些真理，而且還可以清楚分辨念頭、情緒和行為是善是惡。這一切都是先透過聽聞和研習各種法教，開展出清晰的概念式理解後，而變得清楚可見。

因此，開展文字般若是學習如何面對自心和障礙的第一步，然後便能次第轉為發現自身佛果本心或覺性的法門。

密勒日巴曾說，我們這個階段的智慧就像是一塊縫補在衣服破洞上的布片，雖然這塊布片能蓋住缺口，卻永遠不能和衣服合而為一。它一直是一塊外來的東西，一塊隨時會掉落的拼布。同樣地，在這個階段，我們目前所累積的智慧並不是和心續合而為一的。每當疑惑生起時，我們雖可運用這塊智識的拼布，但它並不會真正解決我們的問題或治癒我們的痛苦，因此，雖然文字般若非常有用，但卻不是最終或究竟的。

思的階段

第二階段是思惟佛法。我們培養出觀照般若，亦即深入思惟先前正規研習所獲智慧後，所生起的洞見；這個智慧需要透過思惟來不斷地進展與內化。藉此，我們與智識的理解合而為一，不再卡在生硬冰冷的理論中，我們的智慧成為整個生命的一部分。

這個階段所教授的法門，是所謂的「分析式禪修」。雖然被冠上「禪修」之名，但它仍被視為是一種思惟，因為這是一個深入運用理智和概念之心的訓練方法。這種修行方式是在一段正式禪座上，條理分明且精確地分析一個你已學過的、讓你感興趣的特定主題或議題；適合研究的領域其實滿多的。不過，這類思惟雖有某種特定的架構或形式，但整個訓練基本上卻還是非常個人化的。例如，當你思惟某段有關「苦」的法教文字時，你可能會分析每個字的意義和整偈的意思；但你會用自己的話、用自己的用語、從你如何了解痛苦與面對痛苦的觀點等等來分析。

藉此，你得以釐清自己的理解，也臻至更深沉的意義。而當你對這段探討痛苦的法教真正有所領悟時，你所開啟的智慧便得

以擴大和開展；這段法教的意義於是成為一個活生生的體驗，而你對其意義的了解也超越了純粹的概念化範疇。

在西方，我們似乎遺落了這個第二階段，我們進行許多的聞與修，卻缺少了中間的「思」。這是為何我們在將日常生活與禪修相結合時，會有如此多問題的原因。思是介於概念理解和日常經驗及非概念禪修體驗之間的橋樑，就像是我們在學院中搭配各科目的實驗室。我們先是讀書、上課，然後進到實驗室中，在那裡藉著做實驗、觀察和測試結果，得到實際動手做的經驗，藉此，我們的經驗變得更充分、更完整。我們所開展的智慧不再侷限於「腦海」之中，我們體驗到身、語、意——即肉體、情緒和認知更深入的統合，三者更加和諧地相互合作。

密勒日巴曾說，觀照般若就像是清晨出現的霧，看似如此扎實與真實，但不久後白晝來臨，當太陽昇起時，霧就散了。同樣地，思惟所得的體悟也是短暫的，就像晨霧般來了又去。在這個階段，我們正開展出真正的體驗或領悟，但還未發展成為完整的了悟或全然的智慧。

思惟所得的體悟可能非常強而有力，看起來好似了悟般；但是，我們不應將此誤認為是真正的了悟。舉例來說，我們可能會有空、樂或無念的體驗，當這類體驗現起時，可能會感覺極為實在，而且會對我們造成強大的衝擊，我們可能會相信自己已經獲得一種恆常的洞見，但接著它就完全消失了，像霧一樣，瞬間消失在眼前。當我們在修道上，這類變動的體驗是很常見的，這也代表它僅是一種體驗而非真正證悟的一個徵兆，這表示我們還需要繼續邁向下一個階段，以開展出實相般若。

思的修行

　　一旦藉由聽聞和研習佛法的基本教理，開展出修道上的理論化理解後，我們就可以投入思的階段所教授的分析式禪修。為了要認清那障礙、遮蔽我們了悟自心本性的種種顯相，我們必須去觀察自己的生命。這比光是空想做白日夢還需要多一些技巧。我們需要投入專注的思惟與分析過程，以便發展出對慣性情緒模式和內心習氣模式的覺知。在把自己的注意力集中在此生的種種細節上的同時，我們也要辨別那些心的習性，這些習性將會強烈影響我們面對死亡和歷經投生的種種經驗。

以正念思維生活經驗

　　分析式禪修包括了在座上修行的正式分析法門，與所謂座下修持的非正式思惟。這種以正念覺察來思惟日常生活經驗的練習，是在一天終了、要睡覺之前所做的非正式或非上座修行。然而，若要有所效果，仍必須以清楚的發心與正念覺察來修持。

　　起修時，我們可以從思惟一整天的經驗開始。例如，在晚上，我們回顧白天，回憶我們從早到晚所做的事情。我們反思或想一想自己曾經有過什麼念頭，並思惟每天行為與活動過程中所發生的任何事件。「我很早起床，做這個做那個，然後開車去上班。我記得在岔路口被人堵住時，氣得不得了。」我們記起這類的事件，然後加以思惟。我們開始先關注在大事上，然後慢慢地開始檢視每個細節。我們可以從思惟今日的事件開始，再擴及昨日與前天。再強調一次，重要的是慢慢地回想，剛開始從大事著手，再進入較深入的細節。

另一個方法是回顧整週。假如我們在這週內有任何重大的情緒波瀾，我們就要先思惟這些重大事件。先花時間在這些較短的期間上，再逐漸擴及截至目前為止整個人生的思惟回顧。重要的是認出主要的生命模式，亦即那些一再、一再重演的行為。我們可能會發現自己的人生就像是電影《今天暫時停止》（Groundhog Day）中的主角般，每天早晨醒來都是同一天，且一再繼續重複犯下同樣的錯誤。當我們像那樣毫不自覺地重複自己的習性時，可能會有一種「似曾相似」的感覺，並納悶著：「我從前好像有過這樣的經驗吧？」沒錯，就是這樣！相同的煩惱、相同的負面模式，再一次地襲擊我們。我們應該正視整個人生經驗，以便發覺出自己主要的問題、最大的痛苦和最大的恐懼所在。在思的修行上，我們所應該正視的就是這些生命模式。

通常，我們都會偏向不要承認這些經驗。每當某個煩惱讓我們痛苦不堪時，我們就會試著溜開。一般來講，我們都很害怕自己的煩惱；煩惱越劇烈，我們就越害怕。但是，開溜並不能幫助我們，煩惱還是會繼續跑回來。因此，最好是把這些經驗放到分析式禪修中，試著認出哪一個是最「常」搗蛋、哪一個又是最「失控」的。雖然每一種煩惱在每個人心中都有，但是有些是我們多少可以掌控的，有些卻是我們毫無能力招架的，我們似乎就只能爆發出來，讓自己臣服於其淫威之下。我們最沒有招架之力的那個煩惱，就是我們最先應該認出與對治的，然後我們可以運用所獲得的洞見來對治其他的習氣。假如某人的五種根本煩惱都同樣熾烈的話，這真是個好消息，表示此人非常富有，因為他或她有豐富的情緒資源，可以做為思、修的基礎；其他人可能比較窮一點，只有一種煩惱而已。

對情緒的分析式禪修

為了要獲得對治習氣與煩惱的更深入洞見，我們也直接運用正式上座的分析式禪修來觀照煩惱——貪、瞋、癡、慢、嫉的原始能量。

每座禪修一開始的教訣就是，以挺直、舒服的坐姿坐好，並安頓自心，接著就單純地看著念頭的來、去。當某個情緒現起時，就觀察這個情緒，不要停住或耽溺其中。舉例來說，假如你感覺這是貪，就想著這個引起貪念的人或事物。用一種察覺和平靜的心，讓你自己感受到貪著的現起；不要逸離這個情緒，直觀其品質並感覺其能量。然後，當這個情緒消失時，就放下所有的貪念並放鬆。當你能安住在貪著的當下，全然地體驗它時，你就會了解它。

這種觀照方法適用於熾烈的貪欲和瞋恨，以及其他一切情緒上。當我們面對它們一次，然後第二次、第三次……，每一次我們都對它們多一點熟悉、少一點困擾。結果是，我們的心變得益發穩定，有助於我們獲得對心理狀態的掌控，慢慢地，我們可以放下一些恐懼，和以為情緒實存的執著。在座下的狀態裡，我們也要繼續做這類思的修行。

與強烈的煩惱為友

假如我們不熟悉自己的情緒，那麼就會一直害怕它們，在死後的中陰甚至更為強烈。這就像是我們對陌生人的恐懼一樣；當我們不認識某人，就會和他們保持某種距離；我們可能樂意和這

個陌生人做特定的正式交談，但卻不想交淺言深。我們對自己的情緒也是如此，我們沒有真正地和它們「交談」，因為我們並不真正認識它們，而且有時我們也比較想保持那種距離感。

舉例來說，假如我們聽說某人正好服完刑期，搬到我們附近，突然間在街上遇到這個人時，我們可能會驚恐萬分。有時我們可以避開他，但其他時候我們會發現自己處於無法抽身的情況下，這麼一來，我們就得要面對自己的恐懼。

在這些情況下，我們常會用偏見來對應。我們會想著：「這個傢伙壞透了，他嚇到我了。我不想和他說話！」但是如果我們真的坐下來和他說話，我們的經驗可能會大不相同。我們可能會發現這個人是個歷盡滄桑之人，而覺得自己可以在某方面幫助他。甚至，他和我們分享的一切也會對我們有所助益。從彼此的交談之中，我們學會去了解與我們迥異的情緒觀點，也明白自己是多麼幸運，沒有被困在像是瞋恨之類的迷亂心境中，我們會更感謝自己的珍貴人身。同理，我們需要學會如何面對「恐怖」的人——任何令我們畏懼或讓我們感到受威脅的人。當我們認識他們、能和他們交談，當我們能調柔、減緩其情緒的痛苦時，就能和他們變成朋友；同時也沒有誰會傷害誰。當我們運用這個法門時，就有更多的影響力和力量：慈、悲和清明心智的力量。

對於情緒，我們也有著相同、強烈的偏見，尤其是瞋心。結果，我們便傾向於隔離情緒，而不是將它們化為體悟。我們試著漠視它們或是逃開，不然就是「爆開」。相反地，隨著多加思惟情緒、慢慢了解它們，我們便可以和情緒成為朋友。這個過程就像是開始和某個陌生人套交情一般，這是一個克服「自」和「他」隔閡的方法，這樣一來，我們就和自己的情緒產生更深的連結。

假如我們可以在情緒來臨時運用這個方法，就不會想要逃避躲藏。縱使情緒生起，心變得不穩定時，也能透過聞、思、修的力量而安穩下來。我們便能這麼說道：「喔，瞋心是我的朋友，我知道如何和這個瞋心交談，我知道如何調柔它，我知道如何讓這個瞋心遠離它的痛苦。」

藉此，我們可以讓心安靜下來，止息我們的情緒，慢慢地、但確定地，我們將會了悟情緒的真正本性，即便是最嚴重的煩惱，像是瞋心和嫉妒。這個本性即是心自身的本性：開放、光明的智慧，亦即原本清淨的覺性。當我們明白如何面對及處理生處中陰的情緒時，這些就不再是障礙了，而成為我們現下與死後中陰的覺醒工具。

修的階段

在第三個階段，即禪修的階段，我們逐漸培養出實相般若，即直接見到自心和萬法本性的出世智慧。這是能使我們產生無我悲心，即慈愛一切眾生的純淨之心的了悟；這也被稱為「究竟菩提心」，即悲空雙運。在此，悲心自然任運且無所緣地顯現，沒有任何偏私。

佛教修道開示了許多禪修法門，但一切的精要都總括在兩個最根本的修行上，即「止禪」和「觀禪」。我們先修止禪，意即「安止」。止的禪修是一種能幫助開展出穩定、專一的專注力，讓心達到平和與穩定寧靜的修行練習，因此也被稱為「安住的禪修」。我們躁動習氣的特色就是不安和不滿足，而止的禪修所開展出的正念覺察和覺性，則能照顯出這種躁動並馴服它，如此便

止息了我們對過去和未來的執迷，使我們能夠清醒、祥和地安住在當下。

　　一旦我們能安住在不散亂的狀態中，就可以開始修學「觀」。「觀」意指「明見」或「勝見」。基本上，觀是由能了悟自心本性的法門所構成，其特性或特徵則是開放和廣袤的覺受；心的本然清明變得更加明燦，我們也覺察出一種自生解脫的狀態，而這也是自、他痛苦的真正療劑。

　　根據密勒日巴的說法，禪修並不是「定」在某個東西上，而純粹是一種「熟習」的過程，也就是熟悉我們的自心本性。禪修的真正修行，是超越概念、安住在無二元分別的境界中；而這樣一種安住能力，則是從思惟，或說從分析式禪修而來，它能逐漸引導我們朝向非概念性禪修。因此，禪修是產生真正實相般若的主因。密勒日巴說，真正的了悟就像清明、開闊的天空，或像是不變的虛空般，一旦你到達了悟的境界，了悟就會是永遠不變的，並不會像晨霧般來來去去。

　　蓮師針對禪修所開示的廣泛教訣中，可區分為以下兩者：與自然生處中陰有關的修行，以及與禪定中陰相關的修行。若能注意到這點，是很有助益的。這個區別的基礎為何？禪定中陰就發生在自然生處中陰裡，因此，我們所有的修行即是生處中陰經驗的一環。但是，根據六種中陰的體系，若要生起禪定中陰的真正體驗，我們不僅要安住於平和與寧靜的狀態，同時也要直接安住在非概念覺性的境界中。所以，禪定中陰和「觀」的修行有關。

　　對於自然的生處中陰而言，我們的禪修訓練就從所謂的四共加行以及四不共加行的基礎修行開始。這個訓練讓我們準備好接下來的「止禪」正行。此外，蓮師的教訣也包括了本尊法的修

持，在此僅扼要提及，我們在投生中陰的章節中會有更詳盡的說明；投生中陰和本尊法的關係其實最為密切。

基礎修行：鍛鍊與淨化

禪修的修行總是要從打好基礎開始，而佛教修道的基礎或預備修行，通常被稱做「前行」（ngondro），這同時包括了鍛鍊和淨化自己心續的法門。這些修行也是將禪修體驗的心要內化到自身生命中的方法，因此，前行被認為是甚深與重要的，因為沒有了前行，正行就沒有什麼意義可言，就像一座建築物缺乏穩固的基石，就會搖搖欲墜且沒有價值。

四共加行的修行，包括了四轉心念，或稱「轉心四思惟」。也就是思惟：一、人身難得；二、生死無常；三、因果業報；四、輪迴過患。這些思惟讓我們轉離對輪迴的貪執，朝向佛法的修行。我們若沒有生起對四轉心念的正確體驗，要生起修道上的其他體驗可是很困難的！

轉心四思惟之後則是四不共加行。也就是：一、皈依與發心，能清淨「身」的粗重惡業；二、金剛薩埵百字明咒的持誦，能清淨「語」業；三、供曼達，是累積福、慧二資糧的基礎；四、上師瑜伽，是迎請傳承的加持。

四不共加行的第一個，由皈依與發菩提心起修。菩提心是一種證悟的心態或「覺心」，也就是真誠地希望能讓一切眾生從痛苦中解脫，引領眾生證得佛果。在普遍的佛教修道上，有佛、法、僧三寶的三皈依；在金剛乘的修道上，行者則修行六皈依，我們皈依三寶與三根本，三根本是：一、加持的根本，即上師曼

達壇城；二、成就的根本，即本尊曼達壇城；三、事業的根本，即空行曼達壇城，其中包括勇父、空行母和護法聖眾。行六皈依時，我們其實是同時進入了共的顯教、與不共的金剛乘修道。六根本是顯示在「皈依境」圖像上的主要人物，其象徵性地代表了證悟的功德——智慧、慈心、悲心，以及能帶領一切眾生證得解脫的弘法事業。

第二個不共加行是金剛薩埵的甚深修行。為了要讓我們的修道能順利邁向證悟，清淨那些障礙我們修行的惡業和迷障，是很必要的一環。在鍛鍊與清淨行者心續的所有修行中，最首要且最重要的修持就是金剛薩埵；這個修持被認為是淨障修行之王。淨障的過程同時包含了發露心之過患或染污，以及揭顯心之真正本性，即自心的清明、透亮和俱生智慧。

第三個不共加行是供曼達。在清淨惡業之後，我們必須放下一切我執，也就是我們對於周遭「器世間」（宇宙）及「其內容物」（指眾生）的根本貪愛與執著。因此，在這個修法中，我們觀想整個器世間充滿了供養皈依境的供品；所以說，供曼達是一種「放下」的修行。由於我們供養這些供品的發心，是為了證悟成佛以利益無數不同根器的眾生，因此這個修行能成就兩種資糧：福德資糧與智慧資糧。沒有這些資糧，我們就不可能獲得任何證悟果位，甚至無法一瞥自心本性。

第四種不共加行是上師瑜伽，這是一個增長與加強虔誠心與敬意的法門。為何這是必要的呢？在金剛乘的傳統中，我們證悟的關鍵是透過上師、傳承祖師與本智自身的加持而來，若是不對傳承上師徹底地敞開自己，這個加持的轉授（transmission）是不可能達成的；上師瑜伽的修行能幫助我們對傳承的加持敞開心

胸，並催化這個轉授的完成。

這些是傳統的基礎修行，其他淨障的修法還包括了像是唸誦儀軌，例如《心經》，和修持藥師佛。

安頓自心：三姿

在我們開始任何禪修之前，必須先熟悉三姿：身姿、語姿和意姿。這是蓮師對身、語、意三門之禪修所做的開示。透過這三姿，我們自然達到一種安住或寂靜的狀態，有助於禪修的培養和開展。首先，我們自然地安住「身」；然後，自然地安住「語」；最後，自然地安住「意」。這三姿的每一項又更進一步分為三面向：外、內、密。身、語、意被稱為「門」，意指它們是我們進入禪定狀態的方式或途徑，藉以開展對自心本性的了知或智慧。

身姿

身的外姿，指的是放下一切身體所做的世俗活動。我們安住在離於一切世俗活動，諸如上班或居家活動之類的境界。當摒除這些外在活動、自在地安住時，即是外在層面的安住。

身的內姿，指的是摒除任何涉及身體活動的宗教或靈性活動，如大禮拜或用念珠持咒等而安住。當我們撇開這一切活動之後，便安頓下來，深入地放鬆，而達到一種身體層面的內在平和與寂靜狀態。

身的密姿，指的是完全離於任何一種動作。當我們靜坐時，不管坐多久，五秒、五分鐘或一個小時，我們刻意完全坐定不

動，雖然實際上來說，我們可能會偶爾動一下。這即是身寂的密意或究竟意義──身體離於任何的動作。

在進行禪修的上座正行時，教訣是採取正確的坐姿，如毗盧七支坐法❷。這個教訣強調身的挺直，並一直維持直立的坐姿。這一點非常重要，因為我們外在的身體姿勢，對心境會產生直接、有力的影響，具有穩定內在微細身的作用。微細身是由脈、氣與明點所組成。脈、氣與明點是微細金剛身的基本要素；脈是氣運行的管道或通路，明點則是肉身的精髓。在法教中提及，假如你的身體坐直，那麼脈、尤其是身體的中脈，也會挺直，那麼，你身體的核心就會挺直；一旦身體的核心或中脈挺直，氣就會運行順暢或通暢無阻；假如氣運行順暢，那麼心也會正確運作；假如自心能夠正確運作，禪定也會正確順暢，會很自然；如此就不會有任何的困難。

梵文的*prana*，翻譯成藏文是lüng，對應的英文字是「風」（wind）或「氣」（air）。這種元素和感官知覺有關，我們說氣和心之間的關聯，就好比是馬和騎師的關係。氣就像是匹馬，而心就像是騎師；他們一起沿著脈旅行，而脈就像是微細身的道路。假如這匹馬發狂了，那麼騎師就不好過，搞不好還會摔下馬來。假如這匹馬保持冷靜，以直線的方向前進，那麼騎師也自然就會冷靜，朝著穩定、直線的方向前進。同樣地，當氣直順時，心也會自然地直順；因此，保持直立的坐姿，是促進氣在脈中暢行的方法，使心有辦法安住下來。

❷ 毗盧遮那七支坐，是禪修者所採用的禪定坐姿：一、雙腿交叉雙盤；二、脊椎挺直；三、肩膀平正而放鬆；四、頸微彎；五、雙手結等持印（一手掌心向上置於另一手掌之上，安放在臍下四指處）；六、舌尖觸上顎，嘴唇微張；七、眼半開，直視鼻的方向。

離死之**心**

語姿

外在意義的語姿，是離於一切世俗的交談與閒聊，因爲這只會增加我們的迷妄而已。內在意義的語姿，是離於所有宗教性的對話或討論，如辯經等。密的涵義是離於持咒與儀軌的修誦。總之，離於所有這些語的活動，是自然安住於語姿的方法。

意姿

意姿的外在意義，是離於負面的念頭。當我們試著靜下心來並鬆坦自心時，我們先是需要離於負面念頭和情緒，這些都是日常迷妄的根源。這個目的是爲了保持一種明晰與清楚的狀態，不涉入任何這類的心念活動。

意姿的內在意義，也是要離於任何正面的念頭。即便是像「我應該做些事來利益一切有情；我要讓一切有情解脫輪迴」這類的念頭，也仍然是個念頭。我們應該在每座的一開始生起菩提心，但不是在禪定的時候；而觀想本尊的修行，也是屬於正面的念頭。當到了禪修的時刻，我們應該離於一切這類的念頭。

意姿的密意義，是離於任何面向的念頭，不管是什麼念頭。不管念頭看起來多麼動人、多麼正面，也不管是大手印禪修或大圓滿見多麼高深的洞見，假如那是個念頭，我們勢必必須遠離。自在安住在離於念頭的境界中，即是心的意姿。

當我們離於這三種外、內、密的心之活動時，就會經驗到圓滿的意姿，這也成爲開展禪定力，即三摩地與禪修體驗的完美基礎。在一開始，建立基礎是非常必要的：身的基礎、語的基礎和意的基礎；在這之後，我們才開始進行禪修。

正行：蓮師止禪教訣

完成了前行的修法，安頓好我們的身、語、意之後，接下來則是進入實際的禪修正行。對自然的生處中陰，蓮師教導我們主要是集中在止禪的三摩地，即開展出專一與平和的禪定狀態。根據這個教訣，在正式進入禪修之前，我們應該先生起菩提心，想著：「我現在所做的這個修行，不僅只是為了我自己的利益，也是為了利益一切有情眾生。」雖然專注在克服自身的過失與煩惱是很重要的一環，但也必須擴展我們的願心來包含他人。

在發菩提心之後，一開始便生起對修行的確信，也是頗為重要的。在這個開頭的時刻，我們喚醒自己的確信，說道：「我正坐在這裡，就是要在這一座中了悟自心本性。」這個確信超越了我們慣常的思考模式，不像平時內在聲音所說的：「我『想要』在『未來』的某一天證悟成佛。」

談到成佛，我們總是以為是未來的事，從來不是現在。我們會想：「有一天我會成佛。」但那一天從不是今天，這顯示我們是多麼缺乏自信或確信。我們從不認為證悟會發生在當下的這一座禪修中，但誰知道呢？重要的是更為積極地認定，這會逐漸幫助我們開展出真正的確信。所以，與其展望未來解脫的可能性，不如想著：「我就是要在這一座上了悟自心本性而獲得證悟，『現在』我就要克服我的煩惱。」

依緣外物之止禪

　　蓮師針對生處中陰所教的第一個禪修正行法門，是依緣外物的止禪。在這個法門中，我們用一個外物來當作聚焦的輔助，好讓你的心能夠安住下來。聚焦的輔助可以是一般的物品，如一顆石頭或一朵花；或是帶有精神或宗教涵義的物品，如法照或佛像等。這個物品必須放在你的視線內，以方便目視，但得稍稍沿著鼻尖往下看。然後，睜開雙眼，將注意力專一地集中到這個聚焦對境上。將眼識專注在此特定物品的過程，同時也是將眼識從其他視覺物上拉回的一個過程，藉此，你將自心與對此物的視覺感知（perception）融爲一體，讓心安住下來。

　　當我們像這樣張開雙眼，將心安頓在外在的輔助對境時，所體驗到的心念清明可能會比其他止禪法門更大。例如，當我們以數息來修止時，某些時候我們的心會變得茫然或「毛躁」；但是，當我們專注在外物上時，自心的明性會更爲清楚與明確，變得明耀生動。同時，不過分強調視覺的焦點也是很重要的，我們的目視應該是專注卻放鬆的，我們注視著聚焦對境的方式，應如同平常看東西的方式一般。這個訣竅不應該造成壓力，假如它變得緊張兮兮，就不會有什麼利益。我們聚焦的物品僅是一個參照點，重點只是在於不要失去那個專注力而已。

　　當你修完一座止禪時，要注意的是不要太快就從禪修狀態起身離座。座下僅是一段緊接著禪修而來的時間；你應該在改做其他活動之前，留一些轉圜的時間。我們有種習氣，會想說：「好，我做完了。接下來呢？接下來又排了什麼活動？」我們馬上又跳進下一個事件裡；然而，我們應該要保持著某些正念覺察

和覺性，慢慢地移向下一個計畫。這是將禪修的定力與覺性帶入座下經驗的關鍵。

觀想白明點之止禪

蓮師還傳了其他止禪的法門，其中之一是在你前額的兩眉之間，觀想一個小白明點或一個光點。這個明點是光亮、燦爛的，明而空，它並不是一個具體實存的物品，而是如閃耀彩虹般清淨、透亮的光。我們採用與依緣外物之止禪的相同坐姿與目視法，觀想這個清淨、清楚的光點在兩眉之間，自在地將心安住在此，放下所有的妄念。這個明點只是做爲一個參考點，好讓你的心不會到處晃蕩。這個修法的關鍵是，在對觀想對象保持一種不分心的專注時，也能讓心全然地放鬆、自然——儘可能地自然。

觀想紅明點之止禪

另一種法門是，觀想你的全身是透明的、空的形狀，清透空明如同一顆水晶球般；這個方法和觀想本尊是清淨、空明的身形是一樣的。在這個尤爲清淨的身形內，觀想在你心間有一個紅色的明點。「心間」一詞，指的並不是眞正的心臟，而是指心臟所在的區域，即身體上半身的中間部位。我們觀想那兒有一個紅色的明點，約莫如燭光般大小；也必須觀想它就如火光般光明、透亮。雖然它是紅的，但微微透著藍光，就像是燭火內芯最熱亮的外圍般；這個藍色是爲了傳達其通透與空性的涵義。這個明點就在心間最中心的地方，既不碰到你身體的前胸、也不碰到後背。

將心專注在這個紅藍色、火苗般的明點上，自然地安住而不散逸。如果有念頭生起，只要將心帶回到這個焦點上即可。同樣地，練習的時候不要過分著力而造成任何緊張感或壓力，保持放鬆和自然。

這些法教就從有所緣之止禪的三個基礎法門開始，你可以在禪坐時試著練習。此外，假如你正在修觀音、阿彌陀佛、金剛薩埵、或金剛亥母等等本尊儀軌中不可或缺的密乘觀想，那麼你也等於是在修持有所緣的止禪，教訣都是一樣的；而在稍後階段的金剛乘修持中，有關微細身的觀想法門則變得格外重要。

無所緣之止禪

我們也可以不用聚焦對境來修止禪。蓮師傳了以下兩種法門，兩者都是以毘盧七支坐的方式來修。

第一種法門，我們將雙眼張大，直視虛空，目光稍稍往上提，心中沒有任何所緣對境，僅是以一種非常放鬆和自在的方式，安住在虛空的體驗之中。一方面有一種專注於面前虛空的感覺，另一方面你卻又沒有專注在任何特定的焦點上。你的目光就像是虛空一般，寬廣且空曠。此時因為沒有任何聚焦對境，你很容易就會失去正念覺察，而被空間中出現的任何東西所吸引。你的心也可能變得非常狂野和焦躁，或是非常昏沉、遲鈍和倦怠，兩者都有可能；你也許會開始覺得沉重、或是茫茫然。當任何一種狀況出現時，你可以強化心念並加強專注力，如此就會有所改善。然後，再重新開始集中你的專注力；之後，就簡單地安住、放下。

第二種無所緣的止禪法門，將目光稍微放低，不要往上，而

是稍稍下望虛空。同樣地，沒有任何需要聚焦的特定對境。舉例來說，你並不是看著地板，而只是看著虛空；你僅是從另一個角度——從往下的目光角度來體驗虛空而已，同時也應放鬆自心。這兩種法門的主要不同在於如何運用眼睛。第一種法門比較強調專注的部分；第二種法門則是較強調放鬆自心，內心無所專注之對境，就僅是體驗虛空、注意著它即可。

無修之修

這兩種無所緣的止禪法門，有一種無修之修的特質，這也是大手印與大圓滿的正行禪修。當我們在練習時，如果緊緊抓住某些聚焦對境不放，且認為：「我是在禪修。」那麼我們根本就不是在禪修，而是在感知某個對境和禪修的念頭；此時我們的心不是自在的，因為我們執著了某個東西，而非住於平靜與清明的狀態中。當我們這麼想著：「我在禪修……」時，其實有一種細微的散亂在裡頭。這就是為何這些教訣都說「真正的禪修是無修之修」的原因。

當我們禪坐時，遠離「禪修」的想法是很必要的。我們必須離於「自己禪修得多好」、「運用了什麼法門」等種種想法。我們常會這麼認為：「我做得怎樣？」或是「這是對的姿勢嗎？這個焦點不對吧？」所有這些都是妄念，都不是禪修；要離於這類的念頭，僅是安住在虛空中，這即是無修之修的開始。

多次短座

在自然的生處中陰階段，重要的是建立起修行的節奏，並維持某種規律性。最有效的修行是日修；偶爾才修行仍然有幫助，

雖然並不是那麼有效果。你若能每天練習，不管是十分鐘或是一個小時，那麼這個熟悉自心和面對自心的過程，就能維持一種持續感，或不間斷的相續，因而開展出更為正面積極的環境。透過持續的修行，你變得較少受制於煩惱，而較能自覺地抉擇你的行為；你不會馬上對情境做出回應，而是能以穩定、清楚的心態來觀照。這種正念覺察與覺性的力量，對臨終中陰與死後中陰的經歷有著強烈的影響。因此，面對痛苦的臨終中陰、光明的法性中陰、與業報的投生中陰三個中陰階段的重要關鍵，就是持續不斷的修行。

　　蓮師的教訣告訴我們，止禪的座間要短一點，但要一再重複練習。這表示在每一座禪修之中，你可能要做上許多次短座的練習。一「座」是指修持某個特定訣竅或技巧、並嚴格奉行此法門教訣的一段時間。每座之間的歇息，所代表的就只是放下這個訣竅，讓心安歇一下。舉例來說，你可能會讓心安歇或安住在呼吸上，或簡單讓心自在地安住歇息。如果念頭生起也沒關係，只要試著放鬆即可，然後再回到這個訣竅上。在每一座中，這個過程可能會重複許多次。安歇或歇息並不是要你每五分鐘起身一次，然後再坐下。

　　我們說，藉著短座的修持，你的禪修可以免除兩種主要的禪定障礙：掉舉和昏沉。假如你的座間很長，中間沒有任何安住歇息，你可能會比較容易落入散亂，有時你可能會變得焦躁不安，有時可能會覺得昏昏欲睡，或是心神昏昧不清。不管是哪一種情況，你都可能會對修行感到十分不耐，因而失去動機。若在感受到這種掉舉與昏沉時便停止禪修，這是很不好的下座方式，會讓你不樂意再次進行禪坐。我們反而要做短座禪修，以使之充滿熱

忱和活力，這才是重要的關鍵，會激勵你的修行，並幫助你邁向非概念禪修的眞正禪境體悟。

有許多過去已開演過的法門，可帶領我們證悟自心本性。一般來說，行者應先修止禪，這樣修習一段時間之後，才接受另外的法門做爲修持正行。一旦你開展出清明、穩定的止禪功夫後，就可以選擇專注於修持其他法門，例如本尊法等，以期進一步開展並加速你的了悟。

本尊法

本尊法的禪修是一種轉化的法門，能將我們認爲自己是凡俗迷惑眾生的執著，轉化爲對自身本性的確信、信心或佛慢，相信我們的本性是全然覺醒的，以究竟佛或究竟本尊的形式而存在。根據蓮師的法教，在自然的生處中陰階段，金剛乘傳統的本尊法修持是轉化煩惱、並了悟自心本性的最重要法門之一。透過這個訓練，我們便能了悟顯空雙運的甚深見；顯空雙運能對治我們執以爲實、或認爲事物是固體與實存的攀執。我們要訓練自己儘可能敏銳和明確地體驗這些心的清晰顯相，了悟這些顯相是心之本具明性的示現或幻化遊戲。

本尊法的禪修包括了觀想的部分，例如觀想阿彌陀佛和金剛薩埵等。當我們修持這些觀想法時，便是直接在面對或運作「以此生顯相作爲證悟之道用」的過程；我們轉化不淨的、世俗的顯相成爲淨相。

這種修學或練習極爲重要，因爲無論是此生或死後所經歷的任何顯相，都是自己的心所現起的；在自心之外，並沒有任何東

西是以實體或眞實的方式存在著。我們界定任何物體或對境的方式，以及感受或經歷這些對境的體驗，都僅是自心的投射罷了，不管是恐懼或是欣悅的體驗，這些經驗都是自心所生起的。而任何我們可能經歷的死後經驗，也純粹是自心的投射。假如我們能夠藉由了知自心的本性與特質，因而超越自身的迷妄，那麼我們在體受萬象時，便能夠更善於面對、處理和禪修這些顯相。

本尊法的修持跟我們在第六個中陰，即投生中陰的經驗尤爲息息相關。假如我們在此生便已修習過本尊法，那麼在逼近下一次輪迴投生時，我們就能生起本尊觀，並將周遭環境視爲神聖的曼達拉壇城。倘若我們能以全然的確信這麼做的話，便可證得解脫；即便沒有證得解脫，也至少能確保一個吉祥的投生❸。

本尊法也相當於金剛乘的止、觀法門。金剛乘法門包括被稱爲「生起次第」與「圓滿次第」兩個面向的修習。修生起次第時，我們生起某個特定本尊的清楚觀想，這是止的面向；在圓滿次第時，則消融或收攝剛剛的觀想對境，這是觀的面向。大手印和大圓滿傳承也教導止、觀的修行。

在此我們可以見到，止、觀不僅是初學者的修行而已，也是面對或禪修此生現象的最高階修行。藉由運用止、觀各種不同的形式，我們將任何經驗——從感官的感知乃至念頭與情緒等，都做爲修道之用。雖然一開始我們需要刻意努力培養正念之根，但稍後我們就會發現，正念覺察會自動回返，且逐漸能夠持續不斷；即便在臨終中陰和死後中陰的階段，這樣的正念覺察也會延續下去。屆時，我們也將能清楚、明確且穩定地覺知當前的經

---

❸ 有關本尊法的更多細節，請參照第七章「投生中陰」。

驗，而當證悟的機會現前時，我們將會準備好利用此契機；若不然，我們最起碼對中陰旅程與下一世投生也會具備某種程度的控制力。

為修行安立明確特定的發心

我們應該思索一下如何善加運用自己的修行，以便在短短這一生中達到最好的成果。我們現在已經沒有多餘的閒暇隨便消磨時間，而延遲修行成果了，我們必須儘可能地有效運用種種情境。

在開始任何修行之前，先要非常仔細地想著你的動機。當我們投入聞、思、修三學時，應該極為確定、極為清楚明白自己為何要這麼做。我們應該自我提醒：「我這麼做是為了超越我的煩惱和我執。」這是一個特定發心的通例。但是，為了更明確起見，我們需要將自身煩惱的獨特性納入考量；一旦認出自己最頑強的煩惱之後，我們就能集中練習如何減輕此煩惱。首先，從我們自認最頑強的煩惱開始，然後是次頑強者、再下一個，以此類推。

我們必須用這種方式來排定修行的順位，這非常重要。我們必須在聞、思、修各個階段中，保持著非常清楚的發心。在修止或其他修持中，當念頭來了，我們就憶起自己的目的，也就是為了克服混亂的情緒和煩惱。我們必須保持一種意志力與下定決心的感覺。為了要讓對治法門發揮作用，我們必須告訴自己：「對！我就是要超越這個瞋心，我要面對它。」不然，假如我們只是用一種不確定的發心或模糊的動機呆坐在那裡，相對地，成效或結果也會模糊不彰。我們可能會坐上一個小時之久，雖然這段時間也沒有白費，但因為沒有以刻意發心的方式來引導，體驗

就不會敏銳、深入重點或有效。

重要的是儘可能地直接面對自己的煩惱和我執。我們的禪修必須比一般的修心練習更為敏銳專一。一般說來，當我們以特定發心來引導自己的修行時，成效會是明確的；若非如此，則結果便相對地模糊。這就類似直接或間接對治之間的差別。間接對治的例子，是告訴飢餓者，雜貨店在哪裡；直接對治則像是當場就給這個人一碗湯，其飢餓的痛苦馬上就減輕了。若沒有敏銳對焦，我們的修行就會變成是間接的對治；但當我們非常清楚地對焦時，這就會是一個立即見效的對治法。

直接、有效地對治煩惱和深植的我執，就像是射箭一般。在放箭之前，我們必須先瞄準所設定的目標；唯有如此，箭才能一發中的。我們透過思惟和分析式禪修來瞄準目標，當我們在找尋標靶時，並不單僅是分析外在的現象——色、聲、香、味、觸而已，反而應當先分析我們的心。我們看著自心、並儘可能準確地瞄準我們最頑劣的煩惱——那就是我們的箭靶；而我們的箭則是聞、思、修的修行，此三者即為我執與煩惱的對治。

在修行的每一座結束時，我們要迴向功德。做為一個利他的修行者，我們會說：「願我和所有被相同煩惱所苦的眾生，都能夠降伏此煩惱，免於其恐懼和痛苦。」此外，為了同樣的目的，我們也應該迴向所有的座下功德。

雖然維持日修可幫助我們培養出一種好的習氣或習性，但我們的修行也可能會因為缺乏適當和正念覺察的動機，而變得千篇一律、漫不經心。早上起床後，我們就禪坐、去上班、回家、再禪坐。然而，我們若能清楚了解法門、保持動機的真誠鮮活，也一再確認自己的目標，我們的修行就會像瞄準之箭，穩中標靶。

人生苦短

生處中陰並不會永遠持續。我們知道，就像旅館的賓客一般，我們的心只是暫時寄居在這個身體上罷了。當我們面對此生的挑戰，以及各中陰階段接踵而來的挑戰時，聞、思、修三學又是如何幫助我們的呢？透過對三學的運用，我們學會了穩定心性的方便善巧，並且逐漸學會去洞穿自心的運作方式。首先我們獲得對自心本性的了解，然後便去體驗這個本性，最後臻至究竟的利益，即徹底證悟此本性。

當我們在修道上從事這些階段的修持時，就好比在累積旅途所需要用到的物品一般，當我們準備打包行李時，一切所需都已具足了，不用再多費思量；我們不用在最後一分鐘跑出去探買地圖或旅遊指南，也毋須擔心是否遺忘了某個重要的物品。

我們有了已轉化為體悟的智慧和體驗，因此可以應付任何情況。我們對自己、法教、傳承上師的指引也已具備信心或確信，此時，我們已能放下一切疑慮和遲疑；我們牢記蓮師的教誨於心，因此無論到哪裡都可以單純地放輕鬆、做自己。

若真要詳細探討自然生處中陰的種種迷妄，我們可以永無止盡地探討下去，其中不僅包含了對我們個人迷妄的描述，也需要納入對六道眾生普遍之迷妄的探討和描述❹。總之，無論如何，

---

❹ 六道是輪迴的六種狀態，眾生會在第六個中陰，即投生中陰結束時，投生於六道之中。從大乘的觀點看來，六道被認為是心理上而非物質上的實相，每一道都代表了一種由特定煩惱所宰制的心理狀態，和一種特定型態的痛苦。六道分為三勝趣和三惡趣。三勝趣是：天道、阿修羅道和人道；三惡趣是：畜生道、餓鬼道和地獄道。

本章節主要闡述的是生處中陰最重要的部分：一、其定義或界定的方式；二、其體驗，也就是證悟者和凡夫兩者如何感知生處中陰、如何與此生各種顯相交流互動；三、主要的修行教訣，也就是以聞、思、修三學為方便，轉化此中陰經驗為證悟的法門。此處更特別提到了蓮師教導我們，生處中陰的主要修法包含了四加行以及止禪的修行。

除了正式的上座禪修之外，重要的是在座下狀態中保持正念覺察。就某方面來說，座下修對我們而言比較容易用到，因為我們總是處在這個世界裡，忙碌地從事各項涉及身和語的活動。當我們能運用一點正念覺察來從事這些活動時，這些活動就變成了修行；假如我們還可以再多一些覺性的話，我們的修行甚至會變得更加強大、有威力。我們可以看到，正念覺察和覺性是我們這一生中不可或缺的；如果我們能夠在生處中陰階段常住正念和覺性的話，那麼此生和此生的經驗就會變成非常有用的善緣。正式的坐禪能幫助我們培養出日常生活中的這些功德特質，而這也會轉而讓我們的禪修長保穩定和持續。假如我們能在座下保持正念覺察、正知警覺和覺知，就會幫助我們在上座禪修時如魚得水。座上和座下兩者攜手並進，相輔相成。

倘若我們不能好好善用此生的時光，就會錯失這個無價的機會，也很難再獲得這樣的機會。所有佛教宗派的法教開示都提及，一旦我們獲此珍貴人身之後，若能善加利用，此人身就會成為讓我們達到更偉大目標的強大利基，而此偉大目標即是證悟──全然清淨和全然覺醒的狀態，這也代表著我們在輪迴各中陰階段裡漫無止境遊蕩輪轉的最後終點站。

第三章

喚醒夢中人

睡夢瑜伽

在自然的生處中陰，我們歷經著清醒和睡眠輪替的節奏。每一天，我們的心從清醒的狀態遁入睡眠的狀態，再從睡眠進入夢境。處在這個中介狀態時，我們要不是完全失去意識，就是僅能勉強察覺我們正雲遊於自己少能控制或無力掌控的夢幻世界；然後這個過程逆轉，我們清醒的意識再度浮現，讓我們回到了「眞實」的世界。我們在這些經驗中交替著欣喜、神秘和恐懼的心情。

由清醒到做夢再恢復清醒的轉換過程，並非總是如此清晰和確定。我們可能有過這樣的夢：夢中我們不僅認出自己正在做夢，還「在夢境中清醒過來」，但我們隨即又明白這個醒來也是一場夢——我們並不是眞的醒來，而只是夢到自己醒過來而已。現在，我們相信自己是清醒的，但我們並不會想：「對，我是清醒的。」我們很少意識到這一點。當我們仔細觀察自己的經驗時，會發現自己常是猶如半睡般在運作或活動；我們只是在對面前的事物做出反應而已，跟夢裡的反應沒有兩樣。

從勝義或證悟的觀點來看，我們此生的經驗絕對不是清醒或覺醒的狀態。這是一場夢，一場被稱爲「輪迴」的漫漫長夢。我們一般所指的「夢」，其實是一種「雙重幻相」或「雙重夢境」，而我們清醒時的日常生活則是第一重幻境。蓮師的法教提供我們許多教訣，以面對或禪修睡夢的中介狀態，也就是第二種中陰——睡夢中陰。這些修持教導我們如何認出夢境，並將夢境轉化爲眞正覺醒的體驗。

第二根本偈說道：

噯瑪！

時值睡夢中陰現前時，

捨棄迷睡死屍般不覺，

契入正念本性不放逸，

知夢修持轉化與明光。

噯瑪！

此時，正是睡夢中陰顯現之際，

捨棄那如死屍迷睡般的不覺吧！

要契入正念覺察和不放逸的本性中，

認證夢境，修持轉化和明光的法門！

　　睡夢中陰就介於目前清醒時的顯相收攝消融後，到下一次醒時顯相再現起的中介期間。換句話說，今天睡著之後，就某方面而言，我們「離開這個世界」，進入了睡夢中陰；明天，當我們醒來，這世界的種種顯相再度於面前顯現。介於入睡和再醒來之間，我們經歷了夢境出現的狀態。有時，當我們在做白日夢時，也會進入這種情境。

顯空不二

　　蓮師傳下了三種主要法門，用以對治睡夢中陰的迷惑，並以這些經驗作為證悟之道；這三種主要法門，是幻身瑜伽、睡夢瑜伽與明光瑜伽。這些修法是藉由認清「晝夜的一切顯相乃顯空不二」及「熟睡狀態乃光明覺性」，來鍛鍊行者對自心本性的認

證。

　　為了最有效地修學這些法門，了解「顯」和「空」的概念是必要的；若非全然熟知其一，就不能了知另一。就世間慣許的道理而言，我們會認為某物要嘛存在，要不就不存在。我們假定如果某物存在，我們就能看到、聽到等等，這是一種顯相，是可被感知、可被概念化掌握的某種東西；假設某物不存在，那就沒有東西可被感知、被了解、被概念化，而只有一種完全不存在、宛如真空狀態般的空無；因此，從這個觀點而來的「存在者」，與任何「不存在者」是剛好相反的。由此可知，在我們凡俗的經驗中，「顯」和「空」是互斥的。然而，根據佛法的觀點，現象的實況卻是顯相與空性不可分的，而這個不可分性即是修習睡夢瑜伽的基礎。假如心與顯相的實相不是如此，那我們又怎能對它們有所知悉？

　　若想了解佛法觀點的顯空不二，我們便必須從世俗諦與勝義諦的角度來觀察顯相。就世俗諦相對上而言，世界的萬物與種種經驗有所顯現、存在著；就勝義諦究竟層次而言，上述所說的種種事物，其實並非真如我們所見。當我們用分析式禪修的邏輯推理，或是用科學經驗主義的實證方法來做為探勘的基礎，更詳細檢視這些事物時，其堅實性便開始崩解。也就是說，我們對這些事物的認知改變了；藉由按部就班的程序，這些事物被分解成不同的、越來越小的部分，到後來根本就找不到任何東西。

　　就世間慣許的道理而言，我們接受物質在微觀層面上，以無數細小粒子或原子的狀態而存在，這些小粒子接著變成團塊，構成更粗分的較大形體。然而，當我們用各種推理方式來分析這些粒子時，我們找不到任何實存的物質，找不到任何真正存在的實

體；我們反而發現這些微細的粒子，是可以再進一步細分的，於是就沒有所謂的「最終留存物」。不管我們的分析是多麼地深入與細膩，都無法找到任何組成粗分客體的基礎團塊。

當我們徹底分析，無法找到在最微觀層面上真正存在的任何物質時，便會開始質疑，我們每天所見、所用的有形客體的基礎到底是什麼。一切形體都可以被分解至原子層次，大至最大的自然界顯現，如山、海；小至構成日常瑣事的事物皆然。舉例來說，如果我們要探討手機的真正存在，便可運用相同的分析法。首先，我們認出這個客體——手機；接著將它分解成越來越小的組成部分：機殼、按鍵等等；然後再將這些部分拆解成更小的組成元素，它們於是就慢慢喪失了原有的識別性。透過這個分析的過程，當只剩下許多小塊的塑膠片時，我們就不會稱這些碎片是「一支手機」了。再將這些碎片分解至原子層次時，我們也不會稱這些原子是「塑膠碎片」。當我們甚至決定再繼續分解這些原子時，就會到達物質和心靈都極為微妙細緻的層面。當這些細微層面的微量物質再被分析下去時，我們會發現沒有任何東西留下，沒有所謂具體、實存的「某個東西」，僅僅剩下等同這個分析心之狀態的空間（或虛空）和能量。於是問題來了：「那支手機是如何存在的？」甚至，我們會問：「『我的心』和『我的手機』的分界線，現在在哪裡？」

手機還是在那裡，但它現在（對你而言）變成是顯、空不二的。它在那裡讓你看到、感覺到、鈴響時聽到、用來談話和繳電話費，但是，終究而言，它是不在那裡的。在世間共許的實相層面，它完美地運作著，即便它從未實存過；而且以這種方式來分析一切萬法，我們也會得到同樣的結論。就佛法的觀點而言，這

就叫做「顯空不二」。我們所經歷這一切色相或形體，就像是清楚顯現的彩虹，通透且非真實；也像是一潭靜水表面上浮現的月影般，當你看到這樣的倒影時，影像是如此明顯，讓你有時不免狐疑地想著：「這是什麼？這是真的月亮嗎？」水月是如此清楚、明亮和真實，但是在水中並沒有真正的月亮，它從未存在過。而這實體對境的不存在亦讓我們了解到，感知這個倒影的心識或自我，也同樣是個海市蜃樓的幻影。

重要的是記得，分析的目的是為了確定，勝義究竟的層面上是否真有某個實質對境的存在，是我們在此過程中所要探討的。我們並不是要質疑世俗相對層面上它是否出現在我們眼前。一開始在分析之前，我們覺得既有客體，也有主體存在：即一個所感知的客體（所者），和一個能感知的心識（能者）。但在分析的過程中，當我們契入客體物質存在的更細微層面時，則是主體這一邊——即感知的「心識」，在領會客體的存在。

當我們臻至最後階段，發現「毫無一物」時，感知的心識也改變了；它不再是一個「感知」的心識，因為被感知的客體和感知的行為都不在了。客體的實存已不再——在那兒的是一個通透的顯相，和一個相等的通透覺性；哪兒都找不到實存之物，若無實存之物，就沒有辦法描述或界定其身分。因此，自／他之間、主／客或能／所之間的分隔，都變成如幻般。

那時會出現的，就是對究竟自心本性的直觀領會，這超乎了主／客或能／所的分隔；基本上，就只有虛空和覺性而已。就相對世俗來說，當然，客體和主體還是在那裡，分析並不會摧毀這個相對世界，也不會摧毀空性。

當我們運用此見與了知來禪修時，就能領悟到，在我們非概

離死之心

念的體驗中，有一個俱生的明性。當我們談到空性，所說的是一種超越存在與非存在、生與死等等二分法的覺性境界；這超越了任何一種概念，也遠遠超乎了僅是「沒有」或「空無」，這種明性即是心的真實本性，是光明、燦爛、空性的，且是佛智的體性。它是覺空雙運的，是輪迴和涅槃一切萬法的根源，是統合了外、內世界所有相對二元的證悟境界。

當你認清自心的真正本性和所有世俗現象都是顯空不二的，你便是直接體驗到淨相了，那是已掌握自心的證悟者所領會的境界。另一方面，若你無法認證自心，你便是直接體驗到不淨相，這是迷惑眾生認為萬象恆常、與自心截然分開、且是執著之基的認知。這些對顯相本質的錯誤認知，使我們無法了解如何將六種中陰裡現起的任何負面狀態，如強烈的恐懼、憤怒或無明迷惑等，轉化為正面的、甚至是喜悅的狀態。因此，當我們在修習幻身或睡夢瑜伽時，要特別針對世俗相對顯相，以之做為認清心之超脫本性的工具。

不淨夢與淨夢

進入夢境

當我們入睡時，會經歷五種感官知覺（五根識）的收攝消融，進入被稱為「一切種識」或「阿賴耶識」的更深沉心性狀態中。此時五根識全部融攝，有一段時間是完全空白的，就像是昏迷的經驗一樣。其結果是我們陷入無意識的狀態，和死亡的經驗極為相似。因此，觀察這個融攝的過程，是一個非常有助於死亡

經驗的修行。

在融攝過程中所發生的，是我們的五種感官知覺或五根識與外物的積極互動開始向內收攝❶，相對應的是，我們開始有一種迷糊感或不清醒的感覺；但是，同一時間內，我們也在經歷對這些感知的非概念經驗。

有些時候，例如當我們逐漸陷入沉睡時，看到了某些東西，如燈的形狀、月光下窗簾的顏色等，但並沒有真正認出那是什麼，於是便沒有產生對這些東西的概念。同樣地，我們可能會微微覺察到某個聲音，如時鐘滴答聲，但這僅僅停留在某種單純的、非概念的聲響經驗上，因為我們的心並沒有對它下標籤。我們可能也會如此感覺到棉被的重量或質地，但卻未形成任何確實的念頭。在這樣的時刻裡，我們大有可能得以直觀那非概念的感知經驗。

迷妄的延續

在入睡的過程中，當官能收攝消融後，我們轉入了夢境，在此，另一組顯相由於種種習氣的作用而現起。當這些顯相現起時，只要我們尚未認出自己正在做夢，我們就會將這些經驗當做跟清醒時一般真實、且具有實質。因此，對一般凡夫來說，我們的夢境是迷妄的延續。

我們六識所對應的六塵，都會出現在夢境中。我們看到形

---

❶ 根據佛教的見，感知的過程，亦即心理和感官同時經驗的過程，包含了三個部分：一、眼、耳、鼻、舌、身、意等六識；二、能感知到這六者的感官功能（六根）；三、六根所經驗的客體──色、聲、香、味、觸、法。「法」即是念頭、概念等。

色、聽到聲響，經歷香、味、觸，也會有各種念頭——這是意識的功用；然後，我們會以一切的希望和恐懼、貪欲和瞋恚來回應夢境的經驗，就像在醒時生活中所經歷的一般。所有的對境和經驗都在那裡，恍如白日的狀況一樣，如此清晰和確實。舉例來說，在夢中，當我們把手放在桌上，我們的手會停在那裡，手並不會穿透桌子的表面；當你看到一條毒蛇，自然會心生恐懼並跑開；當你在夢中看到一個美麗的東西時，也會想要它，並想更接近它。只要我們還未認出自己在做夢，便會一直認爲這些是眞實的。

從夢中醒來

然而，一旦知夢爲夢，夢就可以成爲迷妄的對治。這怎麼可能？倘若尙未知夢爲夢，夢就是迷妄，也就是輪迴，那麼，認出夢境又如何成爲轉化迷妄的媒介？這是可能的，因爲當我們從夢境中「醒來」，並認出夢的本性是顯空不二時，夢就不再是迷惑欺矇的，夢不再混雜著我們執物爲眞的習氣和煩惱。我們可以說：「我知道我正在做夢，我知道這些顯相都是幻影。」因此，當夢被認出爲夢，它們便是對治解藥；當夢尙未被認出時，它們就僅是妄上加妄的迷妄。同樣的道理也適用於一般的迷妄。假如我們認出自己的迷妄，它就是對治；倘若我們認不出自己的迷妄，那麼它就成爲妄上加妄的基礎。

當夢境被淨化時又是如何呢？那時，在夢境中所現起的任何事物都是顯空不二的，就像彩虹般，夢中的顯相即是心的自身；色、聲等等都只是自心，這些都不以任何「能感知者」或「所感

知物」的型態而存在，我們執取顯相爲眞的習氣被徹底斬除。見到了顯相的本性之後，行者便能夠掌控自心，不會身不由己，也不會被恐懼、欲望或憎恨所襲捲；迷妄一掃而空，智慧得以積聚。

在睡夢中陰階段，此處所開示的了悟自心與顯相本性的主要法門是：修學幻身瑜伽、睡夢瑜伽和明光瑜伽。幻身修法所禪修的是白天的顯相，睡夢瑜伽是禪修夜晚夢中所現起的顯相❷，明光瑜伽則是要禪修熟睡的狀態。這些都是極爲甚深且有時是頗具挑戰性的法門。在通過死亡期間的各個中陰時，修學這些法門所得來的了解是極爲有用的，因爲此時我們所歷經的種種顯相，往往被誤以爲是與自心無關的外在現象，而這樣的誤解在死亡時甚至比在生處中陰時還要嚴重。

修習幻身

睡夢瑜伽的第一個法門，是修習幻身，其中包含兩個基本部分：修學不淨幻身與修學清淨幻身。不管哪一種，我們都需要在日常生活中保持正念，並憶念菩提心，同時藉由下述的說法來自我提醒：「我修學這些法門，是爲了利益一切眾生而證悟成佛。願一切眾生皆有體驗世界如幻本性的機緣。」

---

❷ 睡夢瑜伽的修學，例如在此概述的幻身和明夢修行，類似於某些西方學者和研究者，如史丹佛大學的史蒂芬·拉貝吉（Stephen LaBerge）所發展出的某些方法。西方的練習和此處陳述的方法，皆可被運用，因為在原理上都是同一回事。

不淨幻身

　　首先我們先修不淨幻身。此時，我們觀察周遭的世界，提醒自己這是一個幻相，就如一場夢或一道彩虹般。這個世界究竟來說並不是真實的，居住其間的眾生也並非實存。我們提醒自己，在這些顯相中是找不到任何實質的，無論是形上學或科學都沒辦法建立它的實存性；到最後，這兩種途徑其實都只會得到跟佛法相同的結論。

　　了解當下經驗之如夢特質的方法之一，就是從今日的觀點來檢視昨日的經驗。當我們這麼做時，會發現昨天所發生的每件事，現在已僅成回憶。我們昨日的交談、行為、想法和感覺，甚至是風景與聲響，並不會比昨晚夢中出現的景象更真實幾分；從今日的觀點看來，這兩者之間並沒有太大的差別，兩者同樣都是「現在」的回憶，雖然我們對昨日白天經驗的回憶，可能會比昨晚的夢境還要強烈一些。我們也明白，今天當下的經驗，無論現在看起來是多麼具體和真實，等到我們明天回顧時，也會宛如夢幻一般。

　　一開始，我們必須敦促自己以此見為方向，並讓自己熟悉以這種方式來看待世界。我們一再一再自我提醒，生活中所經歷的每個情境，是「如夢、如幻」的。不管我們遇到善緣、度過好時光，或是碰到逆境、處境不堪，都必須提醒自己，一切眼前所經歷的顯相都是心的幻現，其真正本質是顯空不二的。當我們遇到好時機時，通常很可能會忘了提醒自己；當我們遭逢逆境時，也可能沒有心力或心思來提醒自己。然而若能在事情相對順遂，而非大好或大壞時，記得提醒自己，如此就能夠建立起一種憶念或

「隨念憶持」（審校註：隨念憶持，佛學名相為「隨念」，即是隨時憶起禪修所得之體驗，隨時契入各種現象之本性）的習性，在我們最需要的時機，它便會自動出現。當我們生命中發生某些重大事件時，像是結束一段關係、一場車禍、生病，或是面臨自己的死亡時刻，我們便能夠直視一切，並對自己說道：「這是如夢、如幻的。」

　　同時，佛法也告訴我們，修行中最佳、最有效的時刻，就是當事情變得一塌糊塗、當我們跌落谷底時。正是在如此困難的時刻，我們才最能夠看清楚人生、找到所經歷事物和修行之間的真正關聯。這是一個威猛無比的時刻，因為我們放棄了希望，如此也就沒有了恐懼；既無望又無懼的感覺同時湧現。我們不再緊緊地、痛苦地攀附著這個「我」的感覺，或如此耽溺在個人自我中心的考量裡；相反地，我們已沒有這麼僵固的看法，也不再那麼掛念個人自私的考量。我們可以輕鬆地說：「是啊，事情的發展並不如預料。」當然，這是我們輪迴生活中的悲慘時刻，但也是我們修行中的美好時刻，因為我們已一無所失。

　　我們目前所經歷的一切就是個幻影，如夢一般。我們現在正在夢中。從明日的觀點來看，現在並不是真實的。若從清醒狀態來看晚間的夢境經驗，我們可以看到，身處夢境時所見的顯相雖然看起來是如此固著、可信，然而當我們從夢裡醒來，那些現象就不復存在了，一切不過就是幻影罷了。同樣地，當我們從這個輪迴的幻夢中醒來，證得佛果的覺醒境界後，這個固著、真實世界的幻影也就消失無蹤了。

色空不二

　　不淨幻身的修行，包括了三種世俗相對面向的修學：色空不

二、聲空不二、覺空不二。

修習色空不二時，我們在訓練自己見到這個物質世界是虛假如幻的。蓮師所建議的法門，是直視著鏡子、並專注在鏡中所有的倒影上。你的目光落在你的臉上、身上和任何周遭可見的東西上：如房中的傢俱、窗外的樹木、更遠的遠山等等，你以正念覺察、覺性和一種強烈想要了悟世間如幻本性的發心而專注於此，這是此修持法門的第一階段。

在第二階段，你也要開始與自己對話，也就是說，你要對著鏡中的倒影說話。此處的教訣說道，你應專注在兩個主題上：褒、貶。首先，你要讚美自己，告訴自己：「對，你今天真的很好看。」然後再繼續說其他恭維之詞，你讚賞自己，然後看看自己覺得如何。你看著自己當下的感覺，並視這些感覺如幻，也視這些溢美之詞與你所讚賞的影像是如幻的——這就是我們所試著要見到的，縱使你看到了影像、聽到讚美時心生歡喜，但事實上那兒並沒有可讚賞之物。

讚美自己之後，接著便對鏡中影像改變態度，開始貶抑你自己。這個技巧不太令人愉快，包括了去找出自己的過錯、說一些毫不奉承的話語，甚至要對自己惡言相向。此時要說出你最不想聽到的、有關你這個人的所有缺點；同樣地，你也要直視這個經驗和當下生起的不悅感，你要看到這些批評、感覺和被誹謗的人都是幻相。

下一步，你將鏡中的幻身融入自身，此時，鏡中的幻象和站在鏡前的你變得無二無別，兩者合而為一。然後坐下來，禪修顯空不二，培養一種「你的身體就像是鏡中影像般」的感覺：雖然顯現，卻是空性的。如同鏡中影像是個幻影，只是一個光的倒

影；同樣地，你自己的肉身也是個幻影，一個純淨的明光身。儘可能地安住在這顯空不二的色相上。

釋迦牟尼佛在《般若經》中，曾用了一些譬喻來教導現象的真實本性。他說萬物「猶如魔術的幻影、如夢、如海市蜃樓、如水月、如鏡中倒影」等等。這類譬喻能幫助我們看清身、心和世界顯空不二的本質。就像稻草人看起來像個人，但實則不然一般；雖然我們看起來似乎是如此固著、真實的人，但事實上我們的身體卻是光身，而其他事物亦然。

一開始練習時，要整天不斷告訴自己：「這是個夢、這是個幻影。萬物就像是鏡中影像或水中倒影。」以便加強或擴大這個經驗，這一點非常重要。法教建議我們不僅要記得這些話，有時也得大聲對自己說出這些話。保持對這種幻影本質的正念覺察，是所有六種中陰修法的要點。

聲空不二

修習與色空不二有關的不淨幻身時，我們是在轉化世俗相對物質色法的顯相。同樣地，幻身的修行也包括修習世俗相對層次的聲或語的顯相，這是構成我們的存在的另一個基本層面；我們聽到聲音時，也是以聲音是某種實質、真實存在之物的方式來體驗它。舉例來說，當某人咒罵我們時，感覺是非常具體的、幾乎就像是自己的身體被打到一般。我們對這些話或其潛藏訊息的真實性毫不懷疑，這樣的狀態會衍生許多煩惱和情緒困擾。因此，我們也要訓練自己對聲音及其各層面顯相的了解，包括話語、語言和字義、一切元素的自然原音，全都是聲、空不二的。

讀一本書時，我們所看到的印刷字體是色空不二的顯相。假

如這些字被大聲唸出，那麼我們所聽到的聲音就是聲空不二的經驗。有一個法門教導我們如何訓練自己聆聽話語是聲空不二，這個方法是去聆聽回音。

此處的教訣是，以自己的嗓音發出聲音，在聲音回彈時，聆聽這個聲音的迴響。這就像是運用鏡中倒影來修習色相一般，在此，你運用嗓音的回音來修習聲音。舉例來說，假如你在一處長廊或隧道裡，大聲叫道：「你好！」聲音回彈時你就會聽到同一個聲音。這個修法包括了聆聽自己的話語和回音，留意其中的異同之處。事實上，你的嗓音和回音同樣皆非實質，兩者無論如何都不具有任何實體性。修持此法時，重要的是保持正念覺察和覺知，因為你畢竟不只是在隨意叫囂而已。這個修法也可以在洞穴或河谷中修，你也可以禪修唱誦或持咒的聲音。

西藏僧院中，接受訓練成為寺院維那師或領誦師的人，常修練這個法門。他們常常跑到河邊有瀑布的地方去訓練嗓音。瀑布是修練此法的最佳地方，因為到處都是回音。這些僧人配合水流深沉、迴盪的聲響來練嗓子，這些響聲持續不斷，他們就一路跟著唱誦，這樣一來，他們的嗓音就變得強壯和深沉。一個好的維那師不僅要唱得好，成為出色的領誦師也會將聲空不二修練好；其他那些有著好嗓音，但卻驕傲地想著「我是最好的維那師」的人，只是得到自我的吹捧訓練而已。

聲空不二的修練不僅牽涉到我們對聲音本質的了解，跟我們如何了解「語言實是一套意義溝通系統」也是息息相關的。修習聲空不二中的這些面向，對我們而言是非常重要的，因為我們所經歷的許多煩惱和極其強大的我執和迷惑，皆肇因於自己對語言的整體誤解。舉例來說，當我們聽到某些話語時，會傾向於用某

些特定意義來解讀，將自己所認為的意思投射到這些話語上，然後執著這是實相，並深信不疑：「這個傢伙說我『很傲慢』！」而這個人立刻就成為我們的敵人，或者屬於敵人那一國。因此，我們必須訓練自己的心，不僅要聽到話語的聲音，也要注意到我們如何讓這些字義跟自己的起心動念和概念產生關聯。這麼一來，我們便會發現自己如何將「聲音」和「對聲音的想法」混為一談，因而製造出一個一個固著的現實世界。當我們越認清這一點，就越能清楚看到聲音和意義是如何如夢般一同現起，就像是這相對世界中如幻的倒影與回音一樣。所以，修學聲空不二是我們度過所有生、死中陰旅程的基礎準備。

覺空不二

第三，我們要修學幻身修法中的覺空不二。在此，我們要禪修的是心在世俗相對現象上的意相或念想，徹底轉化我們看待念頭的方式；與其認為念頭需要被降伏、調伏和克服之後，才能「獲得」心性的精髓，我們要將念頭本身視為自心清淨光明本性的直接表達，於是念頭本身便成為認證心之究竟本性的修道。這個層次的修行，需要極強大的正念覺察和止的穩定功夫，因為此法門不僅要看到起心動念的過程，也要看清每個單一念頭的情況。

在世俗層次上，念頭在我們的心中現起，念頭生起、短暫駐留之後，就止滅了。這些念頭的本質是什麼？念頭並不是物質的現象，而是心理的活動，是心自身的活動。儘管念頭依其內容彩繪和形塑了我們的世界，然而其內容本身其實是沒有形體的——沒有色彩、大小或形狀。念頭的本性和生起念頭之心的本性是相

同的，即覺空不二。在此階段，我們密切地直視念頭，以便能親自見證、直接體驗其本質。

一般來說，感知和念頭是息息相關的。一旦我們見到一個形體、聽見一個聲響或是產生某種感覺，心就會登錄此感知，接著便會產生一個念頭或塑造一個關於此感知的概念。這個念頭在心中現起，但並非是固著的形體，反而是我們的習氣物化了事物或認定事物「實存」，使念頭變得固著，或至少認定念頭是固著的。我們重蹈覆轍，不斷落入同一個模式中；我們固化心的實相，因而將自己阻絕於念頭新鮮、活躍的能量與智慧之外，這無關乎念頭是否為貪念、瞋念、癡念、傲念、妒念，或其他任何念頭，假如我們現在就能夠訓練自心去認清所有念頭都是覺空不二，那麼，在臨終時或是死後的旅程中，任何一個念頭或感知都可能觸發對心之本性的了悟。

假如我們能看著念頭，就能清楚知道為何念頭是覺空不二的。一個念頭單純地生起，隨即自然地消融，我們根本就不需要做什麼讓念頭走開，好騰出空間給下一個念頭。我們也不需要矯正念頭，或把念頭推開。每個念頭都在心清明、空曠的空間裡，如彩虹般生起；每個念頭都獨一無二、原創且各有其美，然後又隨即消逝。

從這種觀點來看，所有的念頭都被視為是心的妝點或莊嚴，它們讓心變美了，如同池塘裡的睡蓮，讓池塘變得更加賞心悅目。池塘若沒了睡蓮，將會變得相當無趣。因此，當我們不再固化念頭時，念頭便是美麗的體驗；但是，當我們固化念頭時，念頭就會以無窮盡的變形帶給我們痛苦——選擇權其實在我們身上。根據這些法教所言，每當我們固化心的任何體驗時，不管那

些體驗是感知的或是概念化的，我們都會因此而受苦。若能不固化我們的體驗，念頭就會帶給我們更大的清明。只要不把念頭和情緒簡化歸類為某種標籤，或以概念僵化之，念頭和情緒同樣都具有強化心之明性的正面特質。

修學覺空不二時，我們只要看著自己的念頭即可。觀察念頭最初的乍現，看著念頭如何現起。我們看到了某個念頭的特質，然而，我們僅是如實看著它的本來面貌，卻不試著去改變它。我們體驗此念，當念頭消失時，就將之放下。我們不需要緊緊抓著任何一念，生怕心會太孤單，因為另一個念頭無疑地又會來到。我們不可能無念地待在那兒，至少不會間隔太久。

此處教訣所要教導的是，儘可能自然、直接地看著起心動念的過程，沒有做作，也沒有造作。這表示我們看著念頭的方式不會太過機敏，或過於謀略算計；也不再用層層的新念頭、標籤或概念，對念頭疊床架屋。下標籤的過程會使我們遠離實際的經驗，這種情形就發生在一見到某個客體就給它下標籤、然後又認為這個客體和標籤是合而為一的時候。就某方面來說，標籤使我們分心，因而沒有直接去體驗這個客體本身。舉例來說，當我們認知某個客體是張桌子，「桌子」這個標籤是此客體本身的外來物，僅是一個被賦予的名相罷了；假如我們以別的名相來稱呼它，也不會改變這個客體。同樣地，當一個念頭生起，我們便會給它一個名相，並試著將它歸類，這讓它變成了「非它」的某種東西。因此，為了清楚了知自心，我們應該單純地體驗念頭，不要下任何標籤。這即是認清念頭為心性覺空不二面向的方便法門。

以上便是不淨幻身修行的三個主要階段：修學幻色、幻聲和

幻意。在完成這三種練習後，我們便可以了解何謂「世界如幻」；我們並不是說客體如幻，而主體不是——並不是說有一個實存的主體在看著這個如幻的世界，而是說，有一個如夢的心在感知著如夢的世界：一個如夢的眼識看著如夢的色相，一個如夢的耳識聽著如夢的聲響，以此類推。所有這些修法中，我們都要運用顯空不二見，於此，我們明白經驗的三個層面「主體、客體、行動」都是如幻的。

清淨幻身

其次，我們要修學「清淨幻身」。此處我們所要修持的是淨相，這些修學則和本尊法息息相關。佛教密乘傳統中有許多本尊，但所有本尊都被認為是行者本身證悟之本性的化現或具現，祂們並非外在的神祇或超自然的生命體，其身相、姿勢和飾物都是各種證悟功德的象徵。所謂「證悟」，即是本俱於自心本性，而在了悟自心時全然顯現的俱生覺性、慈悲與智慧。透過觀修如是本尊和壇城的清淨形象，我們訓練自己得以見到心與顯相的真正本性。我們一開始先運用概念所生起的形象，但這些形象會引領我們臻至非概念的淨觀體驗，即自心遍在明性的直觀。

當你在心中生起這樣一個觀想的形象後，便應開始專注將之開展為一個各方位外觀都極為清晰與明確的影像。為此，一開始你應先好好端詳所選本尊的法相，例如，觀想常被用來做為本尊法觀修基礎的金剛薩埵。金剛薩埵通常被描畫為雙腿跏趺，坐於蓮座上方之月輪上，身白色，飾以寶冠、絲衣和各種飾物，手持金剛杵與鈴，代表悲與智，極為清淨。

有一些極為有益的技巧可幫助觀想的開展或培養。首先，你

的目光落在金剛薩埵的法相上，直到眼睛有些疲倦或「麻木」，視線變得有點模糊不清為止；此時，你便閉起眼睛，讓影像映現在虛空中，然後張開眼睛再看著這張法相，接著再如前述般閉起眼睛。如此一再重複這些程序，直到心中至少現出一個概略的影像為止。另外，把這個影像擷取或裁切下來，放到另一個深色的背景中，這種方式也很有效。你就這樣持續練習、琢磨這個影像，直到建立起一個可能是最清楚、最詳盡的觀想為止。

此階段所建立的觀想形象便稱為「清淨幻身」，這是一種觀想出來的顯空不二相，清楚地顯現卻又非實質，清晰、鮮活且非存在。因此，你所觀想的本尊就猶如水月的倒影般。一旦建立起這個階段的觀想，也就是本尊的外在形象之後，你便將此觀想融入自身，此時，你和本尊變成無二無別——你自己就是本尊，亦即清淨幻身。身為本尊，你所感知的世界，周遭無數顯相所顯現的壇城，都因你的淨觀而轉化為淨土。

此時，你超越了世俗的感知和概念，而以證悟的觀點來看待這個世界。當我們觀想自身是本尊時，平日基於我執和貪愛所生的傲慢，就被轉化為「金剛慢」；這並不是我們一般用來與他人對應時所執持的一種優越感，亦非僅是一種自視甚高的狀態。金剛慢指的是我們對「自心本性即是佛」的佛慢和確信：原本即清淨，本然即清淨、覺醒，並俱足一切證悟的功德。因此我們可以說：「我就是本尊，我就是佛。」

顯教佛法開示也指出了相同的空性見，以及我們俱生的佛性，但此本性被說為是我們在修道上進展時有待揭顯的潛能。相反地，在金剛乘中，我們「當下此時」即是佛；我們對此俱足了充分的信心，我們說：「對，我的自心本性是佛，而這即是一個

淨土。」當我們能完全體現這種金剛慢時，我們的身體即是幻身，周遭環境即是淨土的顯現。此即本尊法修行的精髓。

此處的教訣也建議我們將根本上師和本尊的影像融合在一起，例如，上師瑜伽或上師相應法的修行便是如此。這也是灌頂儀式中受灌的必要條件之一；那時，上師顯現為本尊，授權受灌者修習此本尊儀軌。每當我們看待自己的上師為本尊時，即是在從事清淨幻身的修行。

不淨幻身與清淨幻身兩種修學，也是接下來睡夢瑜伽修行的必備。事實上，這兩者被認為是睡夢瑜伽的前行或基礎修行。當我們開始能夠真實地領會醒時各種經驗如夢如幻的本性時，就開始在把醒時與夜間夢中各種顯相融合在一起了，我們在將這兩種狀態作更緊密的結合。

幻身的修行對自然的生處中陰、痛苦的臨終中陰與其他兩種死後的中陰來說，都很重要。當死亡來臨，在我們歷經心識收攝消融與身體功能消失的過程中，我們將面對自己的恐懼和不確定；在此同時，明光或明性的各種顯相將會現起，引發更多迷惑和驚恐。在臨終和死後的每個中陰裡，我們必得在每個重要轉折處去面對那會見自心的考驗，這些考驗會以我們不熟悉但鮮明的顯相展現出來。

藉由「見到痛苦實為從自心光明本性所現起之空相」的修行，我們便得以在這些險峻的時刻立即超越自己的痛苦。假如能在此生中跟幻身的修行有所接觸，我們就會有充足的準備，能夠面對任何中陰的處境或當下的體驗。每當我們感覺到沒有實質根基的存在時，便會身處那熟悉的境界裡，亦即在這任憑淨相盡情現起的、全然開放廣闊的虛空之中。

修習睡夢瑜伽

　　針對睡夢中陰，蓮師所教導的第二個主要修學法門是睡夢瑜伽的修行。這一套修行法門包括了：一，認出夢境的訓練，即認出所謂的「明夢」（lucid dreaming）；二，一認出夢境後，便開始轉化夢境；三，增上修行，藉此降伏諸障。

　　經典說道，我們的夢境和白天的經驗一樣，兩者都是從我們的習氣所生。這些習氣的形成和強化，跟我們過去世中所累積的宿業種子有關，這又形成了我們目前的感知、思考和行為。所有我們積聚的善業和惡業種子，以潛伏的型態留存在我們的心續之中，直到我們遇到新的因和緣，促使這些宿業以某種特定形式成熟。此輪迴的動能通常是毫不間斷的，因為一旦某個業的種子成熟、產生果報、果報耗盡後，這個行為又成為埋下另一顆種子的因，而且可能是更為強烈的業種。

　　白天時，我們應盡力保持透過幻身修持所開展出的正念覺察和覺性，這是很重要的一環；我們要一再一再地提醒自己：「一切顯相的究竟本性是空性，其世俗相對的示現是顯空不二的。因此，這是如夢、如幻的。」然後，在夜晚，當睡眠的時間到來時，我們便修持睡夢瑜伽，從認出夢境開始，這表示我們能在夢境中意識到自己正在做夢——我們並未醒來，卻知道自己正在做夢。蓮師的教訣提及，睡前我們應該生起菩提心，如是說道：「為了讓自、他從輪迴苦海中解脫，我要修持這個能解脫輪迴痛苦、恐懼和迷惑的睡夢瑜伽，並願一切眾生證得大樂與圓滿正覺。」以此做為發心，你以此強烈的動機入睡，如此，當夢境現起時，你便會覺察自己正在做夢。

知夢

第一法門：上師

佛陀示寂：臥獅姿
©那瀾陀菩提

　　當我們生起動機和發心後，要採用特定的睡姿，不要倒頭就睡。典籍上建議我們採用獅子臥的睡姿，這是釋迦牟尼佛入涅槃時所採用的姿勢。涅槃指的是佛或全然證悟的大師的圓寂、往生，這樣的死亡被視爲進入一種證悟的狀態。有些佛像是佛陀的涅槃塑像，你可以從圖片中看到佛陀是右側睡，右手枕在下顎下方，左手臂自然地安放在身體左側，我們要採用就是同樣的睡姿。你也可以用右手的手指輕輕地按住右鼻孔，然後用左鼻孔輕鬆地呼吸，再以這樣的姿勢入睡。

　　除了睡姿之外，還有生起不共觀想的教訣。假如你是個金剛乘行者，要先觀想自己就是曾領受過相關修法的本尊，例如金剛薩埵。如果你沒辦法生起清楚的觀想，就採用此本尊的金剛慢即可。接著，觀想根本上師坐在你的頭頂上，經典說道，有時你也可觀想枕頭就是上師的膝部，這樣一來，你就是枕在上師膝上入睡。緊接著，在你的喉輪觀想一個小小的金剛上師或寶上師，約

莫一英时高。「金剛上師」或「寶上師」是蓮師的稱號，我們要將之視為和自己的主要上師或根本上師無二無別，而這些觀想的形象通常都和你的方向一致。經典說道，你應觀想祂們全是顯空不二的：顯空不二的本尊、顯空不二的上師，就像是水月的倒影般，沒有任何實質。

入睡時，應保持金剛慢，並專注在喉輪的觀想。同時，持續牢記著你祈願自己能有明夢、想知夢為夢。你要避免落入慣常、迷惑的夢境中。這也是個非常適合祈請的時候，像是：「祈請賜予加持，讓我能認出夢之為夢、幻之為幻、惑之為惑，並見到萬法之實相──心之究竟本性。」你要不時的這樣祈請。你並不需要進行複雜的唱誦或繁瑣的祈請文，只要掌握要點，用自己的話語來祈請，以任何你覺得舒服的方式來祈請即可。

此時最重要的是，不要分心或被任何明日計畫的隨起之念所打斷，比如早上幾點鐘要起床、或是今天未完成而明天必須做的事等等。無法成功認出夢境的主要障礙，通常就是因為被念頭所干擾，這也是讓你在日常生活中持續逸離當下覺性，因而無法認出自己落入迷妄的一種障礙。你通常無法停下來並注意到：「我迷惑了」、「我生氣了」或是「我嫉妒了」。你壓根就看不到這些，相反的，這些念頭和情緒對你而言，似乎都極為自然和習以為常。

此處的重點是，不要被任何一種念頭所擾亂。在這個修持中，要一心一意地將念頭專注在你喉輪的上師形象上，以及你想要有明夢的渴望上。

對許多人來說，能夠這樣認出夢並不會在第一或第二次嘗試後就發生，你必須精進地一再重複這個法門，直到終於變得十分

離死之心

自然為止，如此，你便能毫不散亂地專心、輕易地入睡，毋須太費勁就能進入明夢的狀態中。

假如醒來時，你記得自己曾做過一個或多個當場無法認出的夢，你就應該承認或提醒自己這一點，並試著看待這些夢境跟此生的現象並非真是有所分別的。在這種情況下，睡醒後的下座期間，你可以試著強化自己對這世界如夢如幻本性的感知；你也可以加強要使自己和他人從迷惑中解脫的發心，並再次發願要認出夢境。

第二法門：本尊

修習第一個法門一段時間之後，如果你還是不能知夢為夢，法教建議我們採用第二種法門。如前，你以獅子臥姿躺下，然後觀想根本上師在頂輪之上，並觀自己是本尊；然而，不要在喉輪上觀想上師，而是觀想一個與自觀本尊相同的小型本尊。例如，假如你觀想自己是金剛薩埵，那麼你就在喉輪上觀想一個小小的金剛薩埵。

修這個法門時，即使沒辦法馬上就產生明夢，你還是要試著持續觀修一段時間。重要的是，不要將法門換來換去；開始時只專修一法，修一段長時間後再試另外一種法門。不然，你永遠不會知道這個法門若修得久一些是否會奏效，或者根本不會有任何成果而真需要有所改變；假如你太常變換法門便無法得知。你必須守住一法一段時間，一再一再地運用這個法門，直到非常熟稔之後才能說：「我已經非常精進地試了好幾個星期了，但還是沒辦法認出我的夢境。」然後你才改用下一個法門，這是一般好的通則。

第三法門：無上種子字

下一個法門，如前一般，先採取正確的姿勢，然後觀想自身是本尊，根本上師坐在自己頭頂上方。接著，在你的喉輪觀想一個紅色四瓣蓮花，其上排列著種子字「嗡 啊 努 大 惹」（OM AH NU TA RA）。一開始先將心念集中在蓮花上，然後把「嗡」擺在蓮座中央，「啊」在前方花瓣上，「努」在右邊花瓣上，「大」在後方花瓣上，「惹」在左邊花瓣上。

心中清楚地觀想完整的形象後，再慢慢將焦點轉移到種子字上，在歷經入睡的過程中，將注意力從一個種子字移到另一個種子字。首先專注在「嗡」字上，就這樣將心念擺在這上頭一會兒；當你開始覺得昏沉，並注意到你的知覺開始從與外界的接觸上往內收攝時，就要轉而專注在前方的「啊」字上；當你開始感到沉重、身體開始放鬆時，便專注在右瓣的「努」字上；當你覺得自己就要進入更深沉的睡眠狀態，且身體仍然越來越沉重時，就專注在後方的「大」字上。最後，就在即將睡著之際，當你想著「我就要入……」時，便專注在左瓣的「惹」字上。

典籍上提及，當你真的快要睡著且想著「現在我就要……，我就要」時，就再回到「嗡」字上；就在即將失去知覺的最後一刻，你應當再次強化自己的發願：「我要認出我的夢境。」假如在此願和睡眠之間沒有任何念頭介入的話，那麼你的發願很有可能會成功實現。

第四法門：明點

倘若你無法觀想種子字，蓮師還傳了最後一種法門。在此，首先你應生起如前一般的基本觀想，然後就在你的喉輪觀想一個

離死之心

淡紅色的明點或光點。這個明點一直保持著生動、閃耀、光燦和透明的狀態，像彩虹一樣。以此方式來觀想明點，入睡時將心念集中在此明點上，就在即將失去意識的那一剎那，強化你要認出夢境的發願。

個別差異

這其中應該會有某個法門對你是行得通的，然而，因為每個人的體質構造都不同，所以體驗也會各不相同。有些人甚少做夢，因此會覺得認出夢境頗為困難；有些時候這是體質的問題，若是如此則沒什麼好擔心的。另外有一些人就是比較容易認出其夢境，這並不必然代表他們就比那些難以認出夢境者更高段些。不管情況如何，我們都必須盡己所能；我們也可以請示自己的上師，針對自己在這些不同修法中如何選擇最好的方式來修持，給予更個人化的指引。

但在某些情況下，有時是某些障礙或更強烈的染污所造成的狀況。對一位金剛乘行者而言，這可能會是三昧耶的問題；若是這種情形，則建議回到大乘的皈依和菩提心的修行，並修習六度，以積聚更多福、慧資糧。上師相應法的修行也十分有助於真實地重回金剛乘的修道，尤其對金剛乘的行者來說，薈供輪便提供了一個淨障的好方法。

轉化夢境

一旦我們可以認出夢境，當我們在做夢時還能說：「我正在做夢，我知道我在做夢。」這時要做什麼呢？蓮師的法教告訴我們，這時應當轉化我們的夢境。因此，第二個訓練或第二套修法

即是轉化：轉化我們在夢中所遭遇到的顯相。

　　當你意識到你在夢中是清醒的，且能維持這種清醒狀態一段時間，你就有機會改變所見與所做之事了。在白天的經驗中，要把一樣東西變成另一樣，一般來說需比在夢境中耗費更大的心力，例如，把一張桌子變成一朵花，你會需要類似大瑜伽士密勒日巴尊者一般的能力和證量才辦得到；但是，在這個修持中，在睡夢的狀態下，你就是在訓練自心以便開展這樣的能力。所以，舉例來說，當你夢見一朵花時，便試著去轉化它，你可以將一朵花變成一隻鳥、一朵雲或一只風箏──把這朵花變成任何你所能變幻的東西。或者，當你遇到可怕的東西、一頭野獸或一個要殺你的人時，你便將那個對象變成一個證悟的形體，像是某個本尊，然後讓祂殺掉你的自我。當你處於混亂或迷妄的處境時，便可試著轉化此輪迴情境成為淨土的體驗，比如本尊的壇城。典籍中也提及，慢慢地，你可以試試飛翔等這類體驗。但修行初期不要嘗試飛行，假如你操之過急，一下就想從懸崖邊跳下來練習飛行，那你很可能會從夢中嚇醒，屆時你就無法認出夢境，而且還喪失了一個大好機會，那就得再重試一次。當你比較嫻熟轉化的修行之後，就不會害怕這類活動了。

　　修持轉化法門一段時間後，你可以在夢中世界到處遊歷。蓮師著述中提及，如果你有強烈的願望想要遊歷諸佛的淨土，那麼在睡覺前，便應說出這樣的發願：「我不僅要認出夢境，也想要在夢中前往佛土，在諸佛座下聽聞甚深的法教。」有辦法將夢境轉化為淨土的體驗之後，你便能面見諸佛、菩薩，閒話家常，就像和朋友喝咖啡一樣，然後再回來。

　　有一天，我和我的上師竹清嘉措仁波切，在尼泊爾加德滿都

一家稱為安那普納（Annapurna）的咖啡館裡，我們坐著坐著，仁波切就開始傳法了。由於習性使然，我自然就攤開了筆記本，開始記錄他所說的內容，我一邊發問，一邊振筆疾書作記錄。接著，仁波切又開始唱起一首密勒日巴的道歌，我也把這首歌和其他內容一併記了下來。我們更一度一起吟唱起來，而且交談的音量還頗為大聲，但我突然間意識到自己身在何處；我剛剛完全忘卻我們是在公共場所、在一家熱鬧的咖啡館中，我環顧四周，每個人都在盯著我們看！這就像是在夢中醒來的經驗一般，而我，就在那兒，在加德滿都的一家咖啡館裡，和佛陀愉快地話家常。我們若是認出夢境，就能像這樣和三時的諸佛、菩薩相見談話。

究竟轉化

睡夢瑜伽中的究竟轉化，是轉化迷妄的顯相為智慧的體驗；而轉化夢境的能力，則與保持不散亂和穩定心性的能力有著相當直接的關係，這個能力即是修止的精髓。看著夢中的一個影像時，我們要看看自己的心能夠多清楚地專注在此影像上，而我們專注的定力又有多少。我們也要看看，自心體驗這些顯相之實相或本性的程度到底能有多深入；這即是我們修行此法的目的所在，而非只是為了自娛，為了有個好夢、在夢中遊歷等等。此處的目的是為了透過對顯空、聲空、覺空三者的直觀，而了悟究竟實相——我們自心的真正本性。

如果你很難認出夢境，典籍上建議，你應該多做幻身的修行。修持的當下要保持強大的正念覺察，並試著避免被念頭和習氣所打斷。舉例來說，你也許正想著：「這是如幻、這是如夢的。」但突然間一個瞋念現起，下一刻，你發現自己竟然對著某

人在大吼；那一念、你、你的怒氣和你生氣的對象，霎時便會令你感覺非常固著和真實。並不是說你都不能吼叫，你可以吼，但是要出於正念覺察的心，這能改變你的思考方式。你可以這麼想：「我正在夢中大吼大叫。」這會是一個比較好的吼叫方式。假如你從這些體驗中獲得某些了悟，那麼這個令你吼叫的人也會分得一些善業，因為他或她幫助你激發了洞見。

降伏障礙

睡夢瑜伽的第三個部分，蓮師傳授了一些增上修行，這些修持和我們做夢的基本模式及可能產生的障礙有關。

第一個模式是，我們一認出夢就立即醒來：認出夢境把我們從夢中喚醒，並使夢境結束。第二個模式是忘卻夢境：我們先是認出了夢境，之後就失去覺性，再度被夢境所套牢；我們忘記要認出自己正在做夢並轉化夢境的教訣。第三個模式是，夢境中清明和迷妄交替著現起：首先，我們認出了夢境，接著因為習氣使然，便失去了覺性，並再度落入認不出夢境的狀態。之後，我們又一瞥「知夢」的狀態，但接著又陷入迷妄之中，如此，我們所體驗到的是一種認出與認不出的交替循環。第四種模式是一直維持完全清醒的狀態：由於我們預想到要做修持，所以根本不能入睡。

針對每一個問題，蓮師傳下了一些特別的對治法。對治一認出夢境就醒來的狀態，教訣是去改變觀想時注意力的焦點。與其專注在喉輪的形象上，我們應該降低焦點，把注意力擺在心輪上。我們也可以在腳底觀想兩個暗色明點；雖然這兩個明點是暗色的，但仍是光的形式，鮮明而柔和。這些專注方式會幫助我們

保持睡眠的狀態。假如我們有失眠的問題，這也會有所幫助。

　　另一個同樣適用於這些狀況，並能對治這些問題的法門，是多修幻身。當幻身的修持開始對我們產生真正的影響時，我們就會克服忘卻和迷妄兩者。當我們對日常生活體驗之如幻本性有了更強的正念覺察和覺性時，那覺性便會一直持續到睡眠之際，且延續到夢境中，覺性並不會在我們闔上眼睛時就停止。所以在睡前的幾個小時裡，我們應特別努力培養覺性，並且在上床睡覺時增強我們的覺性。我們上床睡覺時，通常不會想到要觀察心念，如果能像關燈一樣馬上倒頭就睡，我們是最高興了；但是這麼做時，根本沒有任何覺性可言。

　　經典上說，入睡前的最後一念能強力影響你睡眠與做夢時的心境。假如你是在非常注意心念和體驗的情況下入睡，那麼最起碼，那不斷延續的正念覺察的功德特質也會對你的夢境體驗產生正面影響。同理，我們也不要在強烈煩惱的影響下入睡，這點非常重要。假如你發現這類煩惱來了，就應該應用任何有效的對治法來降伏煩惱，直觀其本性，或乾脆快刀斬亂麻斷除它們。不要放縱它們；若是任由它們撒野，這種混亂的能量就會延續，並對你的夢境體驗產生負面影響。

修習明光瑜伽

　　針對以睡夢中陰作為證悟之道用的部分，蓮師所傳授的第三種法門是「明光瑜伽」或「熟睡瑜伽」的修學。熟睡狀態發生在六識都收攝融入阿賴耶識時，這表示六識都不再向外攀緣，不再涉入客體或與客體接觸。

舉例來說，此時，眼識就不再感知外在的形色了。因此，當我們進入熟睡時，六識明分的活動消失了，而睡眠則是心識的暗分，在收攝消融過程發生後持續著。當我們說明分不在了、消失了，只是指明分從六識中退出，而不是從整個心性中消失，因為心的究竟本性就是明性。事實上，熟睡的本質即是大明光，即是心的真正本性，是萬分燦然、全然鮮明的，是稠密濃烈的明性，正因為這個明性是如此稠密濃烈，便對迷妄之心產生了盲化的作用。當我們淨化了熟睡的無明，超越了迷妄，並進一步洞徹這濃烈的明性後，就能體驗到清晰、光明的心之本性。

我們應在何時禪修這個明光？我們主要應試著在清醒狀態收攝消融的那一剎那，直接體驗心的真正本性。這時，我們要生起菩提心，並以一種意欲觀察心之明分的動機，用正念覺察和覺性直接觀照心本身，不被其他念頭所打斷。在那個入睡的瞬間，經典上說道，清淨的覺性會清晰閃耀，充滿了鮮明光燦的功德特質。這一刻非常短暫，雖然我們可能會錯失一次、二次⋯⋯，但假如我們能越來越嫻熟這樣的觀照方式，那麼我們終究會見到這個明光。從有意識狀態轉換到睡眠狀態的過程中，倘若能夠不讓正念覺察逸失，我們便得以維持此明光的體驗。再者，假如我們對這個修持技巧已很穩定熟悉了，即使做夢時也能維持明光的體驗，並得以掌控自己的夢境。除了保持正念覺察之外，我們也需要放鬆，不然就無法入睡了。因此，我們需要在鬆、緊之間取得平衡，並在此平衡中觀照明光。

假如熟睡明光的修持訓練成功，我們變得有能力超越睡眠與夢境中的迷妄時，經典上說，如此我們就能在死亡階段運用這個能力。我們若能將熟睡明光與死亡明光融合在一起，那時，我們

就能現起清淨的智慧身，離於迷妄。

明光的禪修是那洛六法的修學之一，其廣泛深入的修持法門需要在個人上師的指導下進行；若是只靠著書上找來的描述，意圖自己修持這些法，事實上只會是有弊而無利的。

修習之果

透過幻身、睡夢瑜伽與明光瑜伽的修行，我們轉化並徹底超越睡夢中陰的凡俗迷妄。法教上指出，這些修學的圓滿成就來自於證得自心證悟本質之三種面向的其中兩種：法身與報身。

法身是心的空性，是萬法的根本本性。法身是非概念的覺性，因此超越了一切的言說、思惟和表述，它是本淨之心赤裸無遮狀態的真正體驗。當我們淨化了熟睡的迷惑，並認出自心空性、光明的本性時，就證得了法身的境界。

報身是此根本本心光耀、極樂的能量，具有無盡的力量能以各種清淨之相來化現。這個本性是自然任運而成的，和法身智慧無二無別。當我們淨化了夢境、淨化了將非存事物執以為實的迷惑後，就證得了報身的境界，並得以感知到證悟之心與淨土的清淨、象徵性形相。

第三種面向化身，是心的空性與無盡創造力兩種能量在物質形色上的無竭化現。它是心之本淨和任運光明本性的結合，化現為各種清淨與不淨之相。我們平常清醒時，總是先將萬法執以為實，於是對主體、客體與行為之三輪產生了二元化的執取，當我們淨化這樣的迷妄時，就證得了化身的境界。

心之證悟本性的這三種面向是不可分的，它們是心本身俱生

的功德，也相應於三種死亡中陰的經驗：痛苦的臨終中陰、光明的法性中陰和業報的投生中陰。假如我們在生處中陰時不幸沒有證悟，亦即沒有徹底醒覺實相之本性，如前所述，在進入死亡中陰的整個過程時，或許會有更大的機會獲得證悟。經歷這些轉換狀態時，在每一個轉換期間，我們都極有可能將迷惑的經驗轉化爲其相對應的證悟境界。在死亡那一刻，如果我們認出心之明光本性，我們就會證得法身；在光明的法性中陰之種種淨相現起時，假如我們在那個當下就認出諸般淨相的眞正本性，我們就會證得報身；假如在業報中陰的迷惑顯相開始顯現時，我們便認出其迷惑境象的本性，我們就會證得化身，且一定會得到一個吉祥的投生。正因爲三身是不可分的，完全證得其一，就會帶來三者所有的體驗；由上述可知，我們有三個機會或方法得以聯繫上自心之三身本性的全然證悟。

這些情況在稍後會有更加詳盡的探討。但在睡夢中陰時，我們有了這麼一個機會來訓練自己，以便面對將會在法性中陰所遭遇的經歷；屆時，報身明光會以清楚鮮明的形相顯現，看起來似乎是在自身之外並超乎我們的控制。因此，重要的是去認出那時所現起的種種形相和聲音，都是自心創造性的展現。這項訓練或許對業報的投生中陰更爲重要，因爲那時我們會遭遇自心強而有力的迷惑投射，很可能會導致強烈的痛苦和不好的投生。

一旦我們對於此見兼具了理論的了解和個人體驗的基礎，並對這些修法熟能生巧之後，在死亡後的各個中陰階段，我們就能夠照顧好自己，就能夠把死亡以爲道用。我們會看到，死亡也無非是個夢。如果我們能夠主控睡夢之心，就能主控死亡之心；當我們能主控死亡之心，就能夠在死亡時任願遨遊，就像在夢中所

做一般。相反地，我們若不能主控夢境，就會毫無招架能力地被夢牽著走。所有睡夢中陰的修行，都是能幫助我們獲得這個控制力與主宰自心的法門。

夢與做夢者

夢的體驗之一，是入睡時進入的幻象境界。然而，當我們更廣義地審視夢的概念時，夢其實涵蓋我們全部的體驗，亦即我們存在的一切面向。傳統上，夢可以用三種方式來區分：夢的實相層次、做夢者的了悟層次和夢的長短。

夢境

當我們從睡夢中陰的觀點來看夢境時，會發現我們所體驗的夢實相有三種：譬喻之夢、實際之夢和終末之夢。我們一般所指稱的「夢」，稱爲譬喻之夢（example dream），這是我們在夜間的顯相經驗，睡夢瑜伽的修行與之息息相關。實際之夢（actual dream）被認爲是我們日常生活日復一日的白天經驗，與之息息相關的則是幻身的修行。終末之夢（dream at the end of time）指的是死亡的經驗，標示出某個輪迴現象的終點，亦即某個此生顯相和這一組人生際遇的終點；終末之夢和死亡後的各個中陰及死後期間有關。這三種夢是一切有情眾生或有心識的眾生都有的經驗，無論是人類、動物或以其他形體存在的眾生。現在我們是人類，在人道中，我們嚐受著自己標籤爲好／壞、美味／難吃等等各種經驗。同樣的感官經驗也發生在每一道中，舉例來說，現在

你很享受前往餐廳選用各種佳餚的愉悅，但是，假如你生為一頭驢子，便會把一大片綠油油的草地當成是豐盛美味的大餐。諸如此類的所有現象，會在每一道的實際之夢中發生，當其終止時，最終之夢的經驗便開始，亦即終末之夢的開始。

做夢者

夢境也可以用做夢者的了悟層次來區分。從這個觀點來看，同樣也有三種夢。以佛教的說法而言，這三種夢即是凡夫之夢、瑜伽士之夢和諸佛菩薩之夢。凡夫指的是用世俗共許的角度來感知現象的人，並完全受制於我執和習氣，因此，凡夫之夢看起來是非常固著、真實的，因此也是非常迷惑的。相反地，瑜伽士或瑜伽女是追隨心靈修道的人，對心之本性具有某種層次的了悟。從藏傳佛教的觀點來看，這個修道是金剛乘的修道，這類修行者的夢境也因而極為不同，他們可以體驗到某種程度的顯空不二。第三類指的是最高證悟者，也就是已完全證悟空性的登地菩薩，同時也指佛的座下狀態。不用說，這類眾生的夢全然住於出世體驗的本性中。由此可知，這三種夢是從個人心靈開展的角度來區分的。

時程長短

第三種夢的分類是根據夢境時間的長短來看。這三種夢被稱為短夢、中夢、長夢。此處，短夢最短，但並非表示是低劣或低等的；中夢表示其時程稍長一些；長夢指的則是延續頗長一段時

離死之心

間的夢。

　　短夢指的是入睡後進入睡夢中陰時所現起的現象，這些夜間的夢境通常都頗爲短暫。我們一晚可能會做二十個不同的夢，每個夢境僅持續幾秒鐘的時間；或許也會做持續五分鐘的夢。這些夢都是暫時的顯相，短暫到有時很難記得它們。我們醒來後可能會說：「我知道我做了一個夢，但我記不得了。」這顯示出這些顯相是多麼短暫，而它們在我們心續中所留下的印象又是如何淺薄。

　　中夢指的是我們死後所做的夢，和業報的投生中陰尤其有關。據說投生中陰持續約四十九天，比夜間的夢境要長了許多。雖然這個夢持續達幾星期之久，然而我們的心在這段時間內一點也不穩定，我們的感知和念頭稍縱即逝、飄忽不定，有一種無立足點的感受，因爲到哪裡都沒有固實的、物質形體，而我們自身也只擁有一個意生身。

　　長夢指的是我們輪迴中日復一日的經驗之夢，也就是自然的生處中陰。這個夢對我們來說，似乎更奠基或扎根在具體的現實上，因爲它具有固實和眞實的顯相。但這並不表示它就是眞的，只是對我們來說它似乎具有更固實、更有所存在、更持續的特質而已。例如，明早醒來時，我們應該還是會置身於前一晚上床時的所在之處；然而，當我們從睡眠的短夢中醒來時，就不再置身於之前的所在之處了，一夜之間，我們可能會夢境連連，在其中遊歷許多地方，夢中的景物變遷如此迅速，一時，我們在喜馬拉雅山區登山，下一刻就飛到了紐奧良的馬蒂格拉斯（Mardi Gras），接著悠遊在墨西哥的海灘上，隨即又可能坐在家中的禪墊上。但是，當我們從這些夢中醒來時，並不會在這些地方發現

自己的蹤影，而只會置身於原來闔上眼睛的老地方。每次，當我們醒來進入這白晝的夢境時，同樣的現實景象又映入眼簾。。

蓮師對長夢之實義的闡釋是，這是一個我們有著最根深柢固的迷惑狀態。相對地，在其他夢境中，我們的迷惑是浮動和不可預測的。例如，在死後的中陰經驗中，我們只是間歇地知道自己不再以肉身存在。當這個事實昭然若揭時，我們便感到害怕極了。但在生處中陰時，我們卻一直覺得自己存在此處，所以，此時我們的迷惑有著一種較爲強大的實在感或較爲堅實的基礎。就某方面來說，這個較大的迷惑是個好消息，因爲它提供了一個確實的基礎，讓我們可以從這個基礎上一併超越自己的迷惑。相對地，當我們的經驗比較飄忽不定時，就很難去超越什麼，因爲我們沒辦法聚焦──除非我們已經藉由止禪而開展出心的定力。

暗中一燈

指引我們度過睡夢中陰的教訣，被稱爲「暗中一燈」（lighting a torch in the darkness）。這個黑暗就是無明，而進入睡和夢的狀態，便是進入了此無明極深沉的經驗中；照亮此黑暗的燈，則是我們自身清淨明曜的覺性，遣除了日常裏覆著我們的迷惑。當我們認出此覺性時，了悟之光就會滲透我們迷惑、輪迴之睡夢狀態的每個部分。

教導顯相本性如夢似幻的法教，基本上和大乘佛法的法教有關，因此詳加研讀大乘空性見是極爲重要的。佛陀在《般若經》中教導了大乘空性見，其後又由其信徒龍樹菩薩和無著菩薩所傳授。龍樹菩薩是中觀派創立者，無著菩薩則是唯識派的創立者。

唯識見非常有助於了解世俗諦相對實相，這個學派闡述了心識的種種詳細分類，其中描述了為何一切都是唯心所造的投射。從這些法教的研讀之中，我們學到了這些看似固實的幻相為何會現起，又為何確是心的現象。另一方面，藉由研讀中觀派的見地和分析法門，我們便能對所有世俗現象無實存的究竟本性有所了解。

當我們把這兩種見與金剛乘的幻身和睡夢瑜伽法門做結合時，我們的修行就會變得相當輕鬆易上手。假如我們沒有空性見，那麼我們就會感到掙扎，覺得自己為何突然必須將如此固實的世界視為如彩虹般毫無實質——這並不容易。但是倘若我們在白天中便能不斷提醒自己，這是如夢、似幻的，那麼，夜間我們就會有明夢，就能夠在這些夢境中轉化顯相。

第四章

掌握心性

禪定中陰

當我們認出心的真實本性時，見到的不僅是其空性的本質，也見到其活躍且全面具現的覺醒、光明覺性之功德。此覺性是證悟境界自然不變的智慧與悲心，原本就存於自心本性中，並不是由過去某位神祇或某種行動所創造的，而是無始、無盡，超越了概念與哲學理念，是自心和宇宙的本性。不管我們擁有何種心境，經歷何種念頭和情緒，這一切都蘊含在此智慧之本性中。整個輪迴世界的經驗，僅只是這個遍滿、不間斷智慧的表達或遊戲幻變。根本上，沒什麼好恐懼的，沒有任何事物不在解脫的狀態中。所有的色、聲、念頭和情緒都是顯空不二的，猶如水中月的倒影一般。在這個全然清淨的虛空中，有一種喜悅、新鮮和全然自由的感覺自然地向外散發著。我們接受並欣賞自己的本來面貌以及任何現起的經驗，對顯相的取或捨不再束縛住我們，也因此有一種掙扎止息後的真正祥和境界。

> 嗳瑪
> 時值禪定中陰現前時，
> 捨棄散亂迷惑之積聚；
> 住心無逸無執離邊見，
> 證得生圓次第穩定力。

> 嗳瑪！
> 此時，正是禪定中陰顯現之際，
> 捨棄散亂迷惑的積聚吧！
> 安住在不迷亂、不執著、遠離邊見的本性中，
> 證得生起次第與圓滿次第的穩定力！

禪定中陰指的是我們內心禪定的狀態。每當我們開始處在當下、此時狀態，以一種清明、覺知且不散亂的方式安住自心時，這便是禪定中陰的開始；直到我們一逸離這個狀態，便告結束。因此，我們處於這個中陰的時間是非常個人的；端看自己能夠保持專注和放鬆、覺知與自在的時間長短而定。

禪定即中陰

直接安住在自心本性的禪定狀態，即是真正中陰的體驗；這是一種「空隙」（gap）的體驗，是超越輪迴和涅槃、迷惑與解脫的非概念覺性。這是我們處在岔路口時的實相時刻。無論實相時刻是長是短，當這個時刻結束時，我們要不就是朝著解脫、要不就是往迷惑的方向行去。所謂「認出自心本性」，便是在岔路口選擇通往解脫之路；而「沒有認出自心本性」，就是隨著迷惑之路而去。

假如我們跟隨後者，就勢必得繼續面對二元法的不淨顯相：我們感受到一種「我」的固實感，而這個「我」和其他同等固實的「你」、「它」或集體的「他人」是有所區隔和分別的。自、他之間恆成疑竇與不斷變動的關係，滋生了持續不停的掙扎狀態。我們一下被希望推動，一下又被恐懼所影響；由於對自己不滿意或不滿足，我們用攻擊、激情或漠不關心的態度來對應「別人」。我們一下子高興、一下子煩躁、生氣、渴望，抑或是陷入昏沉和一片空白。在這個情境的氛圍下，我們覺得備受壓迫且負擔沉重，直到內心被迷惑所蒙蔽或侷限。

其中的不同就在於我們到底習於覺知的狀態、抑或是無明的

狀態，這個差別標示出我們此生經驗與死亡經驗的特徵。當我們死亡時，習氣之心仍繼續著，我們可能被恐懼所包圍，且被自心顯現的投射所襲捲，這些投射是我們無法逃避的。我們無處逃匿於自心，但我們若曾一瞥自心本性，並曾訓練自己安住在此本性中，就能夠認出這些顯相即是自心的自顯現，而這些顯相便會幫助我們進一步認證並了悟自心本性，我們會有機會證得完全的解脫；若不成，最起碼也會胸有成竹地知道，我們擁有指引自己通過死亡各個中陰階段的技能。我們可以主宰任何不確定的時刻，任何念頭、情緒或現象現起時，我們都不會被拉往迷惑或恐懼的方向；而直接契入與穩定此體驗的方法，即是「觀」（vipashyana）的訓練。

觀禪

　　當你經過一整天辛苦的工作，筋疲力盡回到家時，通常早已等不及要從工作中抽身，趕緊休息。假如你所完成的是特別費力的身體勞動，像是營造、清掃、甚或在慢跑機上跑了好一陣子，那麼你自然會覺得極度疲憊；當你已經到達體能的極限，已經竭盡所有的精力時，就會到達某個點，只想深深吸口氣、坐下來。當你讓自己在那一刻完全放下、放鬆時，你的心變得完全非概念化，腦中沒有任何一個念頭，身和心開始安靜、鬆弛下來，然而卻不散亂，有著一種全然處在當下和欣賞那一刻的感覺。這種在辛苦工作後的休息經驗，伴隨著一種釋放，相當類似於禪定中陰的經驗。

　　蓮師法教中的禪定中陰，和「觀」的體驗息息相關。「觀」

意指「明見」（clear seeing）、「勝見」或「殊勝的洞見」（superi-or insight），此時所見的即是自心本性，也就是平常心（ordinary mind）的本性，亦即我們無遮的覺性。由此可知，「觀」指的是直接了悟自心本性的洞見，有時也被稱為「洞徹空性」；且這個殊勝的了悟，與自、他的空性，亦即人無我和法無我兩者，是息息相關的。

因此，「觀」之禪修的關鍵即是覺性。何謂覺性？這純粹是一種不逸離當下時刻的心之狀態。當我們讓心安住於自地原處，安住於其本性中而毫不散亂時，就是處於當下時刻的覺性狀態。不管我們外在環境或內在心境如何，我們若是處在當下此刻的這個體驗中、若是全然體驗著這個時刻，就是不散亂，就是覺性，就是禪定。因此，覺性、不散亂和禪定是同一且相同的。

金剛乘中所謂的觀禪，起始於空性禪修。從這個觀點來進行修持時，我們所專注的對境就是心性本身，亦即其明空的面向。然而，為了能用這種方式安住自心，我們必須先倚賴止的基礎，也就是止禪，也可稱為「安止或止定的禪修」，正如第二章所述。我們若能熟習止禪，就能把自心安放在任何對境上，無論是一顆石頭、一張佛陀的畫像或是天空，我們的心都能不動搖地安住其上。由此可知，止定的心有兩個面向：它不只是安靜或平靜的，同時也能安住或定於任何所置之處。我們一旦開展出這個技巧，也將會有能力將自心安住在空性的狀態中，空性中，沒有任何實質的所緣對境。

若沒有止的功夫，就不可能開展出觀的勝見；然而，我們若不接續開展出觀的功夫，那麼我們的止禪也幫不了大忙，儘管止禪能使我們的心靜下來，但並不能究竟斬斷、根除我們的煩惱。

只有觀的勝見能做到這點。有一個傳統比喻說明了這兩者之間的關係：「止」好比是池塘，「觀」則是長在池塘裡、美化池塘的花朵。

偉大的瑜伽士密勒日巴曾說：

不執著於止之池
觀之花朵願綻放

因此，能斬除痛苦和苦因兩者的觀禪，被視為禪修最為精要的一環。

重要的是了解到，禪定中陰乃是訓練自心之處，以便面對六種中陰狀態過渡經驗的挑戰和機會。我們並非只是要得到一座善妙的禪修，或成為一個平靜的人，也不是要改善我們在生處中陰裡的境遇或心理狀態。我們修學的利益遠遠超乎其上。你若是將這些修學視為一種方便法門，用以獲取無論到何處皆適用的工具和珍貴資產，甚至用在超越此生的旅程上，你就真的聽進蓮師與傳承所要傳達的訊息了。這個訊息很清楚：要認出自心本性，便要擁有解脫的鑰匙。所有我們在禪定中陰裡所從事的修學或訓練，都是為了達到這一點。由於禪定的解說可以非常詳盡且冗長，因此在闡述時可能會看不到較大的脈絡或重要的來龍去脈，所以，我們有必要提醒自己觀禪的訓練和中陰旅程之間的關聯。當我們從迷惑中醒來、並了悟自心本性時，我們正在歷經的任何中陰狀態便被超越了。

調伏狂心

觀禪的目的是爲了調伏我們的心，爲了超越我們凡俗、二元的心識。有個例子常用來說明這個過程，也就是把心比喻成一匹野馬。要調伏這匹野馬，就必須先抓住牠，這需要相當多的愼思和技巧，你不能就只是跑過去抓牠，而是必須小心翼翼地接近牠。在今日，人們常用直昇機來圍捕野馬，這是一種不太需要技巧且頗不人道的方法。較自然的方式是，跟那匹你想抓到的馬培養出私人情誼，畢竟你不是批發野馬的生意人，你的目的較屬個人私密的，你早已遠遠地觀察了這匹漂亮的野馬，並且愛上牠了。

假如你能夠以私人情誼的基礎和善巧方便，去接近、捕捉這匹馬，就會有適當的心理空間或環境來訓練牠，慢慢地且逐步地，你會開始了解這匹馬，而這匹馬也會了解你。透過這種接觸之後，互相的了解感、聯繫感、親密感和愛便隨之而生，最後，你的馬便會被馴服且訓練到可隨你駕馭。但是當你第一次騎上這匹馬時，還是要非常留意，即便你知道你的馬現在已經被調伏了，但你仍不清楚地到底會怎麼樣，甚至在幾個月、幾年之後，你還是需要小心謹愼。

我們也必須用同樣的態度來訓練自心。不管我們是誰——美國牛仔或牛仔女、西藏的犛牛仔、印度的水牛仔，我們各自都在訓練自心的野馬，我們都在做同一件事。首先，我們必須和自己的狂心建立私人情誼，學著欣賞其狂放不羈的自然之美；然後，我們必須用正念覺察來抓住它；最後，我們必須用進一步的善巧方便來調伏和訓練這個心。有朝一日，我們便能夠騎上它、指揮

它到達任何我們高興去的地方。滾石合唱團有首歌是這麼唱的：

　　野馬不能把我拖走，
　　野馬啊野馬，總有一天我們會駕馭其上。❶

　　那就是我們必須臻至的境界，那時，野馬便不能把我們從覺性的當下拖走。一旦我們的訓練達到那個境界，即使是在死亡時的各個中陰階段，我們也能夠引導自心平穩地通過所有難關，迎向覺醒、迎向脫離輪迴的自由。

　　還有另外一個著名的生動寫照，將我們的狂心比喻成瓷器店中的狂象。這隻大象尚未被調伏時，可以輕易地毀掉店中的許多東西，甚至是整家店舖。一舉步，這隻象便能毀掉一片牆；下一步，另一片牆又毀了；只消四步，這隻象就能毀掉整座建築物。同樣地，我們的心若未受調伏，就能輕易地毀掉我們所積聚的全部善功德──我們完成無數善行後所累積的一切福德與智慧。

　　觀禪是調伏與訓練自心的過程。我們應怎麼做呢？我們要用止禪來抓住自心，用觀禪來訓練自心，然後再用正念覺察來駕馭自心、同時保持對周遭較大環境的覺知。依循這些法門，我們就能相當快速地達成目的，尤其是同時也憶起無常見時，作用之大猶如揮鞭一般。

---

❶ 出自麥克・傑格（Mick Jagger）和凱司・理查斯（Keith Richards）合撰的「野馬」一歌，由ABKCO音樂有限公司出版，版權屬於ABKCO音樂，西元1970年。網址：www.abkco.com。

無我的修習次第

　　空性禪修的教導和修行是有次第的，在每個不同階段反映出對自我、心和世界的特殊見地。小乘和大乘階段的修行中，空性的修觀由分析式禪修開始著手，從勝義諦的層次來看「自我」或身分認同的概念。談到勝義諦或究竟實相時，我們必須了解其所指出的兩種空性：人無我和法無我。我們透過系統化的推論過程來了解空性，這能幫助我們直接一瞥空性。但是，要真正和這種瞥視產生關聯，表示我們得心、智合一才行，不能只做枯燥乏味的推理。這樣的過程看起來似乎非常概念化和二元化，但假如我們能正確地執行，就會帶來空性的體驗，產生空性的迴響。如果我們可以安住在這種體驗中，那麼它就會深化，並且更深刻地體現在我們所有的經驗中。

　　禪修時，實際的修行包含主動去找尋一個實存的自我，看能不能找得到。我們先思惟人我，並分析我們的經驗，觀察人我到底在哪裡、究竟是什麼。開始找尋這個感覺起來如此固實、如假包換的自我時，我們應從哪裡找起呢？我們要看著自己最執著的部分：身和心。然而，當我們更仔細看著這兩者，便會發現它們根本不是單獨的個體，而是由許多部分組合起來的集合體。用佛法的術語來說，這些集合體即所謂的「蘊聚」。有五種蘊，當五蘊齊聚時，便組成我們所認定的這個「自我」的整體。五蘊是讓我們認為「這是我」以及「這是他」的基礎。五蘊包括了與身體有關的色蘊，以及與心有關的受、想、行、識等其他四蘊。五蘊所發揮的作用，就是讓我們用越來越概念化且實體化的態度來認識和執取世界。

首先，我們環顧五蘊，看看這個自我是否存在於其中之一，或存在於五者所成的總體中。例如，我們若是下結論：「這個自我必定存在於色蘊的某處。」那我們就要看看自己的身體，到底哪個部位可以被界定爲自我。自我是全身，還是其中某個部分？如果是部分，又是哪個部分？腦是自我嗎？心臟是自我嗎？在一段時間的找尋後，假如我們得到結論：沒有自我以色蘊而存，我們就可以採用同樣的探究順序去看其他蘊聚。要用這種方式來進行分析，直到我們確信自己究竟是找到、或找不到自我。

一旦在五蘊中找不到人我，接著我們就找尋「法我」，亦即「他者」的實存。用這種方式，在尋找何謂自己所攀附的「我」和「你」、「是我」和「我的」的過程中，我們翻遍每塊石頭，不排除任何可能性。這般探究的結果，我們發現在任何地方都找不到一個本來就存在的「我」——不管是以個人身分形式而存在的人我，或是以外在現象特性而存在的法我。這麼一來，我們就得到了對無我的了悟：一切現象皆無實存的自性。這時，我們就放鬆並安住自心，別無他念。

我們若想對空性眞正有所了解，就要深入了解龍樹菩薩的大乘中觀見；同時也不要把空性誤解爲虛無主義，極端地全盤否定世俗現象。領悟了如此殊勝大師的完整法教時，我們會欣賞並領會到，空性是存在的一種融合狀態，超越且毫無自與他的二元分裂。這樣的狀態有諸多名稱，大乘傳統稱之爲「勝義諦」、「佛性」和「純正實相」。這些所指的全都是實相或眞理最眞實、最深奧、最純正的境界，是一種智慧的狀態，不可思議且超乎概念所及；因此，以概念之心去尋找勝義諦時，到最後是無法找到任何一物的❷。

離死之心

在大手印和大圓滿的傳承中，觀禪包括了安住在上師爲你直指而出的自心本性、或實相的究竟狀態中。在大手印中，被直指出的覺性就稱爲「平常心」，藏文是thamal gyi shepa；在大圓滿中則稱爲「本覺」或rigpa。儘管這兩個傳承主要的修持都是非概念性的安住禪修，但其中也有一些修持法是較爲概念性的。大手印中，有某些解析自心本性的特定修行；在大圓滿中，則有辨別本覺和心識的法門。

這些修行的細節應該從你的根本上師處領受。當你跟上師的心意緊緊相連，再從他或她那兒直接領受這些教訣時，將會是極爲個人性且威力強大的體驗，因爲上師了解你，你也了解上師。這個指出自心本性的傳承時刻，成爲一個強大的會合點——心與心的眞誠相會。這樣的教訣，遠比向一位老師學習觀禪的一般開示要有效得多。

直指心性

有時我們把眼鏡放在口袋中或頭上，稍後卻問道：「我的眼鏡在哪裡？」這種情形相當普遍。我們到處找，卻找不到我們的

❷ 由堪布竹清嘉措仁波切所撰的精彩專書《空性禪修漸進次第》（The Progressive Stages of Meditation on Emptiness，般若出版部，中文版／空・大自在的微笑：空性禪修次第，張老師文化出版），完整地呈現了這些次第的法教。這本書以簡潔且極爲清楚的方式呈現了許多偉大上師的法教精華，有助於釐清空性見和觀禪的修行。也請參考竹清仁波切所著的《智慧之日：聖龍樹菩薩中觀根本智慧的法教闡釋》（The Sun of Wisdom: Teachings on the Noble Nagarjuna's Fundamental Wisdom of the Middle Way），由香巴拉出版社於西元2003年出版。此外，關於見、修漸進次第的教訣，在那瀾陀菩提研習課程（Nalandabodhi Study Curriculum）中也可見到；參見大乘見參考書籍《甚至也非中間》（Not Even a Middle）一書（www.nalandabodhi.org）。

眼鏡。這就是爲何我們需要上師的原因，上師會告訴我們：「你的眼鏡在這裡。」這就是大手印和大圓滿的上師所做的事——就只是指出來；而他們所指出的東西，是你早就擁有的，並不是他們給你的。他們並不是給你新眼鏡，他們也沒辦法給你新眼鏡，但他們可以爲你指出在哪裡可以找到你的眼鏡。

從根本上師處接受直指教訣時，我們被直接、無遮地引介了心性的實相。假如我們已準備好接受這些教訣，這些教訣就會非常有用。準備工作包括了三種般若的修學；如同前述，這些修學包括了研讀、學習修道的佛學知見、思惟這些知見以便將之融入自己的了解中，接著，在修的階段修習前行和正行兩者。

所謂「直指」，近似於天空烏雲密佈時，指著天空對某人說道：「晴空就在那兒。」這個人會抬頭看並說道：「在哪兒？」你可能會說：「就在那裡——烏雲後面。」你爲之指出晴空的那個人，一開始可能看不到，但是，即使僅有一線晴空乍顯，你就可以說：「你看，晴空就像那樣。」於是這個人就得到了直接的體驗，他或她在經驗上知道在那兒是有晴空的，當雲朵消散時，就會完全展露於眼前。

同樣地，如果你已經透過聞、思而開展出對甚深見的了解，並且透過止禪而有了某種程度的禪定功夫，那一瞬間，祥和與清明的禪境體驗就好比對心性的一瞥。猶如看到一線晴空而認出湛藍晴空的人一般，當上師爲你指出心性時，你也認出了心性。你會這麼說：「這就是自心本性。」當你能自在地安住時，每一件事就會變得像是那一瞬間的瞥視，猶如烏雲消散後，就是一覽無遺的晴空湛藍。因此，爲了讓這個直指產生真正的效用，典籍上提到，我們需要開展出穩定的止禪能力，以便打好根基。

直觀本心

　　禪定中陰的整個修行重點，就在於清楚見到已為我們指出的自心本性。僅是注意到念頭和情緒的出現是不夠的，我們必須認出其真實本性，然後安住在這個體悟中。

　　在蓮師的大圓滿傳承中，明見或觀禪，係由純粹安住在遠離概念或念頭的赤裸無遮覺性中而達成，但究竟要如何辦到呢？

　　首先，將你的覺性帶到眼識上，將目光放在前方的虛空中。然後，就這樣自在地放鬆、沒有執著。教訣提到：

> 引覺性至眼，
> 引眼至虛空，
> 鬆坦而住，智慧自然生起。

　　保持不散亂的狀態，同時以活躍、敏銳、專注的心觀照著，於其中安住。不要將任何念頭帶進其中，不需要想著自己必須靜下來、或必須保持清明，也不需要憶起任何教訣。只要這樣看著，沒有絲毫念頭就行了。

　　典籍上提到，假如你保持視野廣闊，眼睛直視前方虛空，就會帶來無概念的本覺體驗。修習一般小乘與大乘修道的法門時，目光是朝下的；修習金剛乘的法門時，我們則要朝上直視虛空。在大手印和大圓滿的修持中，直視虛空是很重要的一環❸。典籍上也提及，短座修持很是重要的，要一再一再地重複練習。一旦

---

❸ 關於眼識與微細身的氣、脈之關聯性的進一步細節，要從個人的上師處受教。

你越來越熟悉這種修法，也更能自然掌握時，就可以延長座上的時間。

　　你在找尋的真正心性，就在你所經歷的「現在」、當下中覓得。再沒有其他超越這個的「真實本性」了，而這就是上師所指出的。我們常見的問題，在於煩惱之心現起時，認不出其究竟本性、其本然的空性狀態。我們無法清楚見到，這些現起的能量乃是自己本初清淨覺性的展現，是我們俱生的覺知，反而認為那只是一種毒藥、一種煩惱。

　　倘若瞋心顯現了，我們就會想：「我不應該有這種瞋念！我應該要體驗自心本性。」然後就把瞋念推開，試圖在別的地方找尋自心本性；然而，在別處是找不到任何東西的。除了現下所經歷的瞋心之外，在其他地方是找不到自心本性的。因此，我們必須儘可能地直觀這個瞋心，必須直接看著這個瞋心，就像我們的眼識直接看著虛空一樣。

　　我們要以相同的方式洞徹一切現起的煩惱。在時時刻刻的心識裡，我們要直觀在那兒的任何東西，不要下標籤或改變它。重要的是去體驗瞋、貪或嫉妒自然原始的質地：感覺如何？滋味如何？通常我們並沒有全然掌握這樣的經驗，反而是一觸及這些經驗就馬上逃開，或是用概念和念頭將這些經驗完全變成其他東西，結果是我們錯失了其完整性和經驗的整體。

　　瞋心現起時，我們若將其概念化，亦即對其下標籤，想著：「這就是瞋。」如此一來，瞋心看起來就會非常固著和真實。但是，假如你鮮活地、如斯地體驗瞋心，那麼瞋心就會自然消融入虛空而自解脫。並沒有任何東西讓此瞋心消融，同一時間內既不是你、也不是其他任何因素造成了這種轉化，而是自動改變的

——瞋心自然消融入虛空中，這就是其本性。

　　如果你是佛教徒，瞋心現起的方式，並不會在你成為佛教徒之後就改變了；瞋心現起的方式，一如你成為佛教徒之前一般。不管你是其他宗教的信徒，或是沒有任何宗教信仰的人，道理都是一樣的。更進一步的說，不管你是人類或是其他形體的眾生，瞋念的生起也是如此。自心本性是相同的，它現起，以本然的狀態在你覺性的空間中顯現。由此可知，瞋心的真正狀態並不是瞋，相反的，「瞋」是我們對某個特定經驗所下的標籤，「貪」則是我們對另一個經驗所下的標籤。當你觀照貪欲或瞋恨那原始、鮮明和敏銳的體驗時，你會了悟到這些是無別不可分的。從體驗的角度來看，並沒有個個區別的標籤來界定某物是貪，而某物是瞋、癡或嫉妒等等。

　　我們要如何把這個了解帶入個人的體驗之中呢？我們唯有以勇氣和覺性直觀當下的體驗，才能了悟自心本性——不管是一個善念、一個感知、或是一個負面煩惱，都沒關係，自心本性就在這裡。我們認不出心性的原因，並不是因為心性不在這裡，而是因為我們總是往別處去尋找。

　　若要了悟自心本性，並穩固這個認知，我們必須持續看著我們的經驗，經常地、一刻接著一刻地，以一種頗為戒慎紀律的心態來觀照；但同時也要有一種幽默感，我們需要一種寬廣和放鬆的感覺。很多人認為禪修是件苦差事，這樣並不是禪修。禪修是去學習如何放下壓力與汲汲營營，我們必須學會如何安住，那才是我們在此所要做的：安住在自心本性中。所有大手印和大圓滿的上師都說，了悟自心本性的唯一方法，就是徹底放鬆。大手印的教訣提到，最能放鬆的人會有最好的禪修；有一般放鬆能力的人則

會有中等的禪修；而那些根本不能放鬆的人，有的只是最低階的禪修經驗。其他許多上師都一再這麼說過。在死亡時刻和進入死後各個中陰的階段，安住於當下經驗的能力，更顯得特別重要。

不管此時我們正在經歷什麼，當我們能在此時經驗中放鬆時，就有希望。也許那僅是當下經驗的驚鴻一瞥，但如果我們能保持、延續那一瞥，就會變成證悟。我們會發現自心的諸種顯相是多麼無形和短暫，念頭和情緒為何僅是美麗的經驗而已；沒什麼可怕或有什麼好威脅我們的。但是，假如我們超出這種實際體驗，為情緒下了標籤，我們就會失去機會。如果我們想著：「這是憤怒，我對這個和那個感到生氣，因為……」，如此，我們便會找出許多理由來支持和強化自己的怒氣，隨著念頭的擴增，我們就會經驗到更多傷痛、迷惑和痛苦；相反地，我們若是能讓自己就這樣放鬆地安住一下，那麼，這一刻就會成為自由解脫的體驗。

篤定解脫

大圓滿椎擊三要

偉大的大成就者勝喜金剛（Garab Dorje：嘎惹多傑），是大圓滿傳承舉世第一位祖師，他傳下了極為鞭辟入裡的教訣，教導了解脫的要訣，被稱為「大圓滿椎擊三要」❹。蓮師曾數度傳授

---

❹ 勝喜金剛（嘎惹多傑）是位知名的印度大成就者，常被認為是化身佛或圓滿的證悟者。據說他不是從人類上師得到全部大圓滿傳承的法教，而是直接從報身佛金剛薩埵得到。因此，他被視為是大圓滿傳承的第一位人類上師。勝喜金剛傳下此傳承給其心子文殊友（Manjushrimitra）。

這個教法，而巴楚仁波切也曾寫下極為優美的釋論。我們所要擊中的椎點即是證悟，也就是我們對自心真實本性的體驗與了悟；而所謂的「三要」則是口訣，能引領我們直趨其要點。

第一句是「直接決定一事」，我們要決定什麼？我們要決定的是，心識在當下此刻即是自解脫的；那些情緒的經驗，亦即種種現起的悲痛與喜樂，就是我們赤裸無遮之覺性或本覺的表現。我們必須要確定這點，否則至少也要確認自己想要了解自心本性、想要邁向真正的了悟。這個決定是椎擊三要的第一要。

第二句是「直接認證自性」，我們被直指出本覺，亦即自心的本性；我們要認出，除了當下的這個體驗、除了這個本心之外，再沒有其他任何東西可被指出。我們認出：「這就是了」。不管誰出現在你面前，無論是十方三時諸佛，或如海的菩薩、空行和護法眾，也不能指出更多其他東西了。這樣的一種認證，便是椎擊三要的第二要。

第三要是「獲得解脫的信心」，這是指對自解脫的信心。我們確信當下此時所經驗到的這個本心，就是自解脫的。當我們直觀這個心時，就自動會了解到它是無生的，也能一嚐了悟的經驗。培養出這種信心，即是椎擊三要的第三要。

這些教訣是大圓滿傳承「四大解脫法」中所傳授的。

大圓滿四大解脫法

在大圓滿傳承中，解脫的狀態或過程可由幾種面向來看，這即是所謂的「四大解脫法」：本來解脫、自解脫、裸然解脫和圓滿解脫。在此，我們以「貪欲」為例，概述如下。當我們對解脫

有信心時，便會對解脫的這四種面向生起確信。

本來解脫

當一剎那的貪欲或貪念鮮明、敏銳地現起時，那個貪欲的本性本來就是解脫的。就這個意義而言，「本來」指的是這個貪欲的根本、其空性的基礎狀態。貪念現起的那一刻，已是在無我或空性的狀態中，其本性從不曾被任何輪迴迷惑的痕跡所染污，已然是離於概念的；因此，它本來且全然就是解脫自在的。我們並不需要重去製造空性的根基，因為它已經在那裡了。這個根本狀態就是不滅明性的卓越體驗，這就是本來解脫。

自解脫

至於自解脫，這個鮮明的貪欲並非是被有別於自身的任何外在事物所解脫的。就像一條蛇從自身的糾結中自行解開一般，貪欲也毋須經由任何外在的對治，便會自行回返其本然的狀態。貪欲是自解脫的，已經是在超越的本性中、在本覺中、在心的真實本性中。即便在世俗相對層次上，貪欲先是現起了，經過不斷改變後，便會自行停止。即使我們多麼渴求要固著其存在、多想要在下一刻也抓住不放，貪欲也不會多停留一會兒。這也就是為何從金剛乘的觀點而言，法教教導我們：必須透過貪欲自身，才能夠淨化或轉化貪欲，而這也是自解脫的意義所在。

裸然解脫

裸然解脫出現在自心觀察自心時。當貪欲現起，我們赤裸無遮、直截了當地觀照貪欲時，看不到任何東西是具體實存著。貪

欲那赤裸、不加粉飾的經驗，其實就是去除概念看著它時，還存留的「就是這個」或「如是」的特質。這被稱為裸然解脫，因為當我們赤裸裸、直接地看著貪欲之心時，觀照的過程本身便解脫了貪的體驗。本覺的真正本性自然就是離於心識的二元分別的。沒有了我們固著的概念，唯一留存的便是一種鮮活清明的能量感和活動感，就像火焰的躍動般。這種動能、明亮光耀的特質，為我們顯示了自心那毫無實質的本性，這並非我們一般在世俗相對世界中所經驗到的狀態。以上就是我們所稱的裸然解脫。

圓滿解脫

圓滿解脫出現在自心一再一再觀察貪欲的體驗，而使貪欲更進一步解脫時。貪欲現起的第一刻，我們直觀之，它自解脫了；第二刻，我們再次直觀貪欲，它便更進一步自解脫了。隨著我們繼續赤裸裸、直接地觀照貪欲的世界，片刻不離地，它便一步又一步、愈發徹底地自行解脫。這個法門需要以短座禪修不斷重複練習，這樣一來，我們便可見到本覺的本質並不住於過去、現在、未來此三時任一之中，而且是全然解脫自在的。這個過程近似於止禪中禪修「觀照者」的修持。觀照者是心的自覺面向，在禪修中扮演著「觀察者」的角色。當我們看著觀照者時，它便消失了；然後它又會再回返，我們又看著，接著它又不見了；到最後，觀照者便不再回來了。這就是圓滿解脫。

基本上，這些教訣都跟自心本性有關，教導我們如何觀照心性。就本來解脫而言，重要的是觀照時不要多所造作，或者不要更進一步造作下去。而自解脫，重要的是，觀照時不要涉入太多的概念和心念分別，例如為念頭下「好」或「壞」的標籤。某些

時候我們會需要運用概念心或進行分析，但有時從這些活動中抽身出來也是頗為重要的；熟知運用這兩種情況的正確時機，即是所謂的善巧方便；但真正在進行大圓滿或大手印禪修時，要完全不涉入任何概念性的活動，純粹地安住即可，這是非常重要的一環。對裸露解脫而言，重要的是在自然安住的同時要觀照自心本性，無論其中生起了什麼，就令其安住在原處。對圓滿解脫而言，歷經修道上所有的次第以及這些次第的禪修，是很必要的。因此，這些修持的直指教訣便顯得異常重要，我們必須直接從個人的上師處領受這些直指教訣，而這位上師則必須真實持有這些法教的純正傳承口傳。

牢記解脫之言

當我們密切觀照自己的念頭和情緒時，便可見到其自解脫的功德特質。當我們看著其顯空不二的本性時，便會了解它們原本就是非實存的，是無生的，因此也是無住且無滅的。它們從心性中自然任運地顯現，並自然地消融入本性中。當我們了悟這點，便會明白念頭和情緒並不加諸任何東西在我們身上，也沒有以任何方式來繫縛我們，所以，它們並不是痛苦的真正肇因。當我們明白它們是本然解脫自在的，我們也就解脫自在了。我們毋須追隨、固化、對妄念煩惱起反應，抑或創造出一個依附妄念煩惱而成的世界。這不僅對生處中陰來說是如此，對心的投射變得十分鮮明的死後各中陰階段亦然。

假如我們更貼近煩惱情緒的究竟本性，並直接安住在那本性中，我們就能明白，自解脫無時無刻都在發生著，就能了解我們

再也不需要別的解脫法門、再也沒有什麼法門更加奏效了。舉例來說，假如你正在生氣，你可能會覺得自己需要運用外在的對治法來對應那股怒氣，好讓你可以不再怒氣沖沖。然而，如果你可以就這麼安住在怒氣上，怒氣自會解脫。你並不需要想：「首先，我需要摧毀這個困擾我的怒氣，然後再安住在自心本性中。」我們的心通常很習於這類思考方式，這就如同以為要先將敵人摧毀，然後就會得到祥和寧靜一般。但是，我們從不知道在摧毀敵人之後，是否真能得到祥和寧靜，又怎麼確保我們得到平靜呢？另一個敵人、另一刻的瞋心怒氣，可能會出現。

　　究竟而言，除了自解脫之外，任何法門都無法摧毀瞋心。假如我們決定「數到十」，或用快樂的念頭來取代生氣的念頭，或是坐在禪修座墊上數息，這些都是會暫時幫助我們的世俗性法門；然而，我們只是把怒氣壓抑下來，但並沒有根除或杜絕瞋心。為了要根除我們的瞋心，為了要完全超越瞋心，我們需要處於情緒的百分百體驗中，並洞徹其本質。我們必須見到其真正的本性、其真實的狀態，然後我們就會了解，並非是自己真的解脫了瞋心，我們也不是在解脫自己；我們的瞋心是自解脫的，因為它本來就是解脫的，這是它的本性，它並不是才剛被解脫。我們並不需要解脫瞋心，或讓它變成不是瞋心、變成我們自認為愉悅或正向的事物。我們所稱的「瞋心」或怒氣，事實上從來就不是瞋心；那鮮活、生動現起的能量，從未被我們對瞋心的概念所束縛。當我們了悟到這點——自解脫的自然過程，我們就會尋獲圓滿和深刻的祥和寧靜。

　　中觀的觀禪法門，也是認出情緒自解脫的一個同等重要且有力的利器。運用思惟分析的法門時，我們先注視著瞋心或怒氣的

生起，發現並沒有所謂瞋心的生起，如此自然就不會有瞋心的住留；當我們發現沒有瞋心的住留，如此也就沒有瞋心的止滅。所有情緒皆同理可證。所以，中觀不斷強調「無生」，在一開始就截斷了整個過程。

就像大手印和大圓滿一樣，中觀也不運用任何對治法來壓抑或摧毀情緒的現起，只是以分析法門來洞徹契入情緒的本性。當我們以這種方式分析情緒，情緒便自解脫了。我們必須知道，這些法門並不僅是哲學理論而已。在西藏，有許多故事都說到僧人在極為激進的辯經中獲得了悟的體驗。在某些時刻，他們會有一種空隙的經驗——突然被什麼點醒了，他們會說：「啊！」這類佛學辯經並不只是關係到將對手駁倒而已，重點是超越哲學理論而直接洞見自心本性。

取和捨

無論我們可能經歷什麼樣的騷亂，安住在自心本性的關鍵就是：處在當下即可。這表示我們接受自己的本來面貌，認清並承認自己的遭遇，同時也欣賞其根本價值。然而，為了做到這些，我們需要克服一個最大的問題：我們有一種習氣，總是讓自己耽溺於永不滿足的匱乏心態中。

當我們覺得自己缺乏優秀的特質時，就會想排斥原來的自己，變成別人。我們會想：「我要成為一位瑜伽士，我不要這個舊的自己；我已經厭倦自己了，我要成為密勒日巴。」但是，這是非常不切實際和極端的欲望。你要怎麼成為密勒日巴呢？他是他，而我們在這裡所願求的是他的證悟，所嚮往的是他的覺醒。

當然，我們想要獲得證悟、證得正等正覺、想要了悟自心本性，但是是誰的心呢？你想要了悟的是你自己的心性，還是密勒日巴的心性？你並不需要證悟密勒日巴的心性，因爲他早已經證悟了。這樣的渴望不僅不合道理、不切實際，也不眞摯，更是缺乏了明覺和分辨力。

有一則關於聖雄甘地的故事。在爭取到印度獨立之後不久，他前去拜訪一間精神病院。在他見到的許多病患之中，有一位坐了下來和他交談了一會兒。這位患者看起來神情相當正常，也沒有表現出任何精神失常的跡象，言談之間非常自然平常。甘地先生開始懷疑，爲什麼這個人會被關起來。說時遲那時快，這個病患問道：「你叫什麼名字？」甘地先生回答道：「甘地。」這個病患說道：「喔，是啊，每個來到這裡的人都這麼說！你等著看好了。」就像這家精神病院裡的每個人都想要成爲聖雄甘地一樣，我們也想要成爲別人而不是當自己，這就是障礙我們了悟心性的問題所在。

想要成爲別人，就某方面而言，是在排斥我們自身的經驗。當我們生氣時，我們矛盾掙扎，想著：「我不要感覺這種怒氣！我寧可感覺別的！就算是嫉妒也比這個好！」我們若想藉由將情緒變成別的東西而加以逃避，這個經驗就不再眞摯自然了。關鍵其實在於做你自己，而這不僅需要勇氣，也需要智慧，我們不是就這樣輕率地接受自己是誰、跳入自己的迷惑中；相反地，我們要用正念覺察和覺性來和自己生命存在的基本狀態互動，並且感激、讚賞。不管你是一個愛生氣的人、一個愛嫉妒的人、一個貪欲重的人、或是一個稍微愚癡的人，這就是你。企圖成爲別人是沒有用的。

這就好像是甘地先生和那位病患交談的故事一樣。甘地先生認爲他是「甘地」，但在究竟實相上，他並不是；就勝義諦究竟實相的觀點看來，他是空性的。我們可能會認爲：「我是這樣、我是那樣。」但當我們分析這個念頭的基礎時，就會發現自己並不是那個人。這相當諷刺。我們回頭看甘地的故事，那位病患猶如一位瑜伽士在對我們訴說某些訊息，想把我們喚醒——誰知道誰才是眞的瘋了？無論從勝義諦或世俗諦的觀點來看，這則故事實在很有趣。

佛陀在顯經和密續中對六道特性作了詳盡的闡述，其中描述人道的痛苦是「終年困在不滿足和散亂的狀態中」，也就是我們所稱的「匱乏心態」和「忙碌」；這些就是人類的痛苦或人生的主要特徵。無論如何，我們都必須找出一個超越這些痛苦的方法，找到自己的了悟經驗，以轉化人道的這些根本習性。

當我們體驗到情緒、感知或念頭的眞正本性時，其中並沒有匱乏心態和忙碌的特性，那些純粹是心理的造作罷了。因此，爲了要在目前和即將到來的中陰狀態中轉化這些造作，我們必須將自解脫的教法牢記於心。當我們能在當下經驗中安住自心——沒有被念頭所擾亂、沒有以任何方式改變這些經驗，如此，我們就能洞穿所有的造作，這些造作會消融在非概念覺性的虛空中。當我們接受自己的本來面貌、接受每個現起的經驗，並眞誠地欣賞、感激這些經驗所提供的機會時，所有的念頭和情緒自會自解脫。

自生智

再沒有比當下之心更高的智慧了。而連結上我們俱生、自生

智慧的時機，就在我們所有經驗的每個層面中。無論我們展現了
正面或負面的特質、無論我們卑鄙或惡意地對待別人，或是仁
慈、溫柔和有同情心，我們都必須坦白承認並充分體會箇中滋
味。當我們直接看著某種情緒，像是怒氣、瞋念時，不管往哪兒
看，或是以何種方式看，都沒辦法指出任何固實或真實的東西。
瞋念的顯現，就像是水中月亮的倒影，清楚可見、但卻全無自
性，無非是覺空智慧所生的自心之明光能量的展現罷了。

我們可以從今日的觀點來看昨日的怒氣，或從明日觀點來看
今日的怒氣，而見到此怒氣的如幻特質。這個法門在前述幻身修
持的章節中已提過。你可以先假裝一下，假設現在是明天，而你
正在回顧今日、回顧你所記得的任何生氣或強烈情緒發生的時
刻。當下此時所顯現的、如此真實且令人不得不隨之起舞的一
切，諸如我們一言一行的方式，從明日的觀點來看，並不比海市
蜃樓更具體實在或顯著。當我們真正看著自己的情緒，便會發現
這些情緒不過是一場幻化的展現，是自顯、自生智慧的表達，藏
傳佛學名相中亦稱之為「自然智」。它們是自心本性、平常心、
本覺的表達，只不過是自心俱生明性的顯現而已。

我們在這個心靈修道上的所有努力，都是為了要了悟此自生
智，這即是佛智，是我們自身本俱的覺性。正因為這些情緒是此
明光之心的表達，我們怎能且為何要排斥或捨棄呢？從大手印、
大圓滿和金剛乘的觀點看來，我們並不需要消滅或捨棄這些情
緒，它們被視為我們的了悟的莊嚴，豐富、美化了自心；我們既
不可能、也不需要捨棄這些情緒。縱使我們想要找到某種事物來
終結它們，好讓自己永遠不用再經驗它們，也找不到這樣的終結
物。我們怎能摧毀自身的覺性？消滅迷惑是有可能的，但即便是

死亡時刻，也沒辦法停止或摧毀智慧的表達。

放下所謂解脫自由

一般來說，當我們「想要獲得」解脫時，就不可能解脫；然而，如果我們可以放下「想要證悟」的概念，解脫就自然來到。因此，我們不應緊抓著解脫自由的概念不放。僵化固執地抓住任何見解或信念，通常只會導致更多的痛苦，我們可以從今日世界看到許多活生生的例子。

即便在我們的日常生活中，也有許多時候會渴求某個東西渴求到不肯放下這個念頭。不管那是一件物品、一個人或一種心境，不管那是什麼，我們企求著，但它就是那麼遙不可及。於是，到了某個終於完全放棄和鬆手的時刻，我們反而得到了夢寐以求的東西。

同樣地，當我們終於放下了要獲得解脫的種種努力，當我們可以單純地放鬆和赤裸裸地經驗自己的情緒時，就是這個時候，我們終能體驗到那恆時皆在的解脫自由。從金剛乘、大圓滿和大手印的觀點看來，當我們可以認出自心本性、本覺，並坦然放鬆於此本性時，就毋須追尋所謂的解脫自由──證悟自會來到。在這一生，這是可能發生的。

這些法教清楚地提及，除了「這一念」之外，再沒有別的可讓我們禪修了；除了當下之心，沒有其他任何對境可幫助我們產生無念或離念的境界，也就是非概念、非二元智慧。同理，除了直接地、赤裸無遮地體驗情緒的真實本性之外，沒有其他任何方法可以達至離念的境界。當我們體驗到此非概念的智慧時，是超越希望和恐懼的。我們有什麼好希望或恐懼的？真正的解脫早已

在那裡，在這體驗之中。沒有希望也沒有恐懼時，就是我們所稱的解脫自由，而這就是我們透過禪定中陰的修行所獲得的。

萬法本性

一旦我們對一個念想或一種情緒的本性獲得定見而了悟心性時，我們就證悟了所有念頭和情緒的本性，你鐵定不需要再一一嘗試其他方式了。你不用這麼想：「好吧，這個做完了，試試下一個吧。」這個見解也是中觀見：「一者空，萬者空。」

這表示當你證得人無我的空性時，也就證得法無我的空性了。這兩者的空性並無不同。舉例來說，某個物體，好比一張「桌子」的空性，跟一個「人」的空性並無不同。空性或無我的實相都是相同的；同樣地，自心本性也是相同的，不管它是以貪、瞋或癡的方式示現。

因此，典籍上說道，我們要看著或觀照著每個念頭或情緒的現起、接受這個體驗、並清楚其本性，這是非常重要的。一旦我們了悟了瞋心的本性，那麼，當嫉妒現起，我們也早已了悟此嫉妒心的本性了。典籍上提及，這就好比是了解水的性質一般，如果你分析一滴水，然後了解水的成分——水是由氫和氧兩部分所構成，那麼你就會知道任何你所見到的水，都是以相同方式所構成的，你就不用再重複這些分析步驟了，你會了知所有的水都是同樣的，無論是在瓶子裡、杯子裡、水龍頭或廁所裡。因此，重要的是不要錯失眼前的機會，要去洞徹那經驗，不管那是什麼。

雖然我們在理論上了知這點，但我們自然而然就是會撇下那些難過麻煩的經驗不管。如果我們發現瞋心很麻煩、令人難過，那麼當怒氣來了，我們會說：「憤怒非常麻煩，所以現在我沒辦

法面對。貪欲生起時我會去禪修，因為我比較能面對貪欲。」但是，當貪欲來臨時卻又重蹈覆轍，那時我們會想：「我以為貪欲比瞋心簡單，但現在我知道並不是這麼回事。我還是比較能禪修瞋心，所以當瞋心生起時，我一定會好好觀照自心本性的。」就這樣，我們繼續反覆無常地變來變去，把焦點從瞋心轉到嫉妒、從嫉妒轉到貪欲、從貪欲轉到傲慢，不斷地重複這種惡性循環，這就是所謂的輪迴，而不是解脫之道。這便是為何專心體驗眼前的一切有多麼重要：要保持精進、明確和清明，並當下斬斷。

所以，假若你能透過任一情緒好好看清楚自心本性，只要清晰的一瞥，就足夠了。假如你能掌握對你而言最具挑戰性的情緒，並好好對應禪修，這個威力甚至更大；如果其他情緒強烈地現起，你也得好好面對它們來禪修。但基本上，若能試著好好掌握最頑強的那一個，你就能好好掌握住所有情緒；然而，如果你跳來跳去，企圖隻手緊抓太多，最終便會一事無成。你會發現，一切就這麼溜掉了，你既沒有體驗，也沒有了悟，還是在原點打轉。

守護覺性

簡言之，「禪定中陰」就是禪定的狀態或三摩地，此時心是安住的，也不逸離其對境，而此處的對境即是自心本性；因此，心是安住於雙運之中的，也就是安住在覺空不二的狀態中。禪定中陰的主要修持是觀禪，這即是能產生現見心性之殊勝了悟或洞見的法門。我們已經探討過幾種培養和證得「觀」的法門，包括大圓滿傳承的見地。不管我們運用何種法門，重要的是不散逸。不散逸是禪修的真正主體，是我們修行的最主要支柱。

根據這些教訣所言，禪修時若生起任何情緒，重要的是不要被任何外在事物所擾亂。不管生起何種情緒，都不要錯失這個情緒的能量，就這樣安住自心並觀照自心。

至於禪修時生起了念頭，你應該認出念頭又分為兩種：粗重的和細微的。對這兩種念頭都多加留意是非常重要的。經典說，粗重的念頭就像是強盜，細微的念頭則像是小偷。粗重的念頭容易被察覺，就像是大喇喇的強盜跑來搶奪我們的覺性，一切就發生在我們眼前。細微的念頭則躲在我們注意力的表層之下，我們通常都沒有意識到它們的存在，它們以更狡猾的方式將我們的覺性偷走，甚至在我們不知不覺間就擾亂了我們；我們若是一注意到它們，它們很快便又逃開躲了起來。它們偷走我們的正念覺察、專注力和禪修的焦點，因此這裡的教訣是：要恆時守護自己的覺性。

方便道

除了止觀的教訣之外，禪定中陰的教訣還包括了金剛乘方便道的本尊修法。一般而言，本尊法的修行有兩個次第，即「生起次第」和「圓滿次第」。若要修本尊法，你需要從自己的上師那兒領受個別修法的口訣指示，因為本尊法有許多不同的形式，每一種都有其特定的本尊。本尊法是投生中陰的主要金剛乘修法——投生中陰即是投生和繼續輪迴之前的中介期間，所以這部分我們將會在投生中陰的章節中再討論，但不散逸及認出自心本性的法門同樣也都適用。無論是止觀或是本尊法，不管我們運用何種法門，都應該永遠牢記，這些法門都是為了讓我們生起對自心本性的體悟。

聯繫生、死中陰的楔子

　　由於夢境和三摩地禪定出現在生處中陰期間，因此，前三種中陰：自然的生處中陰、睡夢中陰和禪定中陰，全都和自然的生處中陰息息相關，也可以被囊括在其中。因為我們現在正處於生處中陰裡，所以這三個中陰的教訣即是我們的主要修持，這對我們修道的發展也扮演了極為重要的角色。但是，在此生中我們也應該詳加思惟、熟悉自己將會經歷的下一組中陰。從勝義諦究竟實相的觀點看來，此生的修學訓練很重要，因其決定了我們是否能在此生中獲得證悟；從世俗諦相對層次的觀點看來，它也很重要，因為這些訓練決定了我們如何面對死亡、是否能掌握死後期間所發生的一切。

　　就某方面而言，我們可能會覺得很難看到前三個中陰和後三個中陰之間的直接關聯，我們也許不能明白此生當下和撒手人寰後的狀態之間到底有何關聯；然而，這的確是相關的。假如我們在這一生中能熟習這些修持，我們就會熟悉臨終中陰和死後兩個中陰階段的體驗，而這些修持也會是幫助我們認出自心本性更為強而有力的利器。所以，此生的修行能輔助我們死亡時和死後的修行。假如你在這一生是個善巧的修行者，那麼你現在的修學訓練將會帶給你強而有力且鮮明活躍的心性體驗，如此，當你進入臨終中陰時，將不會覺得自己置身於完全未知的領域中；相反地，當你和死亡相遇時，會覺得就像是遇到一個已然熟識的人，猶如一個前世已相識的、可信任的老友。

離死之心

第五章

消散中的實相

痛苦的臨終中陰

在生處中陰時，我們也許非常認眞在思惟自心的究竟本性，並盡最大努力試圖透過禪修獲取一些心性的體悟；然而在死亡時，這個體悟會毫不費力地現起。當我們終於到達一切二元顯相皆消融的時間點時，便會經歷到全然覺醒的時刻、一個清晰明性的時刻。這就像是天氣的轉變一般，當天空轉晴，密佈的烏雲便散去，突然間，我們就見到了廣闊的天空。在這個時刻，心直接抵達其本然的根基，就好像返家一樣。

我們常因外在世界的種種顯相而分心，以致於從未注意到自心；但在這個階段，所留下的一切就只有心。就某方面而言，我們可能會覺得被困住了，因爲再也沒有任何東西可將我們帶離而進入對過去或未來的感知中。然而，假如我們能放鬆並欣賞當下時刻的寧靜祥和與解脫自由，這就是一個美妙的體驗。大乘傳統中有個開示提到：如果你能改變環境，爲何要憂慮？倘若你不能改變環境，那又爲何憂慮？放輕鬆就好。

當自心返回其本然狀態時，我們的體驗是完全自然的；相反地，在日常生活中，我們常會覺得自己的行爲多少有些被迫、壓制和做作。外出參加社交活動時，我們會小心選擇穿著，不會只穿自己喜歡的衣著；當我們抵達主人家，在門口脫掉鞋子時，也不會把鞋子隨處亂拋，我們會脫掉鞋子，謹愼地放在特定的地方；坐在那個人家中時，我們不會太隨興地坐著，而是會小心翼翼地、合宜地坐好。但是，當我們返家時，就覺得自在多了，我們會任意丟放鞋子和衣物，放鬆地坐著。當種種二元顯相消融時，就像是這樣——心只是放鬆、放下一切。同樣地，當我們觀照心的究竟狀態，其明空的本性時，就像是在自己家中一般地輕鬆，這是相當愉快的經驗。因此，死亡並不必然僅是肉體痛苦與

心理折磨的時刻，我們也會遇到許多清明而有力的時刻。

　　因此，如果我們已在此生累積了一些修行，那麼死亡就會是很美好的時刻，會是一個慶祝的時刻，而非是痛苦的時刻。另一方面，對那些從未修行的人而言，這就是筵席終了回歸現實的痛苦時刻。所以，瑜伽士和瑜伽女並不害怕死亡，對他們來說，死亡是一個了悟的時機，能夠真實認證上師所給予的直指心性、直指平常心或無遮本覺的口訣。死亡的體驗和上師傳授你直指口訣時的那個體驗是一樣的，一模一樣！當你坐在上師跟前，領略了這些教訣時，是非常覺醒、振奮和歡喜的時刻，而死亡體驗和那個時刻的體驗其實是相同的。

　　以此時刻為基礎，我們便可以得到解脫。假如我們不能在死亡之時得到解脫，就必須知道死後各中陰階段的教訣；但倘若我們能得到解脫，那麼死後的兩個中陰就不會現起。

　　嗳瑪
　　時值臨終中陰現前時，
　　捨棄一切貪求與執著；
　　契入明晰口訣不散亂，
　　轉為無生虛空自顯智。

　　嗳瑪！
　　此時，正是臨終中陰顯現之際，
　　捨棄對一切的迷戀、貪求和執著吧！
　　要契入明晰口訣的本性中，毫不散亂地，
　　轉入那自顯覺性的無生虛空之中！

痛苦的臨終中陰就從我們遭遇某些不幸時刻開始，這些不幸造成此生顯相的消失，其中包含意外事件、一場致命的疾病、或任何自然原因，如因年老而身體衰竭等。臨終中陰的結束是在我們的內息停止時，也就是在其後的法性中陰揭顯之前。

對蓮師等證悟者來說，痛苦的臨終中陰並不存在，於是，其後的兩個中陰也不存在。但是，當你還不是證悟者時，即便你可能覺得自己知道得已夠多，或恰好足以通過或逃過這些經驗了，你還是必須歷經所謂的痛苦臨終中陰。說這是痛苦的，是因為在四大融攝時，我們開始無法連結上此生的顯相，而經歷到某種程度的肉體與心理上的折磨與痛苦。

對此生的執著

我們死亡時，可能會被憂傷、恐懼與傷痛的感覺所淹沒，這些傷痛和痛苦的根源是什麼？其根源是我們的執著，亦即我們對此生種種顯相的攀附與執取；不管是對伴侶、家人、房子、工作、財富或名聲的執著，我們就是不肯放下。這是造成臨終中陰痛苦的主因。

即便在目前，當我們想起死亡的時刻，可能也會感受到這樣的恐懼和執著。每當這些感覺現起時，我們可以一再提醒自己，這些情緒對我們是毫無幫助的。我們若發現自己在這些心緒中耽溺徘徊時，便可以記起自己並不是唯一一個會死的人，每個人有生必有死。許久之前出生的人，早就過世了；目前活著的人，也許正要死去或行將死去；未來出生的人，也必將死去。沒有人可以長命不死。我們找不到任何兩千五百歲的人瑞。我們也許會很

長壽，或許可以活到一百歲，但我們終究會撒手人寰。

假如情況是別人都不必死，只有你得死去；或只有你必須接受死神的制裁，別人都不用，那麼，覺得憂傷或恐懼是理所當然的。你可以說：「爲何只有我得死？」但是，即便我們都知道事實並非如此，當死亡迫近時，我們還是會不斷問道：「爲何是我？」「爲何是現在？」既然沒有人可以告訴我們必須活多久，重點就在於準備好以防萬一。在急救訓練中，我們要學習像是心肺復甦術（CPR）之類的急救技巧，以便急難來臨時，我們已準備好拯救他人的性命。雖然我們根本無法確切知道何時會發生急難，但是一接到這樣的求救電話時，我們將會有所準備，好讓過去所學派上用場。同樣地，假如我們接到一通告知我們死期的電話，那麼我們便需準備好，以這些教訣來應變。我們必須馬上儘可能有效率地、強有力地運用急救箱中的用具。這就是使用這些教訣的目的所在。假如我們能放下自己的執著，那麼此中陰就不再是「痛苦的臨終中陰」，而只會是「臨終中陰」而已，然後我們就能清楚地經歷其過程。不然，我們的心會被自己的攀附和執著所淹沒，以致於錯失了所有的體驗；我們會失去見證眞正體驗的機會，會忽略每一次由自心本性生起的展現，於是我們便無法將這個中陰經驗完全用於修道上。爲了要對治這種習氣，並創造一個更具善緣的情境，我們可以練習如何放下對此生的執著。

當我們仔細看著自己的執著，便可以見到這只是一種習氣罷了，我們已經養成某種頑固的模式。我們被困在一種執著和攀附的模式中，它是如此地頑強和固著，以致於我們已經無法注意到它們。因此，我們必須再自我教育，必須讓自己適應一種和經驗產生關聯的新方式，以便卸除我們的舊模式，並斷除我們的執

著。做到這點最有效的方法，便是熟習正念覺察和覺性的修行。所以，很重要的一點是，要重複提醒自己在每個情境中運用這樣的修持。我們不能等到坐在禪修座墊上才修，倘若如此，就會浪費許多時間。假如當下此生我們能解開攀附和執著的習氣，就能超越臨終中陰的痛苦。

修行者的三種根器

傳統法教上提及，每個人在臨終中陰的經驗，根據其利根、中根或鈍根根器而有所不同。每種修行者的死亡方式和其對中陰的體驗，多少會有差異。

利根

最偉大的修行者，那些已超越所有二元執著與攀執的人，超越了一般死亡的程序，證得了所謂「虹光身」的境界。在死亡之時，他們的清淨心識融入了究竟實相、法性之中，亦即自心和萬法全然清淨的本性，而其身體的粗重四大也融入了空性的根本實相中。外在的成就徵兆是身體會縮小，而且如果沒有被干擾的話，通常會完全消失，甚至不會留下任何軀殼；有可能只會留下頭髮和指甲，這是肉身最粗重的部分，這些遺留下來的舍利會被弟子們收集起來奉祀。

蓮師證得了虹光身，他的許多弟子也以虹光身離開人世。這些事情的確是有的，但這種肉體轉化並非多麼了不起的大事，更令人驚奇的是將我們的迷惑之心轉化為證悟的境界，那才應是真正讓我們歎為觀止的事。虹光身和諸如此類的物質示現，就另一

方面來說，應該被理解爲僅是修得好的徵兆而已。

中根

當中根的修行者過世，他們在面對死亡時不會恐懼或掙扎，因爲他們已經超越了對此生顯相的執著，能夠純粹地安住在自心本性中、安住在法性三摩地中。這個層次的修行者並不將肉身融入虹光身中，他們會留下軀體。許多大師都是這樣，但他們在死亡時便已證悟了心的眞實本性。

這兩種根器的修行者不會歷經死亡中陰的經驗，所以他們毋須在意死亡各中陰階段的相關法教和教訣。對他們來說，死亡成爲大三摩地、甚深了悟的經驗。諸如密勒日巴和帕當巴‧桑傑等瑜伽士，都一再一再地如此歌詠；他們說，死亡並不是瑜伽士的死期，而是「小」證悟，這就是這些大師的道歌，歷經幾世紀的重述、傳唱不輟。倘若我們能以這種態度死去，這就會是我們所體驗到的況味。

鈍根

鈍根的修行者，也就是那些對心性沒有深度、穩定了悟的人，他們將會歷經死亡時的中陰經驗。因此，蓮師的教訣便顯得極爲重要。這些教訣就像是發生不測風雲的事故時，派得上用場的急救箱一般。在這種情況下，我們便有了備用的計畫：假如A案行不通，至少還有B案。

讀心術

我們要如何評估誰是利根、誰是中根、誰又是鈍根呢？我們

不能根據外相來判斷，不能根據坐姿或根據修行的年資來判斷。我們僅能就內在開展爲根基，來斷定一個人的根器：這個人的心性是怎樣的？這是唯一能知道一個人修行層次的方法。

當我們回顧歷史，便會發現有許多清楚顯示此眞相的例子。假如今天我們到印度去，碰巧遇到大成就者帝洛巴，我們極可能會誤判他。縱使有人在那邊告訴我們：「這位瑜伽士帝洛巴是一位偉大的精神導師。」我們也只會看到他骯髒的外表，觀察他的行爲而認爲：「這個在恆河邊看起來髒兮兮的漁夫，不可能是什麼偉人；他就在那裡抓魚、殺魚和吃魚，多麼殘忍啊！」假如我們只憑帝洛巴的外表來認定，那麼我們的判斷就會大錯特錯。這就是爲何法教上提到，外相會騙人，是欺詐的。我們的心已經習慣於老是在評斷別人。我們看著某人，說道：「沒錯，我可以相信她。」我們看著另一個人，說道：「不行，我不能相信他。」這個人是好的，那個人是壞的。我們也對誰是好上師、壞上師、好學生或壞學生妄下斷言。

直到我們證悟之前，都不能評斷他人的心靈層次。只有當我們已經證悟而能直接讀取別人的心念時，才能做如此評斷。那時我們便可說道：「沒錯，這個人有許多惡念。」或是：「這個人有許多善念。」唯有那時，我們才能說某人的心是寧靜的、某人的心是躁亂的；誰是老修行、誰缺乏薰習。只憑「我認爲」這樣或「我認爲」那樣是不夠的，我們必須要能夠看清楚。

同樣地，唯一能判斷自己修行層次的方式，是讀取我們內心所發生的事。我們不能根據自己今天禪修的時間長短、或我們的行爲看起來多美好來斷定，這些都不是用以判斷的因素。唯一能夠有意義地評估自己修行層次的方式，是讀取自心並看清楚自己

起心動念的模式、情緒和所有的習氣。我們需要讀取自心，才能夠看清楚自己有多麼緊抓著這個世界、多麼地執著。究竟要到何種程度我們才能立即放下、並安坐在平靜和清明的境界中呢？只有自己才能對自己做出這些評判，沒有別人能評斷。

在學校中，老師會給我們小考，看看我們某科的成績如何，但這類考試並非究竟的測驗。真正的測驗是自己給自己的測驗。我們觀照著自己──我們的情緒、念頭，看看自己做得如何。重點是要實際了解我們的長處和弱點，然後去調整那些需要改善的部分。既然這種自我評估對我們是有利的，就應該真正好好去做，我們應該好好留意這個部分，並培養出自身的修行。

準備死亡

當我們知道死期已經迫近、越來越近時，我們可以藉著祈願自己能保持平靜來做準備。我們可以告訴自己：「現在死亡就要來臨了，是我要死的時候了，這對我來說是一個非常重要的時刻。」此時，我們應該專注所願，而非想著尚未完成的事情或是如何延長壽命。我們不要忘了，當死期到來時，是什麼也擋不住的。

有個故事說到某位藏王稚女之死，這位年輕的女孩死在蓮師的膝上。藏王痛苦欲絕，哀求蓮師想辦法讓他的女兒起死回生。蓮師有大神力，曾示現許多不可思議的事蹟，像是調伏了所有的惡魔，也就是那些阻礙西藏佛法修行的大力邪魔；但縱使是蓮師，也無法滿藏王的願。

一旦死亡的時刻降臨，不管我們是多麼絕望地想要延長自己

的壽命，卻仍舊無計可施。沒有人能改變我們的業，我們別無選擇，只能就範。能幫助我們的，是現在就開始為死亡時刻做好準備，發下堅定的心願，要死得平靜且充滿正念覺察。我們內心要越來越熟習死亡的各個階段，以此做好自我準備，然後堅定確認自己的意願：要在死亡的各個階段都保持平靜、住於當下、警覺與正念覺察。現在就發起這樣的意願並加以修學，是非常重要的；然後，在死亡真正來臨的時刻，我們要一再確認這樣的意願，並保持我們的動機，也就是一心一意的決心，安住在平和但警醒的心境中，這是很必要的一環。

　　同時，我們也必須了解，自己的願求不時會被痛苦和恐懼所中斷，所以重要的是要一再一再地重述我們的願求，因為有時我們會誤以為一件事做一次就夠了。舉例來說，我們可能受過菩薩戒，並在那時發了菩提心，亦即解脫一切眾生的祈願，如此一來，我們便以為這就夠了；但事實並非如此，我們必須每天都發菩提心，且不僅是每天而已，一天至少要三次。同樣地，在死亡時，我們需要一再一再地說出我們的意願，直到意願變得堅定且根深柢固為止。當我們身、心的層次皆與此意願合而為一時，光是這樣便是極好、極有力的修行。

五大收攝消融

　　根據這些法教所言，我們的身體是由五大所構成的：地、火、水、風、空。當我們出生時，這五大聚集在一起，便形成了我們的身體；在死亡時，這五大分解、收攝消融或消散，恰好迥異於聚集的狀態。在討論身體融攝的細節之前，我們最好對粗重

身和微細身的概念有一個概略的了解。

粗重身和微細身

　　從大手印、大圓滿和金剛乘傳統的觀點看來，我們由五大所構成的凡俗肉身，即是「粗重身」。而「內在精髓身」（inner essential body）也稱為「微細身」或「金剛身」，是肉眼所不可見的。微細身由脈（nadis）、氣或能量（prana）和肉身精髓的明點（bindu）所構成。脈是通道，氣沿著脈的通道，在其中流動著，而明點則被氣帶著走。有幾種譬喻闡釋了脈、氣、明點彼此之間的關聯。譬喻之一：脈就像房子，氣是住在屋子裡的人，明點則像是這些人的心。另一個譬喻是：脈就像身體，氣像是呼吸，明點則像是心。

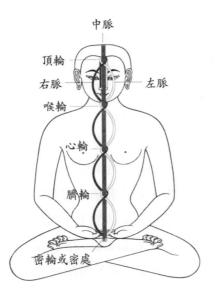

微細身之脈與脈輪圖表
©正知國際和那瀾陀菩提，西元2006年。

從這些法教的觀點來看，心的內在體性，也就是所謂的樂空不二智，它是內在精髓身（微細身）發展的所依基礎；內在精髓身則轉而為粗重身發展的基礎。因此，肉身是由心所生，就像是陽光四射的光芒出自太陽一般。就五大而言，身體的發展源自於空大的進展過程；從空大之中，識大生起；從識大之中，風大生起；從風大之中，火大生起；從火大之中，水大生起；從水大之中，地大生起。身體和五大之間的關聯如下：肌肉和地大有關，體液和水大有關，體溫和火大有關，呼吸和風大有關，心識和空大有關。所有五大的聚集，在粗重和微細的層次上產生了身、心的完整組合。

如果行者了解粗重身的本性，就會有助於了解微細身的本性；如果了解微細身的本性，就會有助於了解心的究竟本性。因此，粗重身、微細身和心性是因緣相繫的。為此，研習身體構成的方式，或造成身體存在的方式，以及其如何消融、消散，便顯得非常重要。這個見不同於小乘見認為肉身的組成是惡業之果和痛苦基礎，也不同於大乘見認為身體如同幻相，且是世俗諦迷惑現象。

一般而言，在金剛乘中，我們說人身上有三條主脈：一是中脈，稱為阿瓦度地（avadhuti），還有右脈（rasana）和左脈（lalana）。中脈位於微細身的中央，由頭頂到臍下約四指處的一點，延伸為一直線。各種典籍和教訣對這部分的描述稍有不同。舉例來說，一般都說中脈是淡藍色，但有時也被說成是明亮的淡黃色或金黃色。沿著中脈的某些點上，微細身的其他氣脈和中脈交錯，形成了「脈輪」（chakras），在每個脈輪中，主要的能量（氣）流動著。脈輪有很多，順著微細身之中脈而下的四個主要脈輪是：頂輪、喉輪、心輪和臍輪。此外，還有另一個主要的脈

輪，位於中脈下方但並未觸及中脈，這就是所謂的「密輪」，位於密處。

　　氣的流動也有許多類別，舉例來說，有五根氣和五支氣，每種氣都和特定的五大、身體的功能、蘊聚和智慧有關，每種氣在體內有其特定的所在或位置。在死亡的過程中，我們體內脈、氣、明點的能量消融，五大也是，其結果是，身體的系統開始漸少運作且越來越不能起作用。

　　五大的每個元素一收攝消融，其相關的感官心識（根識）和智慧也跟著止息。當然，智慧本身並不會止滅，因為五智的究竟本性是超越與不變的；然而，智慧在相對或二元層次的顯現上，卻會隨著相關的五大的消融而停止，例如，當大圓鏡智消融時，我們無疑地會立即失去清楚看到多種影像紛呈的能力。這套體系和過程的細節，可在研習金剛乘法教時學到。❶

粗重層面的收攝消融過程

死亡的徵兆

　　從粗重層面的角度看來，身體五大的收攝消融有下列四個階

---

❶ 人身成長的過程，在顯經和密續中有更多細節的描述：胎兒階段氣、脈的形成，以及氣、脈如何影響後續肉體生長的詳細描述。由第三世噶瑪巴讓炯多傑（Rangjung Dorje）所著的《甚深內義》（*The Profound Inner Reality*）一書，提供了關於脈輪和氣、脈、明點非常清楚的法教。跟隨一位具德上師研習這本典籍，是深入了解微細身的最好方法。目前這本典籍僅有部分被譯成英文，也尚未出版。蔣貢‧康楚‧羅卓‧泰耶所撰的這本典籍的釋論《闡明甚深義：甚深內義釋論》（*Illuminating the Profound Reality: A Commentary on the Profound Inner Reality*）藏文版，可透過「正知國際文獻輸入中心」取得，參見網址www.nitartha.org。而由伊莉莎白‧卡拉翰翻譯的部分釋論，已在西元2003年於正知國際學院傳授，參見網址www.nitarthainstitute.org。

段：地大融入水大、水大融入火大、火大融入風大、風大融入識大。在每一元素消融時，我們先會體驗到增上強化，然後才喪失其特定的特質。這個過程伴隨著死亡的徵兆，顯現出外、內、密的層次。外徵兆跟身體的經驗有關，內徵兆跟心或認知作用的經驗相關，密徵兆則跟明光的經驗相關。外徵兆顯現時，內徵兆也會顯現出來，兩者都可被旁人察覺。

除了這些徵兆之外，密徵兆的現象也會在此時「閃現」，但這只能被正在通過此中陰的那個人所感知。外徵兆和內徵兆是心和肉體、外在相對世界之間的關連正在縮減的指標；另一方面，密徵兆則是正在趨近究竟本性之體悟的指標。在凡俗日常的感知變得越來越模糊、越加混亂的同時，心的清明空分卻逐漸變得越來越明顯；從心的空性中，清淨覺性的光輝開始示現爲明空不二；這個過程依次第逐步地發生。密徵兆先是以「譬喻明光」（the luminosity of example）而示現，預示了死亡與死後階段所現起之眞正明光的初露。總而言之，以上就是所有眾生普遍都會經歷的死亡徵兆。

這些階段的詳細描述，一開始可能看起來有些令人迷惑，但是當我們去看每個階段的根本經驗時，它們其實是相當簡單和直接的，和我們日常生活中的身、心經驗並無二致。舉例來說，我們的感官知覺會隨著周遭環境、自己的健康情形和年紀而持續變動，心理狀態也在不斷變化著。太陽出來時，我們可能會覺得興高采烈，下雨時便覺得意興闌珊；早上醒來時，也許覺得頭昏腦脹，但傍晚時卻覺得警覺和清醒；在一天將盡，感到筋疲力盡時，我們可能會因爲腦筋一片空白而失去覺性，或許會忘記事情，像是某位朋友的名字、把車停在哪裡；假如我們因爲生病而

受苦、或是遇到私人問題時，可能會感受到在心理認知和生理上，更爲劇烈的內外痛苦和憂惱等症候或徵兆。通常我們都不會去注意這些身心經驗的變化，然而，如果我們能更深入熟悉自心和現象的本性，那麼，當不同層面的各種徵兆在臨終中陰現起時，我們就會認出這些經驗中富含了能讓我們圓滿了解、證悟心性實相的機會。

將每階段的主要經驗牢記於心是很有幫助的，不要迷失在隨主要經驗現起的次要或較不重要的作用上。每個階段最常見的身體和心理認知的主要徵兆，大略陳述如下，緊接著則是更多內涵的描述。

第一階段：當地大收攝消融時，我們經驗到失去體力和靈活度；在心理上，我們的感知變得較不清楚。

第二階段：當水大收攝消融時，我們經驗到一種乾燥和越來越口渴的感覺；心較容易感到煩躁和迷惑混亂。

第三階段：當火大收攝消融時，我們開始覺得冷，對外在顯相的感知，時而清楚，時而不清楚。

第四階段：當風大收攝消融時，我們經驗到呼吸困難，我們的念頭變得很鮮明，而且可能會覺得失去方向感。

伴隨著這些階段現起的密徵兆可能會、也可能不會被注意到，但密徵兆其實就是自心恆常遍在明光的體驗。

第一收攝消融階段：地大融入水大

第一收攝消融階段發生在臍輪開始消融時，這就是地大融入水大之時。外徵兆初步顯示爲沉重感漸增的體驗，當消融作用繼續下去，我們可能會開始覺得身體在消融，或變得越來越沒有固

實感。同時，我們的體力、彈性和平衡感也顯示出削弱的跡象。舉例來說，一支湯匙在手裡可能會覺得很沉重，我們也可能會發現很難抬起頭或站好。同時，我們的身體可能會變得更小或更瘦，可能也會有某些體液的滲出。此時，眼識、色蘊和世俗層次的大圓鏡智都在消融中。

在心理認知的層面上，內徵兆是我們的心感到沉重和倦怠，我們的感知開始模糊，周遭顯相變得不清楚或朦朧，彷彿是房間裡光線不夠一般。

此時現起的密徵兆和空性的體驗有關。當較粗重層面的種種顯相開始隱退，剎時或某些時刻，你會感知到猶如海市蜃樓或如夢般的現象。這類顯相雖然在本質上顯然是如幻的，但仍被視為是世俗諦相對層次上顯空不二的一種體驗。

第二收攝消融階段：水大融入火大

第二收攝消融階段發生在心輪開始消融時，此時，水大開始融入火大。外徵兆先是顯現為感官知覺像是被水所淹沒一般。隨後，我們的身體開始乾枯，例如，隨著身體開始失去體液，我們的嘴、鼻和舌都會覺得乾燥和不舒服，此時，我們會覺得非常口渴。耳識、受蘊和世俗層次的平等性智都在消融中。

內徵兆是我們的心變得越來越不清楚。由於心輪和心的作用有非常密切的關係，所以當心輪消融時，我們的心識便開始變得模糊和迷茫。同時，我們的心會變得不安和煩躁，情緒很容易被挑起，沒一會兒就開始不悅或生氣。我們常常會在病人身上見到這樣的反應，在死亡的階段，這種經驗更是強大劇烈。

此時所浮現的密徵兆是，對現象的感知猶如煙霧、雲霧或蒸

汽般。相對於先前的海市蜃樓經驗，這個視覺面向是更不固實、更不具體或不真實。這是更深沉、更清楚的空性體驗，更接近於實相的勝義諦層面。

第三收攝消融階段：火大融入風大

第三收攝消融階段發生在喉輪消融時，此時，火大融入風大。外徵兆是我們先經歷到體溫升高的現象，接著是體溫的喪失。體溫會透過呼吸而逐漸消失，身體漸漸變冷，同時也會因為皮膚毛孔的散熱而失溫。失溫從四肢開始，逐漸推向心臟。一開始，我們的手腳變得冰冷，然後四肢開始感到僵硬和極為不適的寒冷。有時當我們病重時，也會經歷相同的症狀，從藏醫的觀點看來，假如我們有風息的毛病，即氣脈不平衡時，便會產生這類症狀；對治的方法是用特定的藥物摩擦腳底，以助於讓熱能重回體內。在火大融入風大的階段，鼻識、想蘊和世俗層面的妙觀察智都在消融中。

內徵兆是心的明性波動著，時而清楚，時而不清楚。我們在清明和昏沉兩種狀態之間徘徊，彷彿有時「醒來」，有時又落回無感知的狀態中。此時，我們顯然開始知道自己正在失去意識，此內徵兆在外相上的顯現，是偶爾沒辦法辨識人，一般而言也無法清晰確實地感知外在的顯相。

密徵兆是顯現如同螢火蟲一般的火花相。上個階段的煙霧相，此時變得更亮和更強烈，這是心性明光現起的徵兆。先前，密徵兆是心性空分的示現；現在則是心性明分更加清楚、確切地顯現。這些明光的閃現只會剎時出現一會兒，接著又一會兒、再一會兒，就像是螢火蟲一閃一閃發亮般，甫一出現又不見了。

第四收攝消融階段：風大融入識大

　　第四收攝消融階段發生在密處的密輪消融時，此時，風大融入識大。同樣地，一開始風大增強，然後減弱。外徵兆是呼吸變得明顯地短促，也更加困難，最後，呼氣比吸氣更長，有時還伴隨著嘶喀聲。這時，眼睛開始向上翻，每次一這樣，眼球停在上翻的位置便會比上一次更久些。舌識與身識、行蘊和世俗層面的成所作智都在消融中。

　　到最後，呼吸停止。從粗重層面的收攝消融過程看來，這便是死亡降臨的時刻。但是，根據此處的法教所言，這僅是外呼吸（外息）的停止而已，在這之後的收攝消融過程則導向內呼吸（內息）停止，那才是真正的死亡時刻。

　　內徵兆是我們的心變得極端混亂和不穩定。先前可認出熟悉人、事的能力已經開始不行了；現在，到了這個階段，隨著心越來越不清楚，我們還開始出現幻覺。根據此處的法教所言，我們將會經歷到的幻覺，是依據我們的業種，亦即我們過去培養出的習氣而定。舉例來說，假如我們習慣於發惡念和惡想，像是傷害他人的想法等，那麼在收攝消融過程這個階段中，我們也會有同樣的念頭；相反地，我們若是習慣於發善念，那麼善念便會繼續，所現出的幻影就會是善的本質。無論是何者，這些心理現象都會更鮮明地現起，比平常的念頭更為固實，因此，也會對我們的心造成更強而有力的影響。雖然我們稱這些現象是「幻覺」，但究竟而言，這些幻覺跟我們目前所有的念頭並無不同，只是更為劇烈而已。

　　在自然的生處中陰裡，當惡念現起時，不一定會有什麼大影

離死之心

響；但是，在臨終中陰的時刻，我們正逐漸喪失與身體及物質世界的聯繫，我們發現自己更趨近心的現象，如果自心是安靜止定的，那麼我們就能夠保持專注，並可將心安放在任何所欲之處；否則，我們泰半會覺得迷失方向且心智錯亂，就像是受制於毒品的影響一般。

對於那些習於金剛乘本尊法，亦即依止觀想證悟身之法門的人來說，淨土的聖觀現象會在此時顯現。舉例來說，假如你一直以來都在修習某個本尊，你的心性穩定而專注，那麼你將會見到所修本尊空而明的壇城示現；如果你修學的是虔誠之道，那麼你將會見到你所祈請的上師壇城顯現。此時所現起的任何事物，都會是與佛智體性相關的淨相，你將能夠平和地安住自心，就像是你目前在禪定中陰所修的一般；不過臨終中陰安住自心的體驗，是更為強而有力的。淨土聖境的加持更強烈地顯現，使我們更有可能見到自心本性的神變幻化（rolpa）和無礙力（tsal）。當你能讓自心安住在此經驗中，就像修持大手印和大圓滿一樣地安住，此時便成為真正的吉祥時刻，是證悟心性的強有力機會。

據說密徵兆會像是熠耀的火炬或燈光，其現起昭告了真正基明光的出現，雖然這還不盡然是真正的基明光。但當密徵兆現起時，要加以留意並安住其中，這是極為重要的。再強調一次，重要的是不要迷惘或迷失在外、內徵兆之中。

微細層面的收攝消融過程

第五收攝消融階段：識大融入空大

前四個收攝消融過程可被歸類到同一組，因為它們是組成粗

重身的四種主要元素：地、水、火、風。但第五個收攝消融階段：識大融入空大，則發生在微細身的層次，被單獨歸爲一類。根據佛教的見解，「心識」並非是單一個體，而是從粗重到極細微之各種心識的聚集，它們一起運作後，產生了自、他的基本感知和我們對周遭世界的共通經驗。

較粗重或表層的心識即是一般所謂的「六識」，包含直接感知其客體對境的五種感官心識（根識），和主掌心理感知與認知的「意」識。基本上，意識就是「思考」或散亂的心（妄心）。比這更細微的面向就是我們所說的「煩惱識」、「染污識」或「煩惱心」，又稱爲「第七識」，是妄念、概念和混亂情緒的唆使者。煩惱識感知到「本心」（basic mind）之後，卻錯誤地執著本心爲實存的「我」，又執著客體對境是「他者」或是實存的外在現象。這個「本心」是心識最根本的面向，普遍被認爲像是一個儲藏庫一樣，是所有心識的基礎，也稱爲「一切種識」或「第八識」，梵文則稱阿賴耶識。它是一刻接著一刻、相續不斷的識流，承載了過去行爲所產生的業種或印跡，以及令業種在未來成熟而形成善、惡行爲的潛能。

這些心識加起來，便構成了識蘊。一般說來，就是指念頭和情緒的領域；識蘊這二元化的分別心，就是進行感知、概念化並攀執客體、然後生起煩惱、投射出自／他的一種能力——心識收攝消融時，二元的分別心止息了，就像是先前外在呼吸（外息）停止了一般。

在這一生中，我們時常都會經驗到「停止」或「止滅」的狀態，比如每個心境的最後時刻：一個念頭消融時，有個空隙，然後又是一個新的念頭誕生；這個念頭發展、消褪而後消失等等。

然而，在此，當這個程序停止時，所消失的卻是這一生，所以，此處我們所要看的是此生顯相消融的狀態。

明、增、得

識大融入空大，依三階段的程序而發生，稱做明（顯）、增、得。在描述其融攝的模式之前，先看看明、增、得三相的意義會頗有幫助。就一般的意義而言，這些詞彙指的是概念之心逐漸發展的三個階段，從非概念的本初狀態到這些過程的竭盡或止滅為止。我們可以說這些詞彙指的是概念之心的生、住、滅。

簡言之，從基明光中，心識的某個面向生起、投向一個客體對境、並領略這個客體、接著概念性地涉入客體、對客體產生念頭和情緒、然後又自然消融回基明光之中；下一刻這個程序又重複。這個活動就好比是海面上生起了浪花，終又落回海中一般。從自心永無休止地朝外投向各種外在客體的活動中，此生的輪迴顯相於焉誕生。

在臨終中陰時，這個過程逆轉。世俗相對層次的概念之心的作用都停止了；心識停止領略客體，也停止概念性的涉入客體，到最後，此生的輪迴諸顯相便隨著二元心識的真正止息而消散。

在生處中陰世俗經驗的情境中，當我們識別或認出概念之心的這三個面向——顯心、增心、得心（或明相、增相、得相）時，我們其實是認出了那恆時運作的觀感化、概念化過程的三個不同時刻。

「顯心」（明相）指的是，某個感官所感知的客體被識心或心識（conscious mind）領略的時刻，例如看到視覺的客體對境時。識心與其客體的第一接觸，是一種赤裸原始的感知、是直接看到

的那個瞬間，所以這是非概念的，其中沒有關於這個客體「是什麼東西」的任何念頭。一般而言，大多數的心理狀態最初都先停留在非概念的樣貌。舉例來說，我們早晨醒來時，剛開始都是在非概念的心理狀態中醒來，然後才慢慢有了念頭。在識大融攝的最初階段，我們感知客體的能力停止了，因為顯心收攝消融，並融入增心之中。

「增心」（增相）指的是概念之心與原始感知相遇、混合的時刻，由此產生了概念和念頭。心涉入客體對境的程度增加了，我們開始對這個非概念的顯相產生攀附和執著，此時，我們就會想：「這是茶杯、是中國製造的。」相反地，當增心收攝消融並融入「得心」時，我們概念化地涉入客體的能力，亦即執取對境並對之下標籤的能力，也停止了。

「得心」（得相）的解釋有好幾種。有一種說法是：當概念性的念頭發展到頂點，開始消融的那個時刻。這顯示出念頭和概念並不能永遠維持著涉入或投射向顯相的狀態，因為這些顯相是暫時的，也持續地變化著。因此，在這個解釋中，得心指的是概念的收攝消融或瓦解。

在另一個說法中，得心特指概念化發展到最極致的狀態，因此當概念性的念頭瓦解、並融回明光的時刻，就會使用「圓得」（full attainment）一詞。此處，我們採用的是後者的說法。當「得相」或「得心」收攝消融時，便融入與識大息息相關的空大。在這個時刻，心的認知功能停止，再沒有讓念頭或情緒生起的任何可能性。

傳統上教法說到，有八十種俱生的念境（innate thought state）或概念，在這三階段的收攝消融中停止了──這些概念或煩惱念

都是貪、瞋、癡三根本煩惱的展現。在這八十種概念中，三十三種和瞋有關，四十種和貪有關，七種和癡有關，這些都是潛藏在阿賴耶識中根深柢固的習氣。此時，與這些煩惱之念相關的一切心之活動都止滅了，因此，貪、瞋、癡等受擾情緒或煩惱的活動，在此時也一併停止了。

接著，空大融入基明光中。這個時候，我們便到達「圓得」的階段。一切有關自／他、存在／不存在、好／壞的概念或觀感，全都融入法身的無垠廣境中，非概念的本覺智慧（無分別智）於是全然展露而出。心識的所有面向都恢復其本然的本性，離言絕思，無可言詮。

明、增、得三者也有其他的釋義。在詳盡的金剛乘法教開示中，有明、增、得的外、內、密之釋義，以及跟生起次第和圓滿次第相關的解說。不過，明、增、得指的是一個漸進的過程，透過這個過程，那些能涉入感官感知、概念、念頭和情緒的所有心識，變得越來越弱或越來越細微，而諸心識的「體性」或「本性」──這智慧的面向，則變得更清楚、更強大。換言之，心識的二元分立漸泯，而諸心識之體性的無二智（non-dual wisdom）或無分別智則變得更清楚、更彰顯。

收攝消融的方式

我們活著的時候，得自父母的生命精髓以兩個明點的形式，停留在中脈中。其中之一以倒立的白色「吭」字的形式，駐留於中脈頂端的頂輪；另一個是以紅色的短「啊」字形式，猶如燭焰般，駐留在中脈的下端。

吭字與短啊字　　滇津‧南達所設計，正知—桑波達（Nitartha-Sambhota）字型，©正知國際機構。

白明點跟得自父親的陽性能量元素有關，代表慈悲或善巧方便，是色空雙運中的色之面向（色分）。紅明點跟得自母親的陰性能量元素有關，是智慧、般若，也是色空雙運中的空性面向（空分）。所有眾生的能量中都混合著陽性與陰性的能量。受孕時，陰、陽能量的紅、白元素融合，使我們得以誕生而存在；同樣地，這些元素在臨終的收攝消融時也再度融合。

當死期將近時，這兩個明點便開始朝彼此移動。首先，識大融入明相或顯心，頂輪的白明點開始沿著中脈下降到心輪，這時，光明的白顯相現起，據說就像是月光在無雲夜空照耀著；同時，與第一種根本煩惱——瞋——相關的三十三種念頭也止息了。

在第二階段，明相融入增相時，臍輪下方的紅明點開始上升到心輪。這時，光明的紅顯相展露，據說就像是陽光在無雲晴空照耀著。這時，與第二種根本煩惱——貪——相關的四十種念頭

完全止息了。

在第三階段，增相融入得相，兩個明點在心間相會並互融，使這兩個明點之間的心識受到擠壓。這時，關於第三種根本煩惱——癡——的七種念頭止息，現起了一個完全漆黑的顯相，據說就像是沒有日光、月光或星光的無雲虛空般。這就是內息（inner respiration）停止的時刻，在輪迴的脈絡中，此刻被稱爲「死亡」。假如我們不曾透過修行來訓練自心，那麼我們就會在此時昏厥並失去所有的覺性。

圓得

在明、增、得三者的描述中，識大收攝消融的最後階段，便是圓得的階段。這發生在紅、白明點在心間相會，包裹住我們的本覺而使「漆黑經驗」現起之後。接著識大融入空大，空大在心間融入明光，亦即佛智（或一切種智）中。假如我們能穩定心性，並開展出對自心本性的一些洞見的話，就能認出在下一刻現起的究竟的自心本性。我們會見到心的空性、心的眞如，也就是法身或基明光。

不管認出與否，這都標示出臨終中陰的終點。隨著肉身與心識各元素的收攝消融，我們越過了區分生、死的界線。在這之前我們所經歷的任何迷惑或清明，都屬於生處中陰。現在，隨著明光的現起，我們眞正地離開此生，進入屬於下一生旅程的各個中陰。

以這些中陰階段的描述來看，這個過程看起來像是持續了一段長時間，但整個收攝消融過程的發生其實十分迅速。不過確實的時間長短不一而足，因人而異。

明光顯現時

　　截至目前為止，有關臨終時顯露的基明光，我們只描述了心之明光本性分三階段而完全顯現的第一階段。當我們從臨終中陰邁向法性中陰、再從法性中陰邁向投生中陰時，基明光會以不同面向顯現。傳統上教法說到，心之究竟本性有三個不可分的證悟面向：法身明光、報身明光和化身明光。這也表示了心的空性、光明的能量和諸顯相無竭的展現。

　　如前所述，此明光最初顯現的跡象，是在五大融攝時以密徵兆的形式出現。這些密徵兆與我們在明、增、得三階段所體驗到的明光，就稱為「譬喻明光」（luminosity of example），因為這還不是真正的明光。這些徵兆有可能會很鮮明且劇烈地現起，但這些無非就是平常心或赤裸無遮之本覺的表現，亦即我們每日看到人們走動或高速公路上的車流等日常景象的「那個心」。我們見到這些事物時，通常都是看到事物正在移動或活動的狀態，並沒有去留意其中的種種細節。但是，在某些時刻，當時間似乎慢了下來，譬如當我們發生交通事故時，這樣的驚嚇讓我們的散亂心受到了震喝，把我們猛然拉回當下。當我們真的跌下幾階樓梯的那一刻、或是開著車撞到樹時，這種經驗一瞬間、一瞬間如影片格放似地展開，彷彿是一次一格地看著電影的畫面一般，事後再回想時，我們可能就會憶起當時經驗過的許多鮮明細節。同樣地，在死亡時，這些明光的顯現會更為鮮明清晰地現起，我們的心會慢下來，見到許多通常都會錯過的細節。

　　真正的明光，隨著二元心識的融攝，在死亡的時刻現起。當空大融入明光時，我們首先會體驗到法身光明，也被稱為「無相

明光」（luminosity of no-appearance）。這是一個清淨本覺的經驗，此時的心沒有任何客體，我們本覺就只是這麼純粹地廣闊與開敞，如同無雲晴空一般。接著，「有相明光」（luminosity of appearance）顯現；這指的是在法性中陰生起的報身明光顯相，以及跟投生中陰有關的化身明光顯相，報身明光是清淨且不依因緣而生的，而化身明光有的是不淨相，有的則是淨相與不淨相的混合。

　　基明光的體驗即是自心的法身本性，有時會被歸類在臨終中陰之中。但大圓滿教法則將這個顯現歸為法性中陰的第一階段，因此，在法性中陰的章節中，我們會更詳盡地討論。

臨終的修行

　　在收攝消融的各個階段中，特別是在失去意識的漆黑時刻，或是當離概念或無念明光（non-conceptual luminosity）開始閃現時，我們應當盡力應用自己生前曾修持的法門，不管是大手印、大圓滿或金剛乘的任何法門。不過，重要的是要了解，並非每個人的經驗都會一模一樣。雖然我們都會歷經這些收攝消融階段，但每個人所經歷的過程卻稍有不同。舉例來說，當內徵兆現起時，可能不會迷惑或擾亂已建立某些禪定根基的行者心緒，但卻可能會干擾那些尚不具備禪定能力的人。我們決不能說收攝消融的經驗只有絕對的一種方式。有時我們會過度小心，想要非常精確地記下每個細節，想要事先知道每個階段會持續幾小時、幾分鐘或幾秒鐘。然而，我們應當了解的是，這個經驗對每個人來說都不盡相同，因為我們談的是心的體驗，而不只是發生在肉體上的狀態。

假如你熟悉大手印或大圓滿教法，你就可以運用這些傳承所提供的各種增上修持，這些教法都是爲了教導我們如何穩定洞見、增進對心性的認證、並開展對一切眾生的慈悲。假如你很嫻熟金剛乘的本尊法，那時你就能依止金剛乘的脈、氣、明點的修行❷。但是，法教上也指出，我們可以虔敬心爲道；當我們心中充滿了虔敬心，在那一刻，我們就能夠非常有力、即刻且直接地與傳承和上師的證悟之心產生連結，也和我們俱生的證悟狀態產生連結。

虔敬心之道

當我們運用虔敬心爲道時，我們要想著自己的上師，並在收攝消融經驗正在發生的脈輪上觀想他或她的形貌。舉例來說，當你認出臍輪正在消融的徵兆時，便清楚地觀想上師在臍輪，一心一意地將心安放在他或她的形貌上，並向上師與傳承做祈請。你一邊發善願，一邊應該不斷重述自己想要「當下」證悟自心本性的意願。在心輪、喉輪和密輪收攝消融時，也要重複以上相同的程序。然後，當紅、白明點朝向心間移動並於此相會時，你也應該將上師安放在那裡。

運用虔誠心，意味著我們並不只是倚靠自身的努力，我們也

❷ 密續中有一整套法教稱做「心氣不二」（藏讀音：lung-sem-nyi-me）。尤其是第八世噶瑪巴米覺・多傑（Mikyo Dorje）所作的詳細教訣，稱做《心氣不二》（The Inseparability of Prana and Mind，藏文拼字：rlung sems dbyer med kyi khrid yig chen mo），包含了圓滿次第修行的絕妙教訣，這對於收攝消融次第和死亡發生之時最爲重要。此係以藏文出版（Delhi: Delhi Karmapae Chodhey, Gyalwae Sungrab Partun Khang, 1980），參見「藏文佛教文獻中心」，網址www.tbrc.org.。

向加持根源敞開自己，但那也是我們根本自性的化現和投影。當我們真心向上師與傳承祈請時，便會感受到淨土就在面前，清明、溫柔、祥和、喜悅和止靜的功德自然與我們同在，所以我們是有信心、放鬆和無懼的。假如你修本尊法，如金剛薩埵，這時你也可以向本尊祈請，這與向上師和傳承祈請並無差別。一般而言，在大手印、大圓滿和金剛乘的傳承中，虔敬心被視為一把能打開最甚深心性體驗之門的鎖鑰。

　　我們可以持誦許多優美、啟發性的祈請文，像是祈請蓮師的〈蓮師祈請文〉。這類的修行在生處中陰時就要規律地練習了，死亡之時也要這麼做。我們生前就要用一種「想要轉化此生所經歷之恐懼與痛苦」的意願，來持誦這些祈請文，同時也要保持一種覺性，察覺死亡是否迫近、察覺死亡可能帶來的痛苦；接著，我們這時也生起同樣強大的意願來祈請，對自己說道：「在死亡中陰和死後各中陰階段，我將一如現在所做的一般來做祈請。」這樣一來，我們便開展出這個修行的習性，如此當我們進入這些中陰階段時，我們的祈請就會油然而生，既自然、真誠又放鬆。

認出最後的機會

　　由於我們所有的煩惱在微細收攝消融時都止息了，因此煩惱並不會如往常般在我們身上顯現。我們終於擺脫了煩惱，所以應該感到高興，我們應該盡全力讓自己融入清淨的虛空，以獲得甚深的證悟。假如我們生前沒有認證自心本性，死亡時刻還有最後一次認證的機會，而得以在那個當下獲得證悟。

　　這就是為何每次禪修時你都要充滿確信，並生起要在這一座

上證悟的願心是如此重要的原因。倘若你目前就能嫻熟於生起這樣的確信或信心，那麼死亡時，你就能體現和目前修持同樣水平的確信與信任。至少，在這一生中，你會有最後一次機會。這並不是究竟上的最後一次機會，因為沒有永遠注定這回事；然而，死亡時刻是我們目前可以獲得證悟的最後機會。因此，你的修行態度會大大影響自己對心性的證悟。假如你是半信半疑地修，心想：「這些就是教訣，所以我會試試看。誰知道，也許會奏效，也許不會。」雖然這仍比什麼都不做來得好，其中還是有一點信任和希望的意味，但這樣的效果並不是很強大，也不會太有效。

　　雖然這些收攝消融的細節看來也許相當複雜，但我們所需做到的就是，不管發生任何事，就這樣單純地安住在開放、寬廣和放鬆的心境中；除此之外，再沒有什麼比這個更好的了。因此，我們對死亡的準備，並不涉及去探求任何新的法門，我們只要運用日常生活中一直在修習的法門即可，也就是大手印與大圓滿的觀禪和金剛乘的本尊法。這些法門會從根斬斷我們的痛苦和恐懼，這也正是我們死亡時所需要的，是究竟的對治法。這是唯一一個對我們「必然」有效的方法，我們也許會試試其他對治法，但效果到底如何我們並不確定：要多久才會奏效？又能壓制我們的痛苦與懼怕多久？所以，在死亡時刻，我們應該倚賴自己已經嫻熟的修行，熟能成巧的修持會幫助我們超越任何可能會面對的處境。

頗瓦法

　　死亡就是身與心開始分離、也開始失去目前身心之連結的時

刻，而「頗瓦法」或說「遷識法門」（Phowa）則是和死亡時刻特別有關的一種修法。「頗瓦」一詞，通常被翻譯爲心識的「轉移」或「射出」。一般通常會用以下幾個分類來進行教授：法身頗瓦、報身頗瓦、化身頗瓦、上師頗瓦和淨土頗瓦。這些在下面會有更詳盡的描述；但是，重要的是要對「何謂頗瓦」先有通盤的概略了解。我們這時要做的，基本上是將心識從不淨、迷惑的狀態，轉移到一個清淨、無惑的狀態。我們要在當下轉移心識，並與心的眞實本性及萬法的實相產生連結。

　　一般而言，頗瓦法和大手印、大圓滿的教法並無太大差別。大手印和大圓滿教法的旨意是爲了洞穿我們的迷惑，而見到迷惑本身非概念或智慧的究竟本性；化身頗瓦的目的也是相同的，只是我們所使用的是金剛乘的觀想法門。所有的修持都是用來將自心迷惑的狀態轉化爲無惑的狀態。五種被傳授的頗瓦法中，凡夫死亡時所修的是化身頗瓦；在所有頗瓦修行中，人們最常聯想到的，就是這種頗瓦法。

　　簡言之，化身頗瓦的根本目的，就是刹時將心識由頂輪射出或釋出，轉換成正覺證境，而此證境通常都是以佛或本尊的觀想形象爲象徵。法教上提及，當死亡迫近，我們的心識即將離開肉體時，心識會感覺到九個脫離肉身的出口。在這九者之中，其中八個會引導我們投生到輪迴的三界：欲界、色界、無色界❸。說到這些出口時，我們指的是身體的孔竅：眼、耳、鼻、舌、臍、尿道、肛門和兩眉之間。

---

❸ 在欲界中有六道：天道、阿修羅道、人道、畜生道、餓鬼道和地獄道。色界和無色界中同樣也有各種分類，但一般皆被視爲是天道。這些都位於輪迴之中。

而能引導我們達至解脫的一個出口，位於頭上的頂輪，這是中脈的出口。就是這個開口，被認為是直接證悟大手印的大門；我們要讓心從這個出口離開肉體，而不要從其他出口離開。因此，頗瓦的教訣提到，當你開始體驗到五大收攝消融的徵兆時，應該試著集中心念往上提，不要讓你的注意力落往下半身❹。首先將注意力移往身體的上半部，大約在肩膀的高度，然後慢慢往上移動到頭部，再到頭頂。假如你在收攝消融的最初階段就先將心念牢牢放在頭頂，那麼稍後要修頗瓦時，會更容易再將心念安放在此。

儘管我們應該修習頗瓦法，但實際運用到這個法門時，它卻必定是我們此生最後的一個依託。或許，終此一生，我們已嘗試過各種法門想獲得了悟，但無一奏效；除此之外，死亡降臨時，我們也應用了相同的法門，卻也沒有成功。在此情況下，使用頗瓦是很適宜的，但我們必須嚴謹地依照頗瓦教訣所描述的內容來進行修持。我們只能在最後一刻才修頗瓦，不可在生病時、或因為經歷生病的病痛與恐懼時修頗瓦；我們不能在這些逆境中失去平靜，反而應該持續進行修持。唯有當我們顯然已經處在某個收攝消融的過程中，在生命的最終一刻時，我們才能使用頗瓦。

那洛六法中所教授的頗瓦，是第六個也是最後一法❺。將之列於最後，是因為行者若已達到大手印或大圓滿的了悟，就不需

❹ 為了釐清之故，應注意的是，專注於將自心往上遷升的教訣，特別是指此頗瓦的修行。而先前在收攝消融發生時，專注自心於各脈輪的教訣，特別是屬於以虔誠心為道的修行。因此，這些教訣並沒有扞格牴觸，我們也不應將這兩個法門強調不同專注點的教訣混在一起使用。

❺ 那洛六法是拙火、幻身、睡夢瑜伽、明光、中陰和頗瓦的修行法。參見第七章關於這些修行的簡要說明。

要這些教訣了。但是，還是有證悟的大師在圓寂時修頗瓦，例如，噶舉派祖師大譯師馬爾巴，以及大成就者暨大圓滿上師梅隆・多傑（Melong Dorje）都修頗瓦。這些上師修這個法其實是象徵性的：首先是為了教導弟子，其次是為了提醒他們有關頗瓦法的修持。當這樣的大師示範頗瓦時，有些人能看到某些外在徵兆，像是光從頭頂發出；但是，這完全因在場的每個人而異。據說這類大師修頗瓦的方式，幾近於虹光身的幻化或示現。

修學階段

當我們的心已無法再居於慣常的所在位置，而旅程的下個階段也開始了，此時，這個肉身所代表的是我們拋諸於後的整個世界。我們的旅程會透過何種方式進行，取決於自己手上所持有的票種：頭等票、商務票、經濟票或普通票，以及我們所使用的交通工具類型：飛機、火車、公車、轎車、摩托車或腳踏車；我們甚至可能已經累積了一些里程點數，可以合法升級到頭等艙，這會讓我們的旅程更容易、更輕鬆、更舒適。

中陰旅程也類似這樣，我們進行旅程的方式取決於此生所累積的一切──業力的積聚。因此，我們目前修行的品質影響了死亡旅程的品質。假如我們積聚了足夠的福、慧資糧，那就會得到升等。我們的旅途會走得較為順暢，一般而言也會較舒適。假如我們知道這趟旅程將會很舒適、很有趣、會享受到美好的時光，那麼我們便會期待它的到來；這將會是輕鬆不費力、然而卻意義重大的經驗。另一方面，如果我們沒有任何修學訓練，也沒有所謂的里程數的累積，也許不時就會遇到一些坎坷的際遇。

死亡時頗瓦的實際修持，並非一蹴可幾的，因此我們生前就

必須事先熟習。因此，此處的關鍵就是，從現在就起修訓練，以便日後能執行真正的任務。換言之，一段時間是訓練期，之後才是實際的任務；一開始我們先受訓練，然後才去執行任務。實際的任務可能危險重重，敵人將會攻擊我們，我們必須謹慎地運用自己的技能。

誰是我們的敵人？敵人是我們自己的投射，是自心顯現的顯相；外在的敵人並不存在，外界並沒有所謂的什麼「壞蛋」。在這個中陰時，所有我們感知為「外相」的一切，無非是自己煩惱之心、我執之心的投射罷了。我們真正要對抗的，是我們自己所投射出來的映象；事實上，我們自身也只是一種投射罷了。因此，投射的映象在對抗的，還是投射的映象；心的某個顯影和另一個心的顯影在交戰──用這種方式來看待這些，還挺美的。從勝義諦的觀點來看，無物可懼、亦無物可讓我們感到焦躁或煩惱。雖然從世俗相對的角度來說，顯相有所顯現，但究竟來說卻是毫無一物的。

假如我們能退後一步，從上面所說的觀點來看自心的展現，這就好比坐在劇院觀眾席上，看著舞台上的兩個演員一般。他們分飾兩個角色，而我們則經驗到不同的情緒。某一刻，我們覺得很美好、快樂；下一刻，我們覺得很糟糕且憤怒；一下貪欲現起了，一下有不祥的預感……諸如此類。我們可以樂在其中，因為我們知道這不過是幻影；這齣戲可能會感動我們，但卻不能愚弄我們。同樣地，死亡的中陰現起時，我們也會經歷一大堆鮮明的情緒，但我們應該找到一種方法來對應這些多采多姿的顯現，並且把連帶的損害降至最低，如此來達成任務。

我們用來做頗瓦訓練的時刻，就是浸淫這些法教最重要的時

刻。我們必須非常嫻熟這些法門。修頗瓦的眞正時機到來時，我們不應該還需要想著再讀一下筆記或再聽一下法教錄音帶；那時就太遲了。一旦我們開始執行任務，就不可能回頭找老師問道：「我應該怎麼做？」若是讓自己落入這樣的處境中，我們就會驚慌失措。與其如此，我們應該徹底了解教訣，並且確實運用。當我們經過不斷重複練習後，這個過程就會變得很直覺性且自然。

這就和修止一樣，第一次上座時，我們可能會感到有些迷失，不知道要怎麼做。我們可能得一再提醒自己教訣的內容，然後繼續概念性地運用它們；但是，到最後，概念性的過程逐漸消褪，我們的修行會變得再自然不過。我們不再需要思考該怎麼做，也不需要再去回憶老師所說的內容；我們一坐上座墊，就馬上處於止的境界中。修頗瓦時也應該如此，由於我們已經受過訓練了，因此我們的頗瓦修持應該要和修止一樣熟悉與毫不費力。這並不是說頗瓦是毫不費力的，而是說，我們已不再需要掙扎似地回憶基本教訣和步驟了。

遷識法門

法身頗瓦

法身頗瓦即是大手印和大圓滿中的「觀」禪，這是無相之修，因此並不需要應用任何觀想。當我們以這類觀禪所得的洞見而了悟心性時，迷惑之心當下就被轉化了，而這並不是一種漸次的過程。這就是最好的頗瓦法，因爲心識立即就從迷惑狀態轉換到無迷惑的狀態。在死亡時刻，行者只要不散亂地安住在自心無念或非概念性的智慧本性中即可。

我們一般對頗瓦的認知是，將心識從體內射出，進入淨土或證悟境界中。然而，我們一旦證悟了自心本性，就達成了頗瓦的目的，我們的心已經處於圓滿純淨的境界中了。我們所擁有的任何心的狀態，無論是妄心、充滿貪瞋癡之心，或僅是感知某個客體的心，當我們一旦了悟自心本性時，心識就從一切染污或迷惑中解脫，當下就被轉化了，而這就是法身頗瓦。僅是聽聞大手印或大圓滿教法，然後稍作思惟，並不是法身頗瓦；法身頗瓦需要徹底咀嚼和消化我們領受到的教訣，然後將之實現爲眞正的了悟。這就是由密勒日巴等瑜伽士，以及所有大手印、大圓滿的偉大成就者所修持的頗瓦類型。

報身頗瓦

報身頗瓦以金剛乘的本尊法爲基礎。當我們能清楚地將自己觀想爲所修本尊的形相，而此體驗也已趨穩定、且蘊含著對淨相與聖觀（sacred outlook）的了悟時，那麼我們所修的就是金剛乘的頗瓦法。這表示我們具備了不動搖的金剛慢，我們知道自身即是證悟的，我們直接體驗到自心本性即是神聖的佛心，而世界的本質則爲神聖的壇城。這即是顯空不二的圓滿證悟，因此，幻身的修持也有助於此法的成就。當我們能自然地、隨心所欲地、鮮明地自觀本尊，具足金剛慢和聖觀時，這就是金剛乘的頗瓦。這類頗瓦法的修行者，並不需要觀想化身頗瓦的形象細節，例如心識向上移動射出體外時所行經的中脈等等。死亡時刻時，我們就這樣顯現爲本尊即可，不需要任何其他的轉化法門。

化身頗瓦

化身頗瓦也以金剛乘的本尊法為基礎。這是一般人最常修的轉化法，因此也是頗瓦法教中最常見的法門。化身頗瓦運用了比其他頗瓦更多的觀想細節，正式上座禪修時，要由皈依佛、法、僧與發起菩提心開始；此外，此修法也利用了三姿的練習，也就是所謂的身姿、氣姿和觀姿。

三姿

身姿（The posture of body），即是毗盧遮那七支坐法，一如前述❻。氣姿（The Posture of breath or prana），指的是專一觀照呼吸，還有將氣導入微細身之中脈等諸種法門。一開始，我們要做的是「排濁氣」的練習，做九次或按照我們所修法門所指示的次數❼，這些教訣的內容都有所不同。此外還有「寶瓶氣」或稱「瓶氣」，我們輕鬆地持一口氣，這種技巧能幫助我們專注心念。觀姿（The posture of focus or visualization）所指的是：一是開展出清晰的觀想，以便用來當作修頗瓦的基礎；二是能一心專注在觀想上。此三姿構成了讓我們奠定圓滿頗瓦法的基礎。

正行的教訣

化身頗瓦中，最常修的是阿彌陀佛頗瓦法。所以，此處我們將以阿彌陀佛頗瓦法做為闡述的基礎。

---

❻ 參見第二章註釋2對此坐姿的描述。
❼ 清除濁氣是在禪坐一開始所作的簡單呼吸練習，我們深深吸氣，然後慢慢地從肺部呼出所有的氣。經典上說，這是為了清新、淨化微細身中各脈的濁氣或業氣之故。

我們一坐上禪修座墊，以正確的坐姿坐好後，首先要觀想八個不淨門（八孔竅）都被種子字「啥」所封住。這八個孔竅是心識離開肉體的出口，從這些出口離開會導致再次投生輪迴。接著我們觀想中脈，中脈筆直地由臍輪下方延伸至頭上的頂輪，也就是第九門，中脈與頂輪的交會處要觀想是敞開的。在中脈中段的心間，我們觀想一個紅明點，明亮、光耀、透明如火焰一般；在此明點的中心，我們有時會觀想種子字「啥」，與封住八孔竅的種子字相同，但有時只要觀想紅明點就行了。無論用什麼方式，我們都要專注在明點上，那是心、氣合一的。經典上說，此明點要發亮、閃爍、熠熠發光，有時甚至會像燃燒的燭火般滋滋作響。我們利用這個意象讓自心能夠更清楚明確地專注其上。

接著，在我們的頭上中脈的開口處，坐著我們所觀想的阿彌陀佛，全身紅色。在禪修訓練座上，我們觀想阿彌陀佛的雙腳封住了開口，這樣可避免我們的心識離體出竅。

頗瓦法有許多種，各自和不同的諸佛本尊有關。雖然頗瓦法的結構基本上都是相同的，但每個法所觀想的內容卻依所觀修的佛或本尊而有所不同。因此，我們有時觀想明點在心間，有時則是換成觀想種子字，有時候則兩者都要觀想，有時也會運用其他觀想對境，例如本尊手上的法器等。舉例來說，當主尊是金剛薩埵時，我們便觀想金剛杵，來取代明點或啥字；金剛杵的中間也許立有種子字「吽」。如果你的主要修持是金剛薩埵，那麼你就會非常熟悉這個形象，也會很容易生起觀想。金剛杵跟明點或啥字一樣，所代表的是微細心。

在這個法門的訓練中，我們要將所觀想之心間明點沿著中脈往上送至頂輪，在那兒輕輕碰觸到阿彌陀佛的腳，又馬上返回心

間，如此不斷重複練習。這個明點的升、降要配合著我們的呼吸——可以這麼說，此明點「駕著呼吸」而行。這會受到我們所修的寶瓶氣的影響。修寶瓶氣時，我們在腹部稍微持住氣，然後呼氣，讓氣沿著中脈往上升；我們呼氣時，會讓心間的明點往上升。這時我們所練習的是上行氣，這是五主氣之一。在運用啥字觀想的修法上，有時你會需要在種子字上升時，實際唸出種子字：「啥、啥、啥……」。唸出最後一個啥字時，種子字躍射而出，碰觸到阿彌陀佛的腳，然後馬上再降到心間，就像乒乓球一般，種子字上上下下而行。我們要一再重複整個觀想過程，但這是頗瓦的訓練，而不是死時真正的頗瓦。

座下

據說有時遷識的修持會縮短行者的壽命，因為我們所面對的是互為緣起的現象。我們所修持的是心識的射出，並締造讓頗瓦真實發生的習氣。為了避免過於短壽，在結束每一座修法之前，我們要觀想種子字「吭」（Ham）或一個金剛杵，確實封住頂輪的開口。很重要的一點是，座下期間我們也同樣要保持著觀想。

另一個維護壽命的方法，是在每一座結束時，觀想阿彌陀佛變成長壽佛。長壽佛的坐姿和阿彌陀佛一樣，同樣也是身紅色，但是手上握著長壽寶瓶。在大圓滿和寧瑪派的某些法教中，阿彌陀佛被視為法身佛，但此處則被視為化身佛，而長壽佛則被視為報身佛。由於此處所說的這個頗瓦法，將阿彌陀佛視為化身佛，所以這也被稱為「化身頗瓦」。

死亡時刻的修法

臨終修化身頗瓦時，我們要觀想阿彌陀佛坐在頭上約一呎高的地方，中脈的開口沒被封住，我們也不放置任何種子字或其他遮蔽物在這個開口上，它是洞開的。在這個時刻，順著中脈射出明點或種子字時，我們的意圖是，讓明點或種子字在最後一次移動時一躍而起，射入阿彌陀佛的心間，融入其中。我們的心和阿彌陀佛的心無二無別，而阿彌陀佛的心亦不外乎就是我們自心本性的精髓。金剛乘頗瓦法的各種觀想修法，純粹是為了在死亡時刻提醒自己，我們在阿彌陀佛身上所見到的證悟智慧與慈悲功德，其實就是我們自心本性的投影，並沒有一個阿彌陀佛在外頭等著我們。

我們要在何時執行心識的射出？我們必須夠熟悉每個收攝消融的階段，好讓自己有辦法認出這些階段。在初步徵兆出現時，例如地大融入水大、水大融入火大等粗重層次的收攝消融時，就是該準備的時候了──你應該要做好準備。一般而言，頗瓦應該在明、增、得三階段的某個時刻施行；也就是說，在外息停止後、內息停止前。某些教訣提及，頗瓦可以等到心收攝消融的第二階段，在增相和紅顯相出現之時才修。要記得，當紅、白明點在心間融合時，會包覆並擠壓兩個明點之間的微細心識，接著，心識完全融入了空大，黑顯相現起，我們便陷入昏迷，這時內息停止，若尚未準備好就太遲了。

假如我們修頗瓦的時機是正確的，但卻不成功的話，會怎麼樣？我們還是會「在那裡」，可以這麼說，但也沒有了悟心性。在這種狀況下，收攝消融還是會照樣進行；我們必須強化自己的意願，並試著保持覺性，好讓自己認出下一個中陰──「法性中

離死之心

陰」時現起的明光。

這是第三種頗瓦，也是凡夫在死時所主修的類型。

上師頗瓦

上師頗瓦和化身頗瓦相同，但卻是較少見的修法。有一些阿彌陀佛頗瓦閉關課程可以和其他人一起共修，也有一些阿彌陀佛修法是在有人過世時由僧團所修，然而，上師頗瓦卻是要獨修的。雖然它通常並不太被強調或廣泛地修持，但許多大手印和大圓滿的行者都修這種頗瓦。

在上師頗瓦中，我們並不觀想阿彌陀佛，而是觀想自己的上師坐在自己頭頂上；除此之外，觀想內容都是相同的。我們也可以不做中脈、脈輪等細部的觀修，只要觀想上師坐在頭頂上就可以了。這是最主要的口訣，也是觀想中最精要的部分。假如這樣觀想有困難，那就觀想上師在我們心間。不管使用什麼法門，重要的是不斷練習。

淨土頗瓦

淨土頗瓦和睡夢瑜伽的修持有關。其中涉及在臨終時，將我們的心識直接轉移到某個佛土，像是阿彌陀佛或不動佛的淨土，或是任何勇父、空行或菩薩的淨土。能影響這類轉移的能力，是透過睡夢瑜伽的修持培養出來的。在睡夢瑜伽的修行中，我們不僅學會認出夢境，也培養出轉化夢境的技巧。當我們已經發展出能掌控自心的程度時，就能在夢中隨心所欲地到任何佛土遊歷。根據這些法教所言，假如能在夢中行使這類能力，我們就能夠在臨終中陰時行使相同的能力，能夠運用對睡夢瑜伽的了解和體

悟，自然任運地將自己轉移至任何與我們心意相連的淨土。舉例來說，你並不需要是位證悟者，才能投生在阿彌陀佛的淨土，具有強烈願力與廣積善業的凡夫，也能夠投生在那兒。假如我們能到達如此善境，就會獲得最理想的因緣來持續心靈的鍛鍊，我們的修行會因為諸佛菩薩的加持而得到佐助。

　　以上就是五種頗瓦法，這些全都是非常有威力的修法。然而，在修學頗瓦時，我們修的通常是第三種，也就是化身頗瓦。當然，假如我們對其他頗瓦法更覺相應，我們就可以修那一種。每個人都要依照各自的性格特質而決定自己的修持。化身頗瓦之所以最常被用來做訓練，是因為它包含了幾乎每個人都可以做的觀想；相較之下，要禪修夢境經驗的話，在個人根器上就會有更多的差異。因此，我們所選擇的法門，應該基於個人與那個法門相應與否。

猝死

　　以上所概述的收攝消融程序和禪修法，是針對自然死亡而言，我們會有一些時間來面對和禪修自己的經驗；我們的肉身慢慢地被捨棄，所有的收攝消融過程無可避免地發生──無論我們認出與否。猝死經驗則是截然不同的。據說有時在這種情況下，根本就不會經歷收攝消融的過程，我們就這麼「陷入黑暗昏迷」而直接進入無意識的狀態。針對這種情境，此處的教訣是，只要憶起自己的上師或本尊，立即閃現其形象於頂上的虛空中即可。

　　為這類意外做好心理準備的最有效方式，就是在心中重複不

斷地記起這一生中已被直指出的大手印或大圓滿的明覺一瞥。當然，我們無法二十四小時都修這個，然而我們若能在一天之中，至少照見此明覺一、兩次，總比什麼都不做要強、總比一星期做一次要好。

你可以設定電子手錶在特定時間發出嗶嗶聲來提醒自己，甚至可以設定每個小時就響一次。聽到嗶聲時，你就對自己說：「現在我要觀照自心」，然後就這樣看著。你可以使用任何方便的東西來作為提醒物。例如，假如你是開車上班的通勤族，就可以這麼想：「有人對我按喇叭時，我就觀照自心。」

一切修行皆是頗瓦

假如我們對「頗瓦」有更廣大的了解，就會發現頗瓦包含了所有以證悟自心本性為目標的修行法門；大手印、大圓滿和金剛乘的修行，也全都能成就這個目標——從輪迴的狀態轉換到涅槃的境界；或從自我中心的痛苦症候，轉換到甚深平和、開放、喜悅與無盡悲心，透過這樣的轉識，我們終而獲得究竟的解脫。

同樣地，一般對「中陰」一詞的了解不僅相當狹隘，且通常只會聯想到與死亡有關的狀態。不過我們現在終於知道有六種中陰，以及各種不同的中陰經驗；此生經驗、禪定狀態與夢境都是中陰，屬於死亡的轉介狀態和死亡後的期間也同樣是中陰。

真正能夠打開我們的眼界、幫助我們有效修持這些教訣的，就是培養出這種廣大的了解。我們可以藉由聞、思、修三階段來做到，這麼一來，我們便得以領會欣賞每個修法的旨趣與威力，並避免深陷在匱乏心態之中——也就是總是欲求更多，以為這會

比我們目前所享有的一切更好。我們通常很快就會不滿意自己的修持法門，想要「更高段」的修法。我們認為中陰和頗瓦的法教，遠超過止觀、前行或本尊法。但是當我們對自己的修持懂得更多一些，我們的態度就會跟著轉變，那時我們就會明白：「上師傳授給我的這個安住禪修，其實就是一種中陰的修法」，或是「這個分析式禪修也是頗瓦」。

我們感覺匱乏，是因為我們的心變得散亂和神經質，而這趟心靈之旅的整個重點，就在於培養出一種健全的心態，並擁有一顆清楚、專一的心，這完全迥異於因狹隘知見而分裂、而岔向歧路的散亂心。這也就是為何更深入、更細微地了解這條修道的智慧，能夠幫助我們達成修行的究竟目標。

預備最後一念

當臨終中陰現起時，重要的是儘可能地保持平靜，並維持平和、正向的心境。這是非常關鍵的一點，因為我們心中出現的最後一念，會對死後旅程與下輩子的投生造成很強大的影響。這一念會締造出某種氛圍，影響我們這趟旅程的環境。假如最後一念是負面的，我們就會發現自己要面對一個負面的環境；倘若最後一念是正面的，我們就會發現自己被自信、輕鬆的環境所支持；我們若是修頗瓦，那麼最後一念就會是阿彌陀佛或其他代表證悟之心的象徵，例如我們心間的光亮明點。在所有這些方法中，我們主要應專注在自心本性上，這是極為正向且解脫的念頭。

自心若是被煩惱或對此生與財物的強烈執著所擾亂，便可修持對應這些心境的法門，如前所述一般。舉例來說，我們可以修

離死之心

「離貪」（detachment），也可以依照大手印和大圓滿的教訣，觀照此刻現起之煩惱的本性。假如我們能當下立斷煩惱，這是最好的；然而我們若是無法成功修持這些教訣，那麼諸多妄念、煩惱情緒和我執的種種顯相，便會障蔽接下來的法性中陰的經驗。由於我們的心是焦躁的，而非清明與寧靜的，因此我們也會經歷投生中陰的迷惑與困境。

我們必須自己去面對、禪修自己的心；然而面對死亡時，若能擁有正向環境的支持，是極為有利的。西藏傳統的修法是，某人會代表我們（彌留者）向上師和我們的師兄弟姊妹提出請求，請他們前來與我們一塊修法。這些法友聚集共修數天的時間，會對臨終的環境氛圍產生極大的良善影響❽。

未雨綢繆

生前修學練習頗瓦與臨終修頗瓦，這兩種情況是極為不同的。在練習的時候，我們的修持有一種嬉戲不當真的性質，我們只是在想像死時會發生的狀況，我們想著：「現在，心間的明點上升，向上飛往阿彌陀佛，與祂的心相會合……」但是臨終修頗瓦時，可是來真的。心識在移動、離開了肉體、進入另一種經驗的範疇中。這與練習的經驗截然迴異。不過，我們若是已在頗瓦的修行中培養出一種平靜、清明和穩定的心性，那麼，當死亡真正發生時，我們就會有非常好的機會了悟自心本性。之所以如此，是因為真正的經驗更為強烈有力。

---

❽ 參見第七章「締結善緣」的部分，有更多對創造支持性環境的細節描述。

當我們同時具備大手印與大圓滿的見和修，且擁有修頗瓦的能力時，我們的修行就會有雙重的效力，如此，我們就會對真正的自心本性，以及這個將心識轉入自心本性的金剛乘法門有所嚐受與體驗。假設我們沒能透過第一種法門（審校註：大手印與大圓滿）在此生獲得解脫，也還有另一種工具作為最終的後盾。

訓練自己嫻熟頗瓦法，就像是把自己準備好，以便能夠面對緊急事故一般。舉例來說，假設我們為了長途旅行而打包行李時，可能會想到要帶著急救包；但是，如果行李變得越來越重，我們可能會考慮是否真的需要急救包。我們的行李已經塞滿了，事實上是幾乎快提不動了，我們還可能必須繳交行李超重費，這時我們可能會決定不要帶算了。但之後到了鄉間，我們也許摔倒了，被難受的割傷與淤青所困擾，那時我們就會鬱悶地想到自己公寓裡的那個小小的急救包，我們會想起它是那麼地小巧而容易攜帶，早知道當時帶著就好了。

急救包的確不是旅行時天天都會用到的東西，也並不像衣物和牙刷那麼必需。但是，我們最好還是備好這樣一個急救包，以備不時之需。雖然我們可能會覺得自己累積了許多殊勝的修行，已準備好去經歷臨終中陰的旅程了，但我們在這一生中所做的任何頗瓦練習，還是會很有利益的。不管我們是受過廣泛深入的訓練，或僅是修上一座，這些準備將會在臨終最需要的時刻，幫助我們超越死時的迷惑。

朝向終極目標

已證得大手印或大圓滿證悟的人，並不需要擔心自己死時是

離死之心

否由頂輪離開肉體；可以這麼說，他們並沒有那種離體的問題。雖然證悟者以化身的軀體來示現，但他們並不會被困在肉體裡，他們已然超越了輪／涅的分別，已經證悟了顯空不二：也就是色空無別、聲空無別與覺空無別等。對他們而言，一開始就沒有所謂的實質的肉身，沒有一個稱為「輪迴」的堅實世界，也沒有一個稱為「涅槃」的堅實世界，因此，他們並不需要找尋所謂的出口。

　　但是，對於那些尚未具足如此證量，而真的經歷到堅實世界的人來說，出口是的確有必要的。當我們從無意識狀態中重新醒過來時，若沒有修頗瓦且不能認出基明光，那時我們的心識便仍舊會待在體內。在某些描述中，這就像是被關在屋子裡想要逃脫的感覺一樣。心識看到身上的孔竅，就像看到屋子的門窗一樣，認為是可能的出口，於是便從其中之一溜出去。

　　此處必須提及的是，對於心識確實離開肉體的時刻，各有不同的說法。有些人說，從昏迷的黑暗經驗醒來後，心識就立刻離開身體，如果沒能認出法身明光，法性中陰的光明境象就接著現起；有人則說，這些境象現起時，心識仍是停留在體內的。從另一個觀點來看，我們可以說，當我們醒來看到這些清晰鮮明的顯相時，就好比站在兩國的邊境上。舉例來說，假如你站在美國和加拿大的邊境上，那你是在哪裡？這邊境到底屬於哪一國？

　　然而，關於心識離開肉體的狀態，還是有一些實際的描述，但我們此刻對這個過程是甚少有控制力的，它發生得實在太快了；相對之下，我們可以透過頗瓦法指引心識從頂輪這個解脫之門或投生淨土之門而離去。

　　不過，其中有時還是會有些問題。舉例來說，假如你發願要

投生在這個世界，以便幫助眾生，或是你對上師有著強大的虔誠心，想要留在他或她的身邊，那麼這又怎麼符合頗瓦的修行？假如從頂輪離開，就一定要到阿彌陀佛淨土嗎？難道不可能有好幾劫的時間都回到這個世界嗎？

　　根據法教所教導的，你應該總是瞄準最高目標，這樣一來，即便無法達到那麼高的境界，你的成就也會夠高。舉例來說，射箭時要以全力拉弓，這樣縱使射不到靶心，也會射得相當遠。同樣地，即便你的目標是投生淨土，並不表示你就一定會達成，這要看你的修行而定。你應該盡力引導心識從頂輪離開身體，但這或許意味著你會在輪迴中有較好的投生，又或許意味著你會投生在淨土或佛土。儘管沒有十足的把握是否確實會到淨土去，但你必然會獲得較高或較吉祥的投生。

　　對一般沒有穩固證量的凡夫眾生來說，發願要到淨土，像是阿彌陀佛或金剛薩埵淨土等，總是非常好的；這並不純粹只是讓自己免於輪迴，同時也是要利益他人，我們發的願是要在淨土獲得證悟，然後再回到這個世界。當我們乘願再來時，便不再是軟弱無力的了，我們會具足更強大的能力來幫助眾生，也更能自在掌握如何去成就利他。假如我們帶著迷惑回到世間，就只會對別人造成更多痛苦與迷惑；相形之下，如果我們回來時更加清明且更有智慧，那麼我們就能將之貢獻給這個世界，一如釋迦牟尼佛之所行——即便到現在，我們仍然受到釋尊證悟的庇蔭。

　　何謂證悟者？證悟者就是全然了悟心和現象之真正本性的人，佛教徒稱這樣的人是「佛」，梵文是Buddha，意指「覺者」。但是，若佛教徒稱其他宗教傳統的大師為「佛」，他們的信徒可能會覺得被冒犯了，他們可能會說他們的老師不是佛，而是謂之

爲其他名稱。不過，這樣的標籤一點都不重要。我們並不需要把自己的觀點或術語加諸在其他哲學或宗教體系上，只要是具備眞正了悟的人，就是一位「證悟者」，便會擁有能力以無盡悲心和智慧爲眾生謀求大福祉，示現淨土的體驗，以幫助他人達到證悟之境。

　　淨土並不必然是一個眞正的世界或星球，淨土是一種心的狀態，讓我們能達到證悟境界。淨土也可能在地球上，或是在別的宇宙裡，這都無關緊要。我們就是要發願去到那兒，這樣對我們永遠都是最好的，對其他一切有情眾生來說亦是如此。

第六章

無我之旅

光明的法性中陰

無論我們以何種方式面對死亡時刻，心的旅程仍舊會繼續下去。我們拋下肉身與此生的一切顯相，朝下一個停留之處與下一組經驗而行。到目前為止我們所歷經的一切，包括五大與心識的收攝消融在內，都屬於生處中陰。現在，我們進入了光明的法性中陰，這是抵達所謂「下一生」之目的地的起始階段；此時，我們擁有一個獲得證悟的完美機會，因此我們應該滿心期待這些經驗。與其覺得：「喔，真糟糕，我真不想待在這裡。」我們應該充滿熱忱和好奇，堅定地保持冷靜並鼓起勇氣，就像是探索新大陸一般。在生起一種參與感的同時，我們的心中也充滿了強烈的希望和恐懼。

> 噯瑪
> 時值法性中陰現前時，
> 捨棄一切驚恐怖畏懼；
> 契入了悟所現皆本覺，
> 以此了知中陰諸顯相。

> 噯瑪！
> 此時，正是法性中陰顯現之際，
> 捨棄所有驚恐、怖畏和憂懼吧！
> 要契入了悟　一切所現皆是本覺，
> 以此來認證中陰的種種顯相！

光明的法性中陰從空大融入明光或法性開始，在未認出此中陰各種顯相而陷入昏迷或失去意識之後，便宣告結束。根據大圓

滿或寧瑪派法教所言，此中陰的現起分為兩個階段：第一階段，我們經歷到「根明光」（ground luminosity）或「無相明光」（luminosity of no appearance）；第二階段，我們經歷到「任運自生明光」（spontaneously arising luminosity）或「有相明光」（luminosity of appearance）；我們經歷到各種形相、聲音和光芒的展現，就是在這第二階段。我們將以三個不同階段逐次加以解說這些顯相。

探索新經驗

我們通常將旅行視為極為重要的事件，特別是到有著異國風情的國外去旅遊時。如果我們住在西方，就會夢想要到東方等處。然而，在踏上外國的土地時，決定我們旅遊經驗品質的，其實是我們自己對其景物風情的心態；我們也許會因恐懼而卻步，也許會選擇去信任。不論何者，我們在此世間，對世間的投射，便塑造了自己的所有經驗。

舉例來說，假如你身處印度，卻因太過恐懼而不敢離開飯店一步，那你就見不到印度的風貌，你在回家之前只會看到新德里的假日旅館。許多人到不熟悉的地方時都會這麼做。譬如你是中國人，如果你只去找印度的中國餐館，那你就無法品嚐到道地的印度美食，要不然你就是會對印度菜大失所望！假設你是日本人，你為何要在印度找日本餐館呢？你若是美國人，試圖在印度找麥當勞的話，就體會不到印度。

與其一直想要待在習慣的餐廳裡，你應該要跳脫出來，跳進麻辣的咖哩醬裡！你應該嚐一嚐印度食物的苦、甜口味，這樣你

就可以說，你嚐過了、你喜歡或不喜歡。喜不喜歡並不是問題，你可以有自己的觀點，然後做選擇，但最起碼你應該用開放、求知的心去品嚐一次。以同樣的心態，你應該要樂意走上街道、走入稍有污染的空氣中去探險，混入人群中，看看商店、博物館和歷史遺跡。稍後，當你回到家中，就會覺得自己已看過、品嚐過某些東西，你可以說，你已遊歷過新德里的大街，見過了國家博物館，在那裡看到釋迦牟尼佛的神聖舍利。

假如你能以同樣開放和樂意探索的心態來契入法性中陰的話，這種心態不僅有助於緩和潛藏的困境，也會幫助你認出自心本性。如果你是真心想要探求這些陌生的經驗，也願意去嘗試，那麼不管它們可能是辣是淡、是甜是酸，你都能自在放鬆。你可以告訴自己：「我願意面對這個情況，我願意儘可能真實地去體驗。」

假如我們是待在印度的美國人，就不要一直心繫美國；假裝並不能改變任何事，事實上我們就是在印度，也仍舊需要面對相同的情況。同樣地，如果我們已經在法性中陰裡，卻試圖像在生處中陰一樣，這樣是沒有用的，不管我們再怎麼努力，都不會在生處中陰裡。我們已經到了法性中陰，就應該融入當下的情境中。

想要了解、面對中陰法教，關鍵就在於「處在當下、處在此時的狀態裡」。就修行而言，真正置身在我們的中陰經驗裡，是非常具有建設性、非常富有成效的方式。另一方面，身處此地卻想去別的地方，是非常顛倒的；就修行來說，根本是在走回頭路。這就好像我們已經走了一段旅程，到達某地後，竟然轉身往回走一樣。就中陰旅程而言，這是行不通的；此時，心的收攝消

融已然發生了，不可能再往回走了。既然不可能這麼做，我們最好還是放下一切抗拒，完全置身於其中。

法身明光：無相明光

根明光：法性智慧

在臨終中陰結束時，當所有肉身的五大以及心識都收攝消融時，我們便完全離開生處中陰而進入了法性中陰。這個經驗的現起對我們來說，是在識大融入空大，且空大在心間融入明光、佛智（buddha jnana）之後，而這個過程的結束點，則是發生在「黑光顯相」（appearance of the black light）現起之時，這即是根明光的曙光初露。然而，如前所述，對那些沒有穩固禪定力、且尚未對心之明空本性有所體驗的人來說，這就像是按到電視機「關機」鍵的時刻──電光乍閃，接著螢幕就暗掉了。

根明光的現起，標舉出法性中陰的第一階段。這是我們對真正心之明光、對心之圓滿智慧的最初體驗。從我們的修行與心靈之旅的觀點來看，這是一個殊勝特別的時刻；這是當「阿賴耶識」（一切種識，亦稱為「藏識」）的每個部分都融入智慧的根本狀態時，我們返回心性的本初虛空──心的出發點。既然世俗相對與概念化之心的所有面向都止息了，心的究竟本性於焉彰顯。因為究竟本性是佛性、如來藏，所以我們在此刻的經驗便是證悟之心的鮮明體驗。即便我們生前沒有「獲證」自心本性，這時自心本性如此強而有力地顯現，讓我們有了更大的機會得以認證之。

大圓滿法教將之稱為「法身本初清淨智慧的現起」。此時若

能保持覺性，我們就能將自心安住在根明光之中，以及法性的境界中。據說這就像是清晰通透、無雲的天空般，其中沒有陽光、月光或星光❶。這是沒有任何參照點且裸然直接的明覺體驗，是毫無一絲染污的清淨空性體驗。

那些已經培養出禪定力且對心性有了某些了悟的人，非但不會在此時失去意識而昏迷，還能認出根明光即是實相的根本本質，也是自心的本質，他們將能夠安住在根明光之中。然而，無論是修行者或非修行者，這個明光的經驗對一切眾生都將無誤地顯現。

被障蔽的法性

我們通常對自己的佛性並沒有很清楚的體驗，佛性被阿賴耶識障蔽著。阿賴耶識是一剎那接著一剎那、相續不斷的基礎心或根本心，並有著貯存所有業種的作用，就像個儲藏室一樣。我們的所作所為，不管是善或惡，都會在阿賴耶識中留下印記，就像是貯存在電腦硬碟上的資料一般。每個印記猶如一顆種子，就像是一種潛在的可能性，能讓這些印記成熟為另一組品質相似的行為。假如我們規律地重複某些行為，就會讓這些印記更為強烈，於是，這個業種的儲藏室便成了我們習氣模式的根源，使我們一再以某種特定的方式而行動或做出反應。這些能對我們內心造成衝擊的「業力行為」，由「起心動念」開始，也就是念頭的活動，以及我們的意願和動機。這些心念能導致實質的行為，其中

---

❶ 法身常被形容為如無雲晴空一般。但是在此，法身被描述為無色、無任何光源，只有明覺自身的本然光明。

包含了語言或身體的行爲。

　　就是心的這個面向，障蔽了我們對眞正實相的感知，這麼一來，我們便認不出自己的「本來面目」，那最初和眞正本性的智慧——佛性；我們反而認定，從這個能儲存的藏識中，一刹那接著一刹那生起且相續遷流的念頭和情緒，就是所謂的「自己」。修道的眞正目的，便是在改正這個錯誤認知，並揭顯我們俱生的智慧。臨終時，隨著識大融入空大、空大融入明光，這個識流再也沒有任何留存，再也無法障蔽心之空性的明性光華。

三摩地日

　　身爲一個修行者，我們的心之所向就是要能安住在根明光中，如此而能透過最迅捷、最少困難的途徑，抵達我們嚮往的目的地——證悟。因此，我們要倚靠止、觀的修行，開展出心的力量以及修行的功力，以便達成這個目的。但是當「大限」到來時，我們到底能夠安住多久呢？

　　經典中一般都說，我們能安住在根明光中的時間，約莫有五個「三摩地日」；而一個三摩地日，相當於「能穩定維持不散亂禪定一段時間」的長度，這意味著，你目前若是能不散亂地安住在心性中達一小時之久，你就有能力持續安住在根明光中長達五個小時；假設現在另一個人能保持不散亂的狀態約五分鐘，這個人就能安住在明光中約二十五分鐘左右；假如某人現在只能安住五秒鐘，這個人在根明光的時刻就只能安住二十五秒。因此，三摩地日的長度因人而異。

　　另一方面，你若是一個發展成熟的修行者，一位能輕鬆不費力地安住於三摩地的瑜伽士或瑜伽女，你就能在法性中陰時達到

證悟。當你見到明光時，你會認出明光，而會想：「啊哈，這就是了！這就是我在修行中所見過的，也是我一直想要能夠體驗全貌的東西。」這個瞬間頓然的認出，很類似長時間想著某事，一直在思惟這件事的真義，某天突然茅塞頓開一般；直到我們所見到或聽到的某事物，突然啓發我們的了解時，我們才完全「懂了」，這時我們就有了「啊哈！」的經驗。

　　由此，我們便可看出止觀修行以及止靜、清明與正念覺察的開展，對於行者在法性中陰獲得解脫來說，有多麼重要。假如我們沒有任何三摩地的經驗，就根本無法在法性中陰時安住自心，也無法認出根明光；我們必然會陷入昏迷，落入失去意識的狀態中。

母子明光相會

　　這個「啊哈」的經驗，即是我們所稱的母子明光相會。母明光即是根明光，是一切現象的根本實相；子明光則是我們個人對此本性的體驗。在實相上，這兩者並沒有分開或分別，只是因爲我們將它們感知爲分開的兩者罷了。當兩者相會、融合爲一時，我們便有了明光的無二元體驗；就是在這一刻，我們得以在法性中陰裡獲得解脫。假如我們能認出並安住在這個體驗中，那麼解脫是必然的，無庸置疑。已成就的瑜伽士安住在此三摩地中，並了悟自心本性時，他們能夠安住的時間是無限的；一旦我們了悟心性，那就是我們自己的證悟，而這是無法以時間來度量的。唯一能夠度量所謂「安住於無二元之時間長度」的情況，只有在安住時間很短暫且不穩定時；在這種情況下，當我們出定後，便可

回顧這段時間，說道：剛剛經過了五分鐘、十分鐘、一小時或兩小時。由上述可知，現在就修學禪定，盡力在生處中陰時認出明光，這點非常非常重要。縱使做不到，這些訓練還是會讓我們得以在法性中陰認出明光。

母、子明光相會時，並不是像兩個完全不同或不相干的人會面一樣，而是有一種強烈且當下即刻指認的關係。當一個小孩見到自己的母親時，他會知道：「這是我的媽媽。」他對這點毫無疑問；小孩並不需要苦苦思考並問道：「這是不是我媽媽啊？」一般來說，我們都是跟著母親長大的，因此無論身在何處，每當我們見到母親時，自然會認得她；即使在一段距離之外，我們也自然會認得母親的聲音，甚至可以分辨出她的腳步聲。

母明光是智慧，也就是佛智的「空性」面向；就根、道、果而言，它是萬法本性「根」的部分，是「一切種智」，意即萬法根基之智慧，也是我們淨觀之聖界的根源與核心。子明光則是「道」，或「方便」（upaya），是這個根本智慧的體驗層面。「方便」指的是我們所使用的法門，透過這些法門——從止禪到觀禪，乃至金剛乘的本尊法，便帶來了對此智慧的體驗。我們要精進努力地運用這一切法門，試著去體驗根明光的實相。

經典上說，子明光是稍微偏向不清淨的，因為它仍舊屬於概念性體驗。例如，我們在道上開始體會到「無我」時，起初這依然是概念性的體驗；我們依靠聞、思和分析式禪修，幫助自己從智識理解上加以領略掌握；然後，當我們開始練習安住在自心本性上時，我們會對自己能否成就無念境界或非概念覺性，抱著各種希望和恐懼。不過，我們在道上成功生起的任何了悟，每一次瞥見都是子明光，這雖是尚未成熟的明覺，然卻能認出其母親，

亦即其根源——子明光與母明光是心意相連的。隨著我們的了悟益發成熟，概念性的狀態就會越來越減少。

當母、子明光相融時，根和道也合而爲一，我們有了對萬法本性之「根」的認證和了悟；那時，智慧（prajna）與方便（upaya）就合而爲一。此兩者的融合帶來了無二元的體驗，經典上說，這就像是從不同山脈川流而下的河水全都匯入大海一般，這些河水也許來自不同山脈，但是當它們最終會合時，都融入了同一個根本元素中；同樣的，這兩種明光也會相互融合在一起。

這個明光體驗的名相術語，依據不同的傳承而有所差別，但所有的名相都指向相同的實相。在經乘（顯教）中，這個體驗被稱爲「般若波羅密多」，亦即智慧勝行，也被稱爲「勝母」（great mother）；中觀派稱之爲「勝義諦」或「究竟眞理」；大手印傳統稱之爲「離念智」或「無分別智」（nonconceptual wisdom），藏文則是「平常心」（thamal gyi shepa）。本書的闡釋主要是根據大圓滿法教的觀點，根明光被稱做「本初清淨法身明光」（luminosity of the alpha pure dharmakaya），它是本覺，亦即裸然無遮覺性的境界，從無始以來就一直是清淨的狀態。金剛乘法教也透過各種不同的術語和象徵來指出這個體驗，包括「大樂智慧」、「金剛心」、「金剛性」和「嗡 啊 吽」等。不管我們稱它什麼，這就是我們在法性中陰時所體會到的，是個美麗喜樂的經驗。

尋找本家

雖然我們以許多假立的名相來指出這個實相，但智慧的根本體驗一直都是單純或純粹的，且恆時與我們同在，我們可在當下

經驗的每一個刹那中看到；但之所以不能認出它來，是因爲我們總是在尋找某種「不平凡」的東西，而這就是我們的困頓之處。我們可能會認爲自己了解——我們也許一再告訴自己：「瞋的本質是全然清淨的」，但是當我們生氣時，卻意圖在這個憤怒之外找尋某種清淨的東西；我們認爲這個憤怒太平常且太過染污了，於是我們又再次錯失重點。我們其實只需知道眞正應上哪兒去尋找，就會見到我們所尋覓的經驗。

　　所有最甚深的教訣都告訴我們，唯有直觀面前的一切，我們才會看到「平常心」；這可能是一個不受歡迎的情緒或念頭，可是在那一刻裡，這正是我們的世界。平常心是你在所居之處，或許是在你老家的街上發現的，而不是跑到喜馬拉雅山中才會找到的東西。假如你離家到某個外地或異國，意圖在那兒尋找平常心，那麼你在那兒是找不到的。偉大的瑜伽士密勒日巴待在他的出生地西藏，在他浪遊的山中找到了平常心。史上並沒有記載他遊歷到西方以尋求證悟，不信的話，你可以去查證歷史文獻。

　　就如同我們發現滿是污泥的水塘中，長出了可愛、清新的蓮花一般，在不淨且染污之輪迴心的本質裡，我們發現了本初清淨、大樂的智慧心。我們若能在目前就對自心究竟本性有所體悟，那麼在法性中陰時，我們便能毫無困難地認出母明光，並獲得特定程度的了悟。另一方面，假如我們習慣在自己的「本家」之外，在我們自身、自心之外去尋找平常心，那麼我們死亡時也會重蹈覆轍，落入同樣的習性中。我們會無法認出自己的「媽媽」——這個顯現在我們面前的母明光，因爲我們之前從沒見過她。但是，假如我們是跟在母親身邊長大的，常常看到她的臉、聽到她的聲音，那就不可能認不出她，我們一定會在團圓的時刻感受

到極大的喜悅。

吉祥的因和緣

　　當我們和傳承及傳承之加持發生關聯，並隨之認出平常心時，周遭的環境便跟著改變，變得神聖了；我們對平常心的認證也會更為深入、且變得更具威力。我們如何能創造這樣的神聖之境、或成為其中的一部分呢？外在環境的佈置、在牆上懸掛宗教圖像、把織錦絲緞鋪在上師的桌椅上，再由穿著奇特服裝的某人坐上法座等等，都不是創造這個聖境的因緣條件。只有當真正的虔敬心在我們心中生起時，那些引生聖觀或聖境體驗的因和緣才會出現；而當我們能在上師與傳承跟前展現虔敬心時，加持自會顯露。加持即是慈心與清淨悲心的自顯光華，能在我們敞開自心之際，觸動並轉化我們的心；而且我們在上師與傳承跟前，會更強烈地體會到（實際發生或感覺到）加持力，這是因為他們也是敞開的。我們會被他們體現的俱生智慧力所觸動或啓發，因而得以超越概念之心的防護網。因此，我們應該要了解，加持並非是由於我們有所成就、或廣施善行所收到的禮物，而且加持也不是來自外界。

生起三摩地之心

　　我們應該透過自己所能創造的一切吉祥因緣，以及所累積的一切善巧方便，試著去認出法性中陰第一階段所現起的空性明光。其延續期間只能用三摩地日來度量，別的方法都不算數，因

離死之心

蓮花生大士

蓮師唐卡繪圖：取自R. D. Salga所繪〈蓮師八變〉圖的中心人物。
◎那瀾陀菩提和竹慶本樂仁波切，西元1999年。

普賢王如來與普賢王佛母
本初佛的寂靜尊示現

普賢王如來與普賢王佛母的唐卡繪圖：本初佛的寂靜尊。
©雪莉和達諾・魯賓夫婦。http://www.himalayanart.org

摩睺達惹・嘿魯嘎（大勝嘿魯嘎）與忿怒母
本初佛的憤怒尊示現

大勝嘿嚕嘎與忿怒母的唐卡繪圖：本初佛的忿怒尊。©八蚌寺、察札基金會。

文武百尊唐卡　寂靜尊與忿怒尊

寂忿圖像：文武百尊。©八蚌寺、察札基金會。

此，我們必須謹慎地熟習三摩地之心，亦即禪定心。當我們具備此智慧，也具有大決心、虔敬心、慈心和清淨悲心做為因緣條件時，自然而然便能認證法性中陰第一階段的空性明光。我們說那是「水到渠成」，而不會說是「保證達成」，因為沒有人能向你保證什麼；你必須自己對自己保證。因此，為了在法性中陰時認出根明光，我們必須在生處中陰時就精進實修禪定。

先前我們已探討過，止禪和觀禪的練習是產生空性洞見的善巧方便。在獲得更高了悟，像是全然證悟之前，我們必須先找到一條進入勝義諦的道路。我們必須進入空性之境，以了悟人無我和法無我。教導趨入空性的途徑或法門有兩種：論理之道和直觀之道。

論理之道是智識性和概念性的，奠基於有效認知（valid cognition量）或推理學（因明），以及邏輯分析方法（因類學）的運用上。我們對現象的本質安立某個推論或宗義，接著再以精確的推理步驟來測試這個推論的結果，以這樣的步驟來探究現象的本質，這便稱為「分析式禪修」，也是個極為有力的工具，能幫助我們檢視內心，並得知心到底如何運作。直觀之道則較屬直覺性而非智識性，其力量來自於直接安住於自心本性的體悟。

論理之道

我們剛聽到這兩種法門時，可能會認為直接安住似乎更好、也更容易。然而，要務實點，我們必須詳加檢視自己，看看自己是否真有能力維持在不散亂的境界中，不逸離當下的本覺。在被念頭拉走之前，我們能安住當下多久呢？假如直接安住對我們來說確實有困難，那麼分析式禪修就是必要和有益的；如果我們只

是稍覺困難或是毫無困難，那麼以分析式的法門來禪修，也許就沒那麼必要，或者可聊備一格，偶爾用之。

無論是哪種情況，分析式禪修對學習法教而言還是很必需的一環，它能使智力或理解力變得敏銳、培養心理準確度、並加深我們的直覺性理解。我們的智力越明晰敏銳，就越能從研究學習中獲益。因此，為了要完全洞徹法教的精髓，我們需要運用此論理之道。

舉例說明這個論理過程，例如「空性禪修」，其中，我們要對五蘊進行分析推究，以檢視「自我存在與否」。假使我們已聽過「無我」的觀點，卻還沒親身直接體驗過這個境界，那麼這個禪修方法就非常適宜。簡要而言，對體驗到「有我」的人而言，我們要思惟「無我」到底是什麼意思。我們看著有可能組成這個自我的所有元素，確認是否真能找到「自我」的所在之處，又是否真能確定「自我」的存在。我們還可以深入思惟佛陀教導的一些短偈，與這個修持作結合，比如《心經》的一些偈言：「色即是空，空即是色，色不異空，空不異色。」這是一個邏輯推理的例子，稱為「四重推理」。接著，我們便以安住自心來作結。另一個要分析推究的是檢視「法無我」；此處，我們集中分析外在現象，看看現象是否實存。

這個法門包含許多需要研讀的主題和運用分析的善巧方便，是一條極有效力的理解之道，能引領我們了悟自心和現象的本性，也就是空性。我們必須達到這個層次，因為這即是法性中陰的根明光。

直觀之道

第二種了悟心之空性本質的法門，即是直觀之道。在此，我們要將當下即時的體驗帶入禪修之道上。此刻，我們不用觀察或分析外在現象，不用擔心形色、聲音等是否為實存的外在客體，也不去想桌子、房子、人類或整個宇宙到底是真的實存，或者是空性的、是無我的、是遠離我執的。我們並不從此處著手，而是從直觀自心開始——觀照鮮明清晰的感知、念頭和情緒的經驗。

當我們看到一個色相或形色，這個感知便是心的體驗；當我們聽到一個聲音、聞到一個香味、嚐到一個味道、感受到一個觸覺、或察覺一個概念時，這些全都是各種不同的心理活動。無論我們是因快樂而雀躍、或是因憂傷而抑鬱，我們都是在體驗自心；無論我們是為了悲憫受苦之人而激動，或是因為憎恨敵人而心緒不寧，我們都只是在經歷自心的展現而已。

假如能夠直接安住在心的實相中，安住在心的本性中，那麼你就會立即洞徹這一切經驗，而這就是以心之體驗為道用的法門，即使這個法門也涉及了微少程度的分析探究。我們現在就花一些時間來詳加觀察心的體驗——這個「心」是什麼？我們要觀察自己的體驗，以看清心的本性到底是什麼。心又以何種形式現起呢？心的形狀、顏色是什麼？可以多具體？當我們深入觀照、試著指認自心時，便會契入一種開放、寬廣、輕鬆的體驗。假如過程中生起了某個念頭，我們就問自己這類問題：「這個念頭位於何處？是在我的體內、體外或是中間的某處？念頭是如何存在的？」這並不是真正的分析，而是以微少的分析來安住在念頭的本性中。

大多數的時間，我們的經驗都是分割或有所分隔的，有一個「感知者」和「被感知物」。感知者是自心「體驗並執取客體」的面向，而被感知物則是自心「被客體化為外在實存現象」的面向。這個分隔的過程一直持續著，但我們從未花時間對經歷這個過程的自心詳加觀照。由於我們從未仔細觀察過，所以當我們說到「心」時，聽起來彷彿就像在談論某個具有實質的東西、有著實體存在的某物，如同大腦或心臟一般。但是，如果實際去觀察現象色法（form）（審校註：此處的form，色法，泛指一切我們覺得有實存的現象，也就是以眼耳鼻舌身五根識所感知的五塵對境）、感受或情緒等等體驗，我們就會知道，它們並沒有真正的實質，一點也不堅實，亦不真實存在。我們凡俗的概念之心所認定的堅實之物，就這樣自然分崩離析了，而這便是我們開始見到心的真正面貌的時刻。

這樣一來，我們的經驗就會契入禪修之道，並和空性、無我或遠離我執的體驗密不可分，於是，平常心的體悟便會油然而生。

找不到心

當我們以這種方式來觀照自心時，便會開始見到心的真正本質，見到心的形狀、顏色和樣貌的究竟狀況。我們起初所抱持的想法可能是「心是實體與真實的」，但是當我們真的洞徹自己的體驗時，就會發現自己錯了——無論何處、無論如何，根本就沒有所謂「實質的存在」。發現這點之後，我們便置身於心和現象的空性境界，亦即實相或真如之中了。當我們進入這個寬廣敞開的虛空之境時，就體驗到被稱為「法性之心」（dharmata mind）

的自心本性。

　　我們之所以找不到任何實質的存在，並非因為我們的探索不徹底或不善巧；我們找不到任何具體或可感知的事物，是因為我們所觀照的「心」的本質其實就是空性的。再強調一遍，所謂「空性」，並不表示完全的不存在。究竟上，心是以「超越二元心識之執取」的方式而存在著，二元心識只是見到其相對性的投射罷了，也就是自／他、感知者／被感知物等二元分別。雖然我們見不到心、聽不到心等等，但卻可以直接體驗到心，這就是修行的目的所在。因此，當我們看著心卻找不到心時，這個「找不到」本身，便是對心之真實本性的發現。這個找不到並非因為我們的找尋出錯了，也不是心的另一個造作或投射而已，這是對勝義諦、心性實相的發現。當我們到達這一點時，就像是在黑暗中亮起一盞燈，或是一個靈光乍現的時刻一般。

　　實際的修行練習並不困難，因為我們時時刻刻要安住其中的，就是那概念之心，是時時與我們同在的念頭和情緒；我們並不是要安住在眼前看不到的某個淨土中。假如真要安住在淨土中，我們怎會知道應該把心安住在哪兒呢？不過我們觀照的對象既然就近在咫尺，那就沒有什麼問題。另一方面，被稱為「直觀之道」的禪修法門儘管很簡單，卻可能是我們所能修學的法門中，最重要且最具威力的方法。這個直觀之道讓我們做好準備，得以了悟在法性中陰第一階段現起的母明光。假如那時我們能認出本初清淨法身的明光，我們就能獲得解脫，而這趟經歷死亡中陰的旅程也就結束了。

報身明光：有相明光

假如我們此時沒有獲得解脫，就必須繼續這趟旅程。由於認不出根明光，「電視機的閃光」就一閃而逝了。當它再度閃現時，我們便置身於截然不同的狀態中——另一個不同的世界。一堆炫目的景象和陣陣刺耳的聲響環伺著我們，由於眼前沒有任何事物以我們熟悉、或想當然爾的方式顯現，所以我們可能會有一種驚慌、甚至驚怖的感覺。

任運自生明光

當我們進入法性中陰的第二階段時，法身明光的明性或明分便會愈加清晰鮮明。此時，這個從自心根本本性中現起的明光，即是有相明光，也被稱為「任運自生明光」（spontaneously arising luminosity），或自顯明光（luminosity of spontaneous presence），這即是自生智展現為森羅萬象之顯相，發生在明光融入雙運之時。在這裡，雙運指的是顯、空的雙運。

此時，空性智慧和顯相智慧融合為一，亦即顯、空雙運，也可被描述為「空性明光和顯相明光融合為一」，或是「心的明分與心之真如或法性融合為一」。關鍵點是，雙運就在這時發生了，而二元的觀感也隨之消融。

先前我們經歷到和顯相有關的明光，也就是譬喻明光；接著又經歷到和空性有關的明光，也就是無相明光。因此，截至目前為止，智慧還是被當作分開的兩者來體驗。當這兩者一併消融之

際而現起諸種顯相時，由於我們已能清楚認證這兩者，便會幫助我們認出雙運的境界。顯空自然雙運可被比擬爲陽光普照的晴空。天空不僅是晴朗而已，還燦然明亮，而這個光的顯現，即是由此雙運所生的諸種顯相即將來臨的徵兆。

在任運自生明光生起時展現而出的諸種顯相，有些難以描述。有時以清楚的形相顯現，有時則是以明點的方式現起，像是鮮明、清楚的圓球或是光點，如同電視的「映像點」一樣。這些顯相也可能只以光或明光的方式現起。我們必須了解，體驗這些顯相的方式有許多種。

縱使它們以某種特定的形相現起，我們對這些形相的體驗也是很個人化的，我們可能認爲大家看到的是同一個樣子，但實則不然。舉例來說，當幾個人同時看著同一件物體時，每個人看待的方式完全是個人化的。爲什麼？我們的每一種經驗，依據自己性格等組合之不同，都是獨特的，這是因爲萬法唯心，而心並沒有絕對的存在，因此，經驗也不會有任何固定的顯現方式。

文武百尊

此時，任運自生明光示現爲文武百尊證悟壇城的顯相。這時顯現的本尊是自心的根本眞相或體性，袘們是證悟之功德在虛空中的倒影或投影，和我們自心眞正本性的本初智慧無二無別。本覺這個基本狀態，心的基礎本性，是一切顯相的本源，因此也是文武百尊的根源。

代表這個本性的象徵是本初佛普賢王如來（Samantabhadra），也是眾所周知的法身佛。在此處的這些法教中，普賢王如來和其佛母，即女性佛普賢王佛母（Samantabhadri），顯現爲雙運相；

他們的雙運所顯示的是「超越一切二元之見」（審校註：此處的二元，指的是廣義的二元，除了微細的二元「能所」之外，還包括自他、善惡、美醜、是非、高低、上下、左右、敵友、男女、喜愛與厭惡、苦樂等等二元化的狀態），以及「覺空不二」。普賢王如來代表了這個智慧的寂靜尊示現，而其忿怒尊則被稱為大勝嘿嚕嘎（Mahottara Heruka）❷，和女性佛忿怒母（Krodheshvari）顯現雙運相。嘿嚕嘎的意思是「飲血尊」，在此處是智慧的忿怒示現，以便吞噬我執、煩惱和迷惑的鮮血。梵文Krodha意指「凶猛」或「忿怒」，而ishvari則表示「女性神祇」，所以在此，忿怒母指的是智慧的女性面的強力正面能量。

在大圓滿法教中，普賢王如來和報身佛金剛薩埵有非常特殊的關聯，金剛薩埵也被認為是本淨的體現和文武百尊體性的總集。傳統上教導說，普賢王如來將大圓滿完整體系的傳承傳予金剛薩埵，金剛薩埵又傳給了印度大成就者勝喜金剛（嘎惹多傑，Garab Dorje），此傳承再傳予蓮師，由此肇始了這些典籍的產生。由於如此，金剛薩埵被認為是文武百尊曼達壇城的主尊。文武百尊分為四十二寂靜尊和五十八忿怒尊❸，祂們以五方佛族系曼達壇城的形式化現，每個曼達壇城的中央都是雙運的男性佛與女性佛，每一族系都有特定的眷眾，有其相對應的特定顏色、五大、方位和證悟功德❹。位於最中間的曼達壇城主尊是毗盧遮那佛（Vairocana，或稱大日如來），其寂靜尊和佛母——女性佛虛空

---

❷ Mahottara（大勝嘿嚕嘎）的藏文拼字：che mchok he ru ka（意義相同）。

❸ 傳統上雖然算做一百位本尊，亦即四十二位寂靜尊和五十八位忿怒尊；但大圓滿密續中算六十位忿怒尊，因此總數是一百零二位。

❹ 參見附錄四，文武百尊的詳細圖表。

法界自在母（Dhatvishvari），現雙運相，代表了二諦的雙運、方便與智慧的雙運，以及樂空雙運。而其忿怒尊則化現為嘿嚕嘎，並與其佛母忿怒母（Krodheshvari）雙運。

四十二位寂靜尊中，包括了本初佛普賢王如來和普賢王佛母，五方佛族系的五方佛和五方佛母，八大男、女菩薩，六道的六佛，以及四位男、女門神。

五十八位忿怒尊中，包括了五位男性嘿嚕嘎和其佛母，以及四十八位女性神祇，泛稱為瑜伽女或瑜伽母（yogini）和女神（goddess），其中包含：八位瑜伽母（gauris）（審校註：張宏實先生所著的《圖解西藏生死書》中譯為「高麗女神」）、八位魔女、四位女守門聖尊和二十八位女神。若再加上本初佛的忿怒尊大勝嘿嚕嘎和忿怒母的話，就有六十位忿怒尊。

象徵與體性

從世俗相對、概念性禪修的觀點來看，我們可以依據唐卡上的本尊模樣，觀想出同樣的本尊形象。但是，這不必然代表我們會看到跟這些圖像一模一樣的本尊。這些形象都是象徵性的，並非是實際的呈現。從「體性」的觀點來看，這些圖像的特定形象也並不盡然代表什麼。儘管我們需要觀想一個能讓我們以概念來領略的對境，然而此實際的體驗卻是超越形體的。舉例來說，構成曼達壇城傳統結構的方形和圓形，以及用來指示方位或功德的許多顏色，只有從固實或基本二元的觀點來看，才有所謂的實質；但此處，我們談到的卻是「顯空不二」。

除此之外，傳統的佛像也存在了某種程度的二元標籤假立。例如，不同亞洲文化有著各種不同的佛像：印度、西藏、緬甸、

泰國、中國、日本等；現在我們可以看到歐洲和美國的佛像。但哪一個才是真正的佛？佛並不以標籤假立或我們認定的方式顯現。但是當我們嫻熟金剛乘的本尊壇城修行，也熟悉金剛慢和聖境的觀點時，本尊的象徵形相便會成為傳達其所體現之佛智意義的有效方式，因此，仔細參照並思惟文武百尊的圖像內容（參見附錄六）是非常有助益的。雖然我們可能沒辦法認出本尊相的每個形體及每個面向，但我們卻可與其智慧產生連結。尤其重要的是，我們要讓自己盡量熟悉金剛薩埵的觀想和修法。金剛薩埵儀軌包含了持誦百字明咒，百字明咒的每個字，實際上就是文武百尊各自的種子字，因此，每當我們持誦百字明咒時，便同時連結上所有本尊了。

在文武百尊顯現的時刻，我們也體驗到一種被感知為聲響的顯相。據說這些聲響極為劇烈、強大，彷彿虛空中同時迴響著上千擊雷響一般。其藏文名相可翻譯為「龍鳴」。當然，由於這些都是象徵性的法教，因此，你「聽到的聲響」可能不盡然是如此。不過，在這個時刻，所有的感知都變得更為強化且劇烈；聲響也是，可能會變得異常尖銳清楚，令人受不了，以致於引起一種焦慮或恐懼的感覺。

在此時所出現的是，「根」之本初智慧以這些文武百尊、聲響和光芒的形式擴展、示現而出。有時經典說忿怒尊會先現起，有時則說寂靜尊會先現起。無論如何，這些顯相既然都是非實質的，因此顯現的順序其實並不重要。總之，此時顯現的究竟本尊，就是我們的自心本性，曜然明亮、燦爛光明且全然是空性的。

離死之心

五方佛族系

　　我們應該謹記，五方佛族系即是究竟的自心本性的示現，這點非常重要；祂們是我們自身智慧的表達展現。雖然智慧本身是同一個，只有一個智慧的根源或基礎，但從這個基礎或「根」之中，卻生起了五方佛族系各自的本源。在體性上，每個族系的智慧都是一樣的，根本沒有分別；但是，從示現的方式來看，就產生了所謂的「五智」，五智和我們證悟潛能的五種不同世俗相對的面向息息相關。

　　我們的心在迷惑的影響之下，會把五方佛族系的本然能量或示現感知為五毒、或五種煩惱：貪、瞋、癡、慢、嫉。而當我們遠離迷惑時，就會了悟到五毒的體性即是智慧，也會真正領略、感知到五方佛族系。從密續的觀點來看，五毒被認為是金剛貪、金剛瞋、金剛癡、金剛慢和金剛嫉，它們的本性是全然清淨、不壞的金剛本性。

　　存在於一切有情眾生心性中的根本覺醒潛能，和五方佛族系的本源息息相關。此外，我們有時也說，每個人的證悟潛能和自己最顯著或最主要的煩惱是密不可分的；不管我們的煩惱是有意或無意中生起的，當我們心中某個煩惱較為強大時，我們便有了更大的機會，能和這個智慧產生甚深的連結。這就像是一扇門，透過這扇門，我們便可進入圓滿證悟的曼達壇城。從哪道門進入都不是重點，從外面看來可能相當不同，然而一旦你進入了，所有的五方佛族系其實都存在同一佛智的領空中。

　　這些法教所論及的五方佛是：毗盧遮那佛、金剛薩埵、寶生佛、阿彌陀佛和不空成就佛；以及五位女性佛，祂們是五方佛各

自的佛母❺。五方佛及佛母的寂靜尊和忿怒尊顯現於我們面前的過程，據說是十二天的時間。但是，由於這些日子的算法是三摩地日，因此這十二天的顯現也可能會簡短得如同十二個片刻一樣。假如寂靜尊壇城先顯現，那麼毗盧遮那佛就是在第一天顯現，金剛薩埵則在第二天……，以此類推。到了第六天，所有的五方佛會隨著普賢王如來而同時顯現。到了第七天，我們感知到五持明（vidyadharas, awareness-holders）和其佛母❻。從第八天到第十二天，我們則感知到五方佛的忿怒尊顯現。

寂靜尊和忿怒尊的顯現各有不同目的。舉例來說，在這一生中，我們也許會被愉悅的環境、甜言蜜語和美妙的影像所攝受、喚醒；但另一方面，這類祥和的呈現，也可能只會讓我們陷入癡眠或漠不關心的狀態而已，這麼一來，我們可能會發現，要藉由非常不悅或糟糕到令我們震驚的情境，像是直接面對「無常」時，我們才能被喚醒而進入覺醒、無念或離念智慧的境界。在法性中陰，諸佛的寂靜尊和忿怒尊示現，無異於我們自心的智慧能量，要負責喚醒我們。

五方佛的曼達壇城

毗盧遮那佛（大日如來，Maha-Vairocana）位於曼達壇城的中央，祂是白色的，其族系被稱爲「佛部」（Buddha family）。此

❺ 根據特定傳承法教的陳述，五方佛的座落、甚至佛部壇城的組成都有所不同。在此，毗盧遮那佛位於中央，金剛薩埵位在東方，但是有時他們的位置會對調。另外，當金剛薩埵出現在東方時，祂有時是和不動佛相關聯的，稱爲「金剛薩埵不動佛」。

❻ 在此時所出現的持明者，是我們自身本覺的顯現，是成就的諸道地境界、或了悟圓滿佛果之修道次第的象徵。祂們代表了金剛乘或密續對這些次第的展現，和大乘菩薩五道的較高次第相互輝映。嚴格說來，五持明和其空行母明妃並不列入文武百尊之中。

族系和空大有關，也和癡毒、迷惑或昏沉有關；但從證悟的觀點來看，愚癡其實是法界體性智。

金剛薩埵（阿閦佛或不動佛，Vajrasattva-Akshobhya）位於曼達壇城的東方，祂是藍色的，其族系被稱為「金剛部」（Vajra family）。此族系和水大有關，也和瞋毒有關；從證悟的觀點來看，瞋心實為大圓鏡智。

寶生佛（Ratnasambhava）位於曼達壇城的南方，祂是黃色的，其族系被稱為「寶部」（Ratna family）。此族系和地大有關，也和慢毒有關；從證悟的觀點來看，慢心實為平等性智。

阿彌陀佛（Amitabha）位於曼達壇城的西方，祂是紅色的，其族系被稱為「蓮花部」（Padma family）。此族系和火大有關，也和貪毒有關；從證悟的觀點來看，貪欲實為妙觀察智。

不空成就佛（Amogasiddhi）位於曼達壇城的北方，祂是綠色的，其族系被稱為「羯磨部」或「業部」（Karma family）。此族系和風大有關，也和嫉毒有關；從證悟的觀點來看，嫉妒實為成所作智。

中陰法教更為詳盡地描述了每位本尊的特定坐姿、手印、法器、眷屬等等。若想更熟悉這些細節，我們可以參考其他現有的、更為鉅細靡遺的記載❼。再強調一遍，這些元素全都是象徵性的，此處真正要呈現的是這些象徵法教的「意義」。至於我們對這些顯相的體驗，更為重要的是，要單純地看待這些光明顯相的現起實為無生之心的遊戲幻變；它們即是大樂（mahasukha）——偉大之樂空不二的體驗。

❼ 一份延伸閱讀的書單列於後頁，好幾位作者都對本尊形貌及象徵意義提供了詳細的描述。

五方佛族系

佛	方位	顏色	五大	五毒	五智
毗盧遮那佛	中央	白	空大	痴	法界體性智
金剛薩埵	東	藍	水大	瞋	大圓鏡智
寶生佛	南	黃	地大	慢	平等性智
阿彌陀佛	西	紅	火大	貪	妙觀察智
不空成就佛	北	綠	風大	嫉	成所作智

明光和煩惱

　　就實際的修持而言，每個族系都有其各自的法門，以及示現其曼達壇城之證悟功德的型態，這些曼達壇城和我們的煩惱有著直接且別有意義的關聯。當我們能與此族系的智慧能量充分連結時，這個煩惱便被轉化為其相對應的智慧。舉例來說，當我們感受到一個強烈的情緒，以我們日常生活的語言來說，這個情緒被稱為是「煩惱來襲」；但此處，以金剛乘的語言來說，我們則稱之為「示現」；這個煩惱被視為是某位證悟之佛，以清明、光明和本初智慧之特定功德而示現。因此，從這個觀點來看，我們根本就不需要改變這個煩惱的經驗。

　　當煩惱的經驗顯現時，可能會異常劇烈，讓我們感到被襲捲而淹沒其中。它不僅強烈，也直擊要害，錐心刺骨；它是如此地錐心刺骨，就像是一記當面擊倒我們的猛拳。這並不是隱晦不明的經驗，其實我們不斷在經歷這樣的時刻。這類顯相撲天蓋地而

來的耀然之狀，可能會讓我們感到非常震撼，並且感到無法承受這麼強烈的體驗；它可以如此昭然而現，讓我們覺得自己實在招架不住。這類鮮明的經驗，帶來一種無念或離念的意味，有一種消融在當下的感覺。消融並不一定是在未來死亡時才會發生，消融可以發生在此時此刻，在當前如此強烈的明光中；它能使二元的感知完全盲目失效，沒有任何一副太陽眼鏡能夠篩濾掉此明光的威力！

　　通常我們談到明光、明性或光明這類事物時，都是非常概念性和抽象的；到最後，我們仍在納悶明光到底是什麼意思。但是，明光不外乎就是我們經歷到的這些強烈情緒罷了。在金剛乘中，面對煩惱就像是乘風破浪一般。當你要乘浪而行時，試圖改變風浪是沒有用的；但如果你自然地駕馭著風浪、隨浪而行，與之合而為一，就有了一種優雅和美麗的感覺。

三清淨

　　每當我們經驗到情緒的光耀斑斕和強度時，就見到了這些佛。假如我們現在就學會欣賞、領會這些能量，並對之敞開胸懷，那麼在法性中陰時，我們的體驗也就不會有所不同。我們不會被淹沒或覺得毫無招架之力；我們會認出諸佛就是我們自心，而自心的展現便是解脫的根源。

　　通常我們都是透過「自我」這張濾網來體驗情緒，然而在法性中陰時，我們的經驗是三清淨的體驗：主體（能）、客體（所），以及兩者之間的互動，是全然清淨、無我的。能所已不再是分開的，因為二元性已經消融了。我們自心的智慧面向，顯現出不再被自我侷限的執念染污或扭曲的狀態，因此當文武百尊的

顯相現起時，是以極爲光明、大力和無實存的方式現起的。

　　我們目前進行修持時所觀想本尊的清淨形相，是盡己所能與所了解的程度，概念性地生起這個形相。雖然我們可能會認爲這是顯空不二，但這仍是非常概念性的，感覺起來仍是念頭的造作和產物。然而，在法性中陰時，在我們面前所顯現的本尊顯相、種種聲響和光芒，並非是我們曾經對之有所思而得到的結果，而是我們自心的任運自生明光，顯現時，是直接且裸然無遮的體驗：極端敏銳、清晰、充滿光華和能量，但卻是全然無根、無立足點的。

聖境

淨相之根基

　　當你認不出此鮮明清晰的展現實乃自心的表達之力時，你就會害怕。假如顯現在你面前的某個色相或色法，似乎沒有實質，也不眞實；又或者，假設你覺得自己站在那裡，但卻不是眞的存在時，顯然會有一種強烈的無立足點和不確定的感受。這種無立足點或無根基的狀態是什麼？輪迴的根基不存在，自我或我執的根基不存在，二元分別的根基也不存在。純粹的迷幻藥經驗也會產生相同的狀況，一開始是非概念的，但隨後你就將之概念化，於是便害怕起來。你的體驗改變了，並且失去了平衡，讓你覺得自己對慣常現實失去了控制。

　　另一方面，假如你能夠安住在當下經驗的非概念或離念本性中，便會帶你回歸到自心的清淨根基。法性即是「根」基，明光則是立足於其上的人或世界；空性所扮演的是根基的角色，而任何在我們面前現起的經驗——色、聲、香、味或觸，都是與此根

基雙運合一的。此時，你的經驗被轉化為聖境的體驗，此即曼達壇城的真正體驗，而你便確實置身於自己夢寐以求之處了。你若是修學過以顯相為證悟之道，那麼這正是你一直以來所尋求的經驗，這正是你在修行中所想要證得的成果。

當我們圓滿生起聖觀時，此經驗是遠離任何概念的，因而沒有任何恐懼。此時，我們並不會想著本尊是否以印度、西藏或日本的形象現起——根本不會有這樣的標籤產生；相反地，在我們目前的修持中，只要我們一開始想到本尊或聖境的「神聖性」，所有的體悟就消失無蹤了，失去了其神聖的特質，也失去了曼達壇城的真正意義，使得我們和金剛世界失去了聯繫。然而，在任運自生明光現起的時刻，概念性的念頭是無法侵入的，我們感知、領略實體實相的慣常方式停止了。

假如我們真的熟習了生起次第和圓滿次第的修持，此時便是我們了悟自心本性的時刻——顯空雙運、聲空雙運與覺空雙運。我們認出了一切顯相皆是本尊的光明相，一切聲響皆是本尊迴響的語音，一切念頭皆是本尊無上的智慧心，而這便是淨相的直接體悟，也是金剛慢的真正體驗。

對聖觀的渴求嚮往

這個金剛世界的清淨體驗，是那些已通過死亡階段而到達法性中陰之一切眾生的必然體驗。這個體驗對每個眾生來說，都是相同的，無論其形體是螞蟻、驢子或是一個人。這是無從選擇的經驗，也就是說，我們走上了一條不歸路。就好比我們已經吞了迷幻藥，現在已不能從這個經驗中抽身了，就算說：「我不應該吞下這個藥。」也為時已晚——想著自己不應該死去，是沒有意

義的。我們「已經」死了，要改變已太遲了。我們別無選擇，只能經歷這個中陰經驗。

就某方面來說，這就好比是坐上雲霄飛車。我們一坐好、繫好安全帶後，可能會想：「太遲了！不管怎樣，我都得坐完這一趟！」就如同我們的中陰體驗，不管怎樣，我們都得坐上去直到它停下來為止。假如我們能放鬆並好好享受，雲霄飛車就會像是我們的伙伴一樣；如果我們一開始就想著自己會討厭它，我們就會充滿恐懼地玩下去，而整趟經驗便會是恐怖糟糕的，我們也不會從中得到任何利益。因此，只要改變我們對此經驗的心態就行了。

通常如果有人告訴你：「你的心態有問題。」你可能會生氣。但是，你反而可以認為這是一個觀照自心的機會，並告訴自己：「我看待世界的方式是什麼？」假如你發現是很負面的、不信任的或是恐懼的，你就可以說：「對，我的心態的確有問題。我要改變態度，以更正面的觀感來看待世界。」當我們希望或渴求一種聖觀的態度時，我們的經驗就轉化了，我們的世界變成了聖境，沒有人能從我們身邊將之奪走，因為我們正在體驗的，其實就是自心的神聖本性。

當我們能夠享受這趟雲霄飛車之旅時，就沒有人可以從我們身邊奪走它了；另一方面，我們若不能享受雲霄飛車之旅，也沒人能讓它變成一種享受。沒有人能改變我們的心，同樣也不能讓我們的經驗變得神聖，這就是困難所在。

四種慧光

下一個明光顯相的體驗，發生在雙運融入智慧時。隨著本尊的顯相消融，其智慧的清淨體性便示現為耀眼的亮光：白、藍、黃和紅。這四種顏色相應於五方佛族系之智慧的其中四種，第五種慧光——綠光，象徵著所有五方佛的本源會在稍後才顯現。

燦然的亮白光是自心本初清淨法身之本性的展現，亦即本覺的示現。這即是見到一切現象（萬法）真正本性的法界體性智（dharmadhatu wisdom）。這個本性是無生的，因此也無所住留、且無有止滅，而這便代表著輪迴現象並不曾真正存在過。迷惑和痛苦、自我和我執，以及整個具體的世界，是全然毫無實存的；而當我們對此本覺亮白光的清淨本性認知錯誤時，所經驗到的就是「癡」。

燦然的亮藍光反映的是本初佛智的不變本性，這超越了自我的認同感（我見），也不被迷惑所影響或減損。這即是在剎那間，如鏡子反射出鏡中影像般，清晰、明確地同時映照出三時一切萬法的大圓鏡智。當鏡子映照出影像時，是立即映現出一切事物的；鏡子並不會先映現出比較接近的物品，然後才映照出稍遠處的物品。當我們對此本覺亮藍光的清淨本性認知錯誤時，所經驗到的就是「瞋」。

燦然的亮黃光表達了清淨智慧的豐饒與圓滿狀態，代表了自心的根本本性是自然富足的、自然俱足了證悟的一切功德特質，無一缺漏。這即是見到一切萬法皆同為無我的平等性智；感知者（能者）和被感知者（所者）之間的分別，已不復存在。當我們

對此本覺亮黃光的清淨本性認知錯誤時，所經驗到的就是「慢」。

亮紅光是本初智慧之懷攝功德的展現，能見到、吸引並招來一切事物到位，亦即究竟智慧位。這是察覺相對現象各自的特色與特質的妙觀察智，能見到事物如何存在；也就是說，能辨別外在客體對境的無常、其本質的空性，以及迷惑的各種不同層次。當我們對此本覺亮紅光的清淨本性認知錯誤時，所經驗到的就是「貪」。

佛行事業之光

此時，假如我們已認出前四種智慧而了悟到自心本性的究竟真諦，我們就會獲得證悟；一旦我們獲得此證悟，就能夠成就佛果的所有事業。這燦然的亮綠光，即是智慧體性最後慧光的顯現，這是最後展現的光，因為我們必須先成佛，然後才能示現佛行事業；而這即是成所作智，佛的全知智慧任運且不費力地現起，為眾生帶來相對與究竟的利益。這般佛行事業，是對一切眾生無緣大慈與大悲的自然化現；但是，當我們對此光的清淨本性認知錯誤時，所經驗到的就是「嫉」或羨妒。

修行的重點所在，是為了努力了悟心性，利益一切有情眾生。當我們說「一切」眾生，我們的願心自動涵括了自身的福祉和心靈之旅，我們不需要擔心被遺漏或不能獲得證悟。發願成就慈悲的佛行事業，也能幫助我們更快速地獲得證悟；慈悲的力量催化了我們的了悟，也讓我們的了悟更為深刻。因此，假如你想要進步得更為神速，就要去推動慈悲和菩提心的加速器；如果你

離死之心

想要減緩自己的覺悟過程，那就更集中在「自我」上，只需專注在個別解脫（小乘的別解脫）或個人的自由上就行了！

任運呈現的境象

緊接著燦然慧光的顯相之後，是任運自生明光擴展的最終階段。當各種慧光消融時，我們稱之為「智慧融入任運之顯現」。此時，有一種色、聲、光的極端經驗，以耀眼的光幕、放射的亮光，以及光海的形式剎時全部出現，遍佈整個宇宙。先前的一切形色景象、聲響和光芒，以及清淨界或不淨界的境象，全部匯聚成為一個單一任運的報身明光境象——有相明光；同時，清淨覺空不二的無相法身明光，則在上方如晴空般揭顯而出。❽

當然，我們針對這個體驗所談及的任何內容，都被文字和概念所侷限，而非實際的體驗。我們也許談到了「光」和其「璀璨」，或可使用像是「空性」、「神聖」這般的字眼，但實際的體驗卻超乎了聞法或閱讀書本所能掌握的智識理解。唯有當實際體驗具現在我們心中時，才會真正對之有所了知。

蓮師說得非常清楚，本尊和曼達壇城、聲響和光芒的一切顯現，都是從我們自心本性中現起的。心的本性以顯空、聲空和覺空的形式示現而出，實際上並沒有任何外在對境，在我們自身之外是別無一物的。當我們嘗試對別人談論這些體驗，或是在自己嘗試了解這些體驗的過程中，我們也許會問這類的問題，像是

---

❽ 法性中陰境象的更多詳細描述，特別是自然任運的境象，無論是西藏上師或西方修行學者的著述中皆有所見。參見延伸閱讀的書單。

「明點的大小爲何？明點是扁平的、還是像球一樣圓圓的？」但是，這類問題並不重要，因爲我們談論的僅是明點或光的象徵意涵。若是問「光到底有多亮」，或「比較像是螢光或是日光」，根本就是錯失了重點；我們必須看到這些都僅是象徵罷了，我們所應尋求的是實際的體驗或體悟。

對此慧光產生一種深刻且切身了解的過程，並無異於對「止」產生了解的過程。剛開始接受止禪的教訣時，我們被告知有所謂的「正念覺察」，以之能獲致一種祥和止靜且清明的境界，甚至到達所謂無念或離念的狀態。然而，除非我們實際坐下來，於自心應用教訣，否則這些教訣也不會有任何意義。我們必須切身嚐受祥和止靜的體驗，才有辦法領略其中的真義；我們必須清楚見到明性或明分從迷惑中浮現，並在念頭止滅之後具現，才能了解「止」的表意所指爲何。然後我們就可以說：「啊，這就是教訣所說的意思！」在這個時刻之前，我們的了解都是概念性的，缺乏實質的深度。

我們也以相同的方式，對明光生起一種切身和具足實義的了解。所謂「明光」，即是智慧的光華，亦即自心的真正本性，也是我們真正的「本家」。當我們在禪修自心本性時，明光其實就具現於此，而我們也能對明光有直接的體驗。當我們能將自心安住在其本然狀態中，就能覺受到明光，能覺受到空性和無我；這並非是什麼抽象的體驗。就好比味覺的體驗一樣，當你嚐到某種味道時，你很清楚那是什麼東西，毫無疑惑，因爲你就是知道。我們在這裡所談的實際體驗，就是這種「了然於心」的狀態，即使只是短短的一瞥。因此，雖然研讀這些法教很是重要，然而透過實際的練習、禪修，我們才能完全了解這些法教。

以法性中陰爲道用

　　爲了替法性中陰的體悟做準備，經典中教導了一些以法性中陰爲證悟之道的法門，其中包括了悟第一階段的根明光，以及了悟其後階段所現起之明光顯相的兩種修持。傳統上教導的法門包括了直觀自心本性、觀想文武百尊的曼達壇城、以光爲道用、以聲爲道用、以苦痛和疾病爲道用、以悲喜爲道用和以情緒煩惱爲道用等等。

直觀自心本性

　　以法性中陰爲道用的主要方便法門，就是直觀自心本性的練習。經典上說，這是認出第一階段根明光的最無上法門，這些法門之前都已仔細闡述過了。總而言之，我們要直接了當地觀照心中所現起的一切，並直接安住在那個念頭或情緒當中，這樣一來，我們就能洞徹自己的經驗，並和自心的根本本性面對面。這就是能讓我們轉化法性中陰的實際修持；當我們能安住在此體驗中時，這就是自解脫，而自解脫即是一種證悟的體驗。

觀想文武百尊

　　雖然文武百尊和我們的心性並無分別，但當祂們在法性中陰示現時，卻顯現出存在於我們外界的樣子。爲了要熟悉這些顯相，並認出祂們僅只是自心的自展現，我們要練習觀想文武百尊

就在我們體內，藉此方式與這些通常會讓我們覺得相當陌生的事物產生切身密切的關聯。

在此法門中，我們先以文武百尊之體性的金剛薩埵證悟相來觀想自身。在我們的心間，觀想本初佛普賢王如來和普賢王佛母雙運，與寂靜尊曼達壇城同時具現：五方佛和五方佛母由八位男、女菩薩所環繞等等，並觀想整個海會的聚眾就在虹光四射的燦爛虛空中。接著，在我們的頂輪，觀想五方佛忿怒尊的曼達壇城──佛父和佛母，周遭環繞著各種瑜伽母、魔女、門神和女神，也由璀璨四射的各種光束所環繞著。最後，在喉輪，我們觀想男女持明者各五位，以半忿怒尊的形相示現，由閃耀的虹光所環繞。

當我們的觀想變得清晰和穩定，並且很熟悉這些鮮明的顯相之後，我們在法性中陰時就不會被祂們所嚇到。我們反而會了悟到，文武百尊無異於我們自心本性的任運化現。這個練習即是以中陰為道用的善巧方便之一。

以光為道

除了本尊的禪修外，經典上還教導了一些法門用以直接禪修光的體驗，包括了大圓滿修行中的「閉黑關」和「頓超」。在大圓滿中，頓超的修行被視為是出世勝義的修持。「頓超」指的是我們從凡俗的存在狀態中，立即「躍超」或「超越」到任運展現之明光的直接體驗。在頓超的修行中，有禪修各種光之體驗和各種光元素，如日光、月光、白晝一般光線和燭光的不同修法。頓超的修持也常被稱為「凝視虛空」，因為凝視虛空是頓超修行的

特點之一。當我們準備好修行這些法門的其中之一時，我們的上師便會對我們傳授詳盡的解說。

閉黑關

修大圓滿的閉黑關時，需要為此目的而特地建造閉關場所，這種關房是由連續的一排關房所組成，一個比一個更加漆黑。第一間關房可透進一些光，第二間會更暗些，最靠裡面的關房則是一片伸手不見五指的黑暗。在此修行中，我們逐漸進入完全黑暗的狀態，有點像是逐漸陷入熟睡的狀態；到了處於那種完全的黑暗時，就彷彿是沉睡的狀態一樣。當我們將覺性帶入這些通常很欠缺明性或明分的狀態時，就會體驗到自心清晰和明亮的本質。

除了大圓滿的閉黑關之外，也有時輪金剛密續傳統和新密續派別，如噶瑪噶舉派❾等傳統所傳授的這類修行形式。在時輪金剛的傳承中，黑關是瑜伽修持的其中一部分，這個部分被稱做六支加行，和那洛六法並不相同，而是另外的修法（審校註：六支加行：時輪金剛圓滿次第修練氣息時，於所緣境上進行收攝、禪定、運氣、持風、隨念和三摩地的修持。《漢藏大辭典》）。不過，那洛六法中與熟睡狀態有關的明光修持，也是一個特別有助於開展此明覺或覺性的法門。

法性的本光

有一種頓超的法門相當容易修持。教訣中說到，我們以毗盧

---

❾ 在密續舊譯派和新譯派的分類當中，舊譯派指的是寧瑪派（或大圓滿）系統所分的六部密續或六瑜伽；而新譯派則分為四部密續，由噶舉、薩迦和格魯等派所承襲。

七支坐姿坐直，且儘可能緊緊地閉著你的眼睛，有時甚至可以用手掌蓋住眼睛。眼前外來的光源一被阻絕之後，你就以放鬆的心情注視著黑暗。一開始有的只是漆黑而已，但假如你繼續看下去，就會開始顯現各種不同的光的型態。你可能會看到藍、白、黃、紅、綠或甚至是黑色的明點。關鍵是保持放鬆，並直視面前虛空所現起的一切。

出現許多明點時，我們就練習改變焦點：有時候將心放在整片光芒上，有時候則放在單一明點上。當你集中在單一明點時，將心清楚地放在那個明點上，就這樣讓心安住在那裡，這很類似止的禪修。不要讓你的目光或專注力動搖，用眼睛睜開時看著一般物體的方式來看著這光點。持續看下去之後，光會變得更加活躍、清楚和鮮明。有時光也會改變形狀，有時會改變大小，也可能變得如此璀璨、如此光亮，而讓黑暗不再是漆黑一片。

當你看著這個經驗時，會了解到，沒錯，的確有這些光，這些光就在你眼前；但是你也會知道，這些光並非以實質物體的任何方式存在於自心之外，而是從自心中、從心的本性中現起的。假如你發現明點開始變得固實和真實，就代表你太執著它們且將之過度概念化了，這時你應該用空性的智慧來斬斷此習氣；要運用空性的智慧見到這些顯相的明空不二，而不是把它們變成某種像光球般的固體物質。

當我們用這種方式來注視著光時，便是在直觀法性的體驗，亦即此中陰裡現起的明空經驗。由此之故，這就是能幫助我們把法性中陰作為證悟之道用的修持之一。

以聲為道

　　還有其他類似的修持是運用聲響，以引領我們達至聲空不二的體驗。在此僅提供一個簡單的法門，以助契入法界的自然音，與之調和。此自然音一直存在我們內心，但通常都不被我們所察覺。此處的教訣也是由採用正確坐姿開始，心穩定下來後，便咬緊下顎，並用手指塞住耳朵或用手掌壓住耳朵，杜絕外界的聲響。這將會增強法性的原音，使我們更容易感知到它。當四周靜寂、特別是深夜時，會比較容易聽到這個聲音。

　　一認出此聲音之後，你就將覺性毫無動搖地置於其上。把自心安住在此聲音中，持續聆聽，越來越深入到聲音裡頭。你的焦點若越明確、清楚，這個聲音就會越清晰、鮮明。到最後，你對聲音的體驗會深入到能夠體驗其空性的地步，這便是所謂的法性空性的本音。這和法性中陰時發生的聲音是相同的基本聲音體驗，只是程度較為輕微而已。如同前述，因為法性中陰時，我們的知覺異常敏銳，聲響在那時會變得極為尖銳和刺耳，猶如千聲響雷齊發一般。

　　對大多數的我們來說，了解聲音的空性會比了解形色或色相的空性要容易些。這是因為在我們眼前的視覺物體會停留較長的一段時間，但聲音卻是瞬間來了又去。舉例來說，閱讀一本書時，書頁並不會在我們讀過之後便消失，我們可以把書頁翻回去，再重讀一遍。相反地，當我們聽到一個聲音，譬如人聲、腳步聲或汽笛聲等等，下一刻此聲音就消失無蹤了，我們不能重回前一刻，再次聽到這個聲音。因此，當我們仔細聆聽一個聲響時，就像是在聽一個迴音一樣，它傳達了相同的空性訊息。這即

是法界空性本音的修持，藉此我們超越了凡俗的聲音體驗，直接躍入對聲空不二的了悟。

以苦、病為道

另一個將法性中陰帶入修道的法門，是以個人的痛苦與生病的情況作為道用的修持。我們要知道，在此脈絡中，「生病」指的是肉體的疾病與其伴隨而來的痛苦；同時還有一種心理上的痛苦，這是感受到這些生理痛苦時現起的，而這種痛苦其實就是恐懼。這個修持的目的是為了轉化這些痛苦的經驗，由此而能轉化隨之而來的心理苦楚。

假如我們沒有任何對應或禪修痛苦的基礎，要轉化劇烈的痛苦經驗可說是非常難以著手。因此，先從小痛苦和小疾病開始處理，並找到方法將之作為道用，是非常必要的一環。之後當更嚴重的疾病來襲時，我們便能夠也將之作為道用。到最後，甚至是最絕望的處境，我們也會有能力將之帶上修道。我們也用同樣方式來處理心理上的痛苦，先從我們覺得輕微不舒服或些許恐懼的情境開始，當我們能在這些情況下平息痛苦時，就有了一個面對更大挑戰的基礎，因而能將之帶上修道，作為道用。

因此，從小處著手是非常重要的。舉例來說，你可以從禪坐時出現膝痛、背痛或頭痛開始。不管痛苦以何種方式呈現，你應該就這樣看著這個痛苦：這個痛苦是劇烈或隱約、熱或冷、持續或間歇的？第一次看著它時，當然會痛苦難耐；第二次，也一樣煎熬；第三次看著它，同樣還是難過得很。每一次看著這些痛苦時，都會是一種折磨。但是，假如你越來越習慣看著痛苦的經

驗，假如這個觀照是眞正的觀照，而你也能將自心安住在純粹的知覺上，你就會看到自己體驗痛苦的方式開始變得不一樣了。

針對面對痛苦的體驗，我們應該要問自己的問題並非是痛苦是否眞的存在。我們該問的是：「這個痛苦是什麼？我又是如何經驗此痛苦的？」並不是做過一次、兩次、三次的觀照，就能馬上根除痛苦，但我們卻可以杜絕對痛苦的概念，因而能全然地轉化我們對痛苦的感知和體驗。

當你能用這種方式來直接禪修肉體上的痛苦時，就表示你已經如實處於實際體驗之中，你已遠離對此經驗的一切概念，也不再爲這些正在生起的純粹能量下任何標籤了，而這會是一個非常有趣的體驗。有時你進行觀照時的明性是如此具有穿透力，因而讓痛苦自身變成了一種陶陶然的體驗；當痛苦變得陶陶然時，「痛苦」就不再那麼「痛苦」了，此時，你就會見到痛苦正在自行解脫中。

觀照各種形式的痛苦時，我們運用的正是觀照自心本性的相同法門。痛苦是一種體驗，而所有的體驗都是心的體驗，直接從心的本性中現起，因此，透過痛苦的體驗來觀照此本性是非常重要的一環。當我們持續地以正念覺察和覺性來觀察痛苦時，痛苦顯現的方式便會開始改變；痛苦的顯相轉化了，因此也不難轉化我們對痛苦的體驗。基於這個理由，每當痛苦現起時，我們都必須加以觀照。我們需要經歷痛苦，然後放下。但我們不需要緊抓痛苦不放，也不需要回顧痛苦的最後一刻、或憂慮下一刻痛苦的來臨；我們只需要直觀痛苦的當下體驗即可。

我們先將眼前的任何小病、小苦作爲道用，以此開始這個轉化的過程；藉此，我們便逐漸習慣觀照最基本程度的痛苦和不

適。不過，我們常會將任何小事看成是微不足道且不值一試的。舉例來說，如果我們只有五分鐘來禪修，我們就會告訴自己：「喔，五分鐘不算什麼，這不夠改變我的人生，至少也要修個一小時才行。」當我們生小病，也許是著涼或罹患流行性感冒時，也是同樣的情況；當時我們就是不想要進行修持，反而告訴自己說，只要服藥和休息，我們很快就會覺得好些。

在當時，這的確是一個相當具有說服力的邏輯。但是，另一個邏輯卻說道：若是拋下小痛苦不管，就會演變成更大的痛苦；痛苦並不會自行離開。假如你能利用那五分鐘來禪修，或是以感冒作為觀照自心的所緣基礎，你就是在使自己熟習於將正念覺察與覺性帶入日常生活中的修行。這種時刻確實是可以達成的，只要用心去做就能成功。這就像是跑步一樣，你先是繞著一個街區跑，之後就會發現自己很容易可以跑上兩個街區，再過不久，你就能夠跑上一段長的距離了。

我們當然不會在起初就說：「我現在就要能夠處理最糟的情況。」這就好像一開始就想進行一個過於龐大的計畫一樣，這麼做的話，這個計畫就會變得非常難以實行。但當我們從小處著手時，總是會有成長的空間；當我們看到這樣的成長時，就會感到很開心。同樣地，當我們的修行從小處慢慢茁壯，就會是個非常喜悅的經驗；但當我們的修行從大到小銳減的話，就會是個痛苦的經驗，我們會發覺自己並沒有真的做到什麼事，也沒有任何人受益。

重點是，若能將修持和專注的心念融入生命的痛苦、疾病和各種苦難的體驗中，這樣對我們才是好的。到最後，這樣的正念覺察會變得很簡單自然，而當更嚴重的疾病來襲時，我們就不會

像以前一樣被疾病所擊倒，如此，疾病就不會造成問題或令我們震驚慌亂；我們甚至能用更大的信心來面對死亡時的疼痛和痛苦，因爲我們面對的是熟悉的領域，而非陌生的範疇。當死亡的眞正時刻來臨時，我們就能夠正視其痛苦並予以轉化。

以悲、喜為道

　　以悲、喜爲道的修行，是爲了讓我們做好準備，以便能夠面對我們在法性中陰即將遭逢之經驗的另一法門。修持的方法是去觀照任何特別強烈的喜悅或痛苦經驗，我們看著這些經驗，然後放下任何與之有關的執著或執取。無論我們的經驗是正面或負面的，通常我們的習氣都是緊抓或攀附在這些經驗上，因此，此處的關鍵便是去練習「放下」。此外，此生中每當這類經驗現起時，我們應該牢記在心的是，在臨終和死後的中陰時，我們也會遇到這類情況，我們的習性會不可避免地重蹈覆轍。因此，爲了要轉化這些模式，我們要透過禪修而以這些經驗作爲證悟之道。

　　當我們覺得一種愉悅或苦惱的感覺將要生起時，應該提醒自己，這些同樣都是心的狀態，而且是從心的本性中直接現起的。此處的教訣和觀照自心本性的教訣毫無二致，只有對境不同而已。無論是歡欣或悲苦，你就這樣在這些經驗生起時，直接看著那體驗，然後毫不散亂地將自心安住在感受上。禪修這兩種心境對法性中陰的經驗來說，格外重要且相關，因爲這兩種心境都具有強大的力量，能在刹那間擾亂你，將你努力培養出的正念覺察和覺性一掃而空，它們會伴隨著極大的暴躁或狂亂能量而顯現。

　　不過，這並不表示你應該在這些經驗冒出時就加以摒棄；相

反地，教訣指出，我們應立即以正念覺察加入這些經驗中。假如是喜悅現起，就看著那個喜悅的最高點，透過重複的觀照將明性帶入此體驗中，然後放下任何的執著。同樣地，如果現起的是悲苦，就這樣看著此體驗的最高點，然後放下——「放下」是這個修持的關鍵所在。

當你在做此修行時，加入一些分析式禪修是很有幫助的。舉例來說，在座上禪修即將結束時，將一些強烈的喜悅感注入心中。假如你對生起如此強化的喜悅感到困難的話，就回想一下過去經歷的一些非常快樂的時刻，也許是一個期待已久的重逢時刻，或是某些出乎意料之外而來的友誼、贈與或仁慈的對待等。就這樣憶起這些經驗，看著它們的現起，然後放下任何的執著。不管它們以任何形式出現，就這樣純粹地觀照著此經驗，並試著看到其光明的本性和覺空無別的特質。我們要多花點心力去見到這點。之後在另外一座禪修中，則憶起一個劇烈的痛苦經驗，比如因疑惑、恐懼或失去所愛而受折磨的某些時刻。要觀照此心明空不二的本質，並且放下一切。

藉此，我們慢慢地將這些極端的心境作為道用，如此，在法性中陰裡生起這般極端的體驗時，我們就會認出它們即是自心的光明本性。這些體驗鮮明活躍的狀態本身，會幫助我們獲得這樣的認證了悟。與其任之擾亂我們、使我們陷入迷惑，這些極端心境反而會成為我們證悟的工具。

以情緒煩惱為道

此處要描述的最後一種法門，是以情緒煩惱為道用的修行。

面對和處理我們的煩惱，是生前和死後各中陰旅程所有修持中都具有的面向，因此，這或許是所有修行中最具裨益者。我們已在前面章節討論過禪修情緒煩惱的法門，無論是在分析式禪修或直觀心性的章節都說明過，此處毋須贅述。然而我們應該要記得的是，情緒煩惱的清淨本性即是智慧，在自心之外的任何他處都找不到此智慧，這是非常切中的關鍵點。

與法性中陰相關之界域

法性中陰的二身

如前所述，法性中陰時展現的明光，分為兩個階段現起。我們應該研習此法教，並了解明光的這兩個面向，這點很重要。首先，根明光在臨終時顯現，被稱為「本初清淨法身明光」或「本淨法身明光」，也被稱為「無相明光」，指的是心性的空分和究竟真理（勝義諦）的層面。

其次，任運自生明光從根明光開展而出，也被稱為「報身明光」和「有相明光」，指的是心性的明性（明分）〔審校註：明分和空分是佛學名相，以白話文來說就是「明性的那個部分」（面向）和「空性的那個部分」（面向），在此說明，以解現代學佛者的疑惑，增進對傳統經典的了解〕和相對真理（世俗諦）的層面。我們說「相對」真理，意指這是從空性根基生起之顯相的最初表達，也可說是明分的部分。縱使諸如文武百尊這類顯相，都是清淨的顯相，祂們並不是以實質的形態而恆常存在，或原本就存在。

法身和報身此二身，是我們在法性中陰所經歷之體驗的本

質，祂們是我們死後最初的證悟體驗。但是，經典上也教導說，心具有三種「證悟示現」的層面，由此可知，我們的心之本質即是三身佛果的本性；其中第三個是化身的示現，在稍後的下一個中陰，也就是在投生中陰時會現起。

剎那即逝

從我們自己研習這些法教的觀點看來，我們可能會以為法性中陰持續了一段非常長的時間。僅是把文武百尊的細節描述和象徵意義從頭到尾說明清楚，就需要一些時間了，於是我們便認為：「喔，這將會持續好一陣子，先是母、子明光的相會，然後是文武百尊曼達壇城的顯現，再來是各種慧光……」等等。但對一般人來說，此中陰的實際體驗據說只會持續極短的片刻，而所有這些體驗就在這短短的片刻中紛呈而出。

另一方面，就「體驗」本身而言，那短暫的片刻可能會讓我們覺得非常、非常漫長。電影放映機速度放慢了，我們正在觀看的這部電影開始一格、一格慢慢地播放起來。以這種速度，影像看起來似乎是長時間地停頓在我們的面前一般，因此所有細節被看得一清二楚。然而，不管看起來有多漫長，這僅是幾個片刻或瞬間而已；就如同自己意識到「我正從樓梯上摔下」的那一剎那，直到你真正撞到地板那一剎那之間的片刻；或像是當你意識到車子打滑的那一剎那，直到車子撞上一棵樹那一剎那之間的片刻一樣，剎那即逝，一下就發生了，但每個片刻卻是那麼清晰和明確。同樣地，法性中陰的諸種顯相看起來也許像是持續了一陣子，但對我們大多數人來說，整個經驗是瞬間就消逝了。

離死之心

假如我們沒有培養出一種正念覺察和覺性的能力，倘若我們對空性沒有任何了解，我們就不能認出這些顯相，甚或無法認知到這些顯相曾經出現過。如果是這種狀況，依據經典所言，我們對法性中陰的體驗就會像是失去知覺而不省人事一樣，就好比被施打一般的麻醉劑後便失去意識一般，突然間，你死了；接下來你只知道自己竟然在另一個世界中醒來，處於下一生的起點，而「被麻醉時」所發生過的事，你已不復記憶。

抵達下一個目的地

當我們離開法性中陰，準備展開接下來的投生中陰體驗時，便同時告別了「離念覺性」或「無念覺性」的清淨狀態。概念之心開始擾動，我們的習氣也再次活躍起來。當我們從無意識的狀態中醒來時，就彷彿電視機再度被打開一樣，我們會感知到一組新的顯相。這些顯相包含代表輪迴六道逐漸迫近的光和其他形態的顯現——輪迴六道即是我們下一世可能投生的六個界域，假如沒有很快獲得證悟的話，我們就會投生到輪迴六道中。

此時，我們更加接近於所謂的下一生。我們只消再跨一步，就到達了下一個目的地。我們何時才算是抵達了新的目的地？是坐上飛機那一刻、或是飛機起飛之時開始的、或甚至是更早些？當你的心開始盤算著旅行的念頭，想著：「喔，我想要到印度，我現在就可以看到……」？當目的地的景觀開始在心中佔有主導地位、而家鄉的景象卻變得越來越模糊時，就是我們開始抵達目的地的時刻；與家鄉人事、景物有關的念頭，越發模糊且越少出現。這個狀態出現的確實時間點，依每個旅人而異；對某些人來

說，一跳上飛機就發生了；但對另外一些人來說，這個轉換過程需要更多時間，即便已經抵達目的地，他們卻仍然緊抓住啓程點不放。

離死之心

生或不生

業報的投生中陰

當我們從「麻醉」的狀態中醒來，在迷惑又開始障蔽我們的內心之前，會出現片刻的清明。關掉的電視機再度被打開，我們看到的是一連串完全不同的影像。對於法性中陰的光明景象我們全無記憶，我們納悶著自己到底發生了什麼事，又置身於何處。不知怎地，之前發生的，我們在先前的任何中陰狀態：生處、睡夢、禪定、臨終和法性中陰之中，就是不能認出心性。假如我們那時能辦到，就不需要經歷第六個、即最後一個中陰經驗了，它自然會被超越和轉化。但是，既然我們已到了此處，就像是小孩找不到母親一般，這個小孩也只有再度踏上此孤獨的旅程。再次地，我們必須徘徊在輪迴中。

嗳瑪！
時值投生中陰現前時，
執持專一心念之願力；
於此不斷演練絕妙業，
閉止胎門憶逆轉輪涅；
此乃堅定及持聖觀時，
捨棄嫉妒修上師雙運。

嗳瑪！
此時，正是投生中陰顯現之際，
應持守專注一心的願心。
要持續不斷地演練善妙的行持，
關閉胎門，憶念著逆轉輪迴與涅槃。
此乃如如不動和執持聖觀時，
捨棄嫉妒，禪修上師佛父母的雙運吧。

我們在法性中陰昏厥後，復又重拾意識之際，即是投生中陰開始的時刻；當我們進入未來母親的母胎子宮時，投生中陰便結束，如此又開始了輪迴中的另一個循環。這個中陰被稱為「投生中陰」，或「成變」中陰（bardo of becoming），或「存續」中陰（bardo of existence），這是因為此時有一種「一切都有可能發生」的意味。經典教導說，我們有可能投生在輪迴的任何一道中；我們可能投生到一個圓滿健全的環境，亦即躍升而入佛土中；或者投生為一個登地的菩薩，亦即證悟之道上的十地菩薩之一；也有可能投生為人類或動物、天人或魔眾。由此之故，這個中陰被稱做「投生」中陰或「成變」中陰，因為我們可能變成任何東西；也就是說，我們可能以任何形式而投生。

化身明光

為何我們可以「變成」任何狀態呢？這是因為心同時是輪迴與涅槃諸顯相的基礎，有著空性的體性、光明的本性和無竭的示現等面向。在法性中陰裡，我們經歷到「空分的體性」和「明分的自性」兩者，亦即為法身明光和報身明光；此體性和自性兩個面向，是此心的勝義諦面向或究竟面向。而現在，在投生中陰中，我們經歷到的則是心的表達能力或無竭示現的面向，亦即化身明光❶。

---

❶ 關於藏文中的化身，讀音tupa（藏文拼字為sprul pa，梵文為nirmana），可被翻譯成「化現」（emanation）。這個字形成了「化身」，讀音tulku（藏文拼字為sprul sku，梵文為nirmanakaya）的字根，表示「化現之身」。

在這三者之中，這個無竭示現的面向是心的相對實相。在此所要指出的是，一切我們所經歷的顯相，不管是清淨的或不淨的，都是心之明空本性的表現力，也就是化身明光。這個面向是否會止息？不，不會的。自心的明空本性是無竭無止盡的，可以顯現為任何事物，能顯現為我們所經歷的各種可見的色、聲、香、味和觸覺對境，也能顯現為心理現象，例如念頭和情緒等。換言之，我們的心從不會是空白的，另一個念頭總是會現起，另一個感覺總是會浮現，另一個感知總是自會呈現，直到我們徹底覺醒。

當下於我們面前所顯現的影像，目前在此「電視機」上出現的畫面，即是心之能量鮮明清晰的示現或自顯。無論這些影像是什麼，是好是壞都無關緊要，從勝義的觀點看來，好壞兩者的任一體驗都是光明的。舉例來說，大手印的法教提及，念頭是心之明性的自顯或表達力，而成為念頭之對境而生起的一切，都是念頭自身的表達力或能量❷。

我們應該了解投生中陰諸顯相的本質，這點非常重要，因為據說大多數的眾生，此時都會歷經某些程度的恐懼經驗，只要尚且無法認出這些顯相的真正本質，我們便會將此時所遭遇的顯相視為是真實的，也就是以固實的外在現象而實存。於是，這些現象便以其各自所依的形式而具有了恫嚇、迷惑或引誘我們的力量。是什麼決定了它們所依的形式呢？是由我們的習氣所決定，是我們在這一生中所養成的、且串習了許多輩子的習氣。由於我

---

❷ 藏文的詞語讀音是tsal（藏文拼字為rtsal），譯為「表達力」、「展現」、「能量」或「傳達」。

們已經累積了許多負面習性，也累積了許多正面習性，所以此刻我們的經驗會是混雜的，且非常難以捉摸。

無竭的顯相

　　心識是我們此時所經歷顯相之無竭示現的基礎，若能了解其中的運作道理，對我們是很有幫助的。假如我們對此有了清楚的見解，就能更善巧地應對和禪修這些現象，也更能夠避免極端痛苦的狀態，如此我們也會有較大的機會獲得解脫。

　　如前所述，心自身，自心的根本自性，亦即真如或法性的境界，是清淨與不淨顯相兩者的來源或根基。由於這個根基是一切顯相的基礎，因此也被稱為「阿賴耶」或「一切種」，意指「總基」或「一切種之根基」。這個「一切種之心」有著兩個面向：清淨總基與不淨總基。在清淨狀態下，這被稱為阿賴耶智或「一切種智」，具有明光、清明且徹底覺醒的功德特質。此心沒有起始點或結束，超越了一切時間，是一切萬法的根源或基礎，也是「佛性」和「法身」的同義詞。在不淨的狀態下，它被稱做「阿賴耶識」，或「一切種識」，這是二元的分別心，和「凡夫的迷惑妄念」是同義詞，是剎那接連剎那而相續的心流，也是業種的持有者。換言之，當這個總基或阿賴耶是不淨時，便被稱為「心識」，但從清淨面向切入而視之時，便被稱做「智慧」。

　　阿賴耶識是世俗相對的現象，通常我們都沒有清楚或明確地感知到它的存在，因為它是一個中性的體驗。阿賴耶識既非正面，亦非負面；既不是情緒，也非念頭或感知。實際的阿賴耶識體驗，唯有在我們對「剎那相續」有所感受時，方能被察覺。舉

例來說，今天我們可能去探訪一位朋友，坐在他家的某個房間中，但明天我們可能又到了某個未曾去過的地點，然而，我們卻覺得這些經驗是持續或相續而來的。我們覺得自己是同一個人，從過去延續到現在，從現在延續到未來。

這種延續本身是相對性的。從究竟勝義的觀點來看，沒有所謂的「時間」，因此也沒有延續或不延續的概念。你可能要這麼問：「從何物延續而來呢？」勝義諦是超越延續的概念的。

就是這種剎那相續的感覺，變成了假立之「我」的基礎。一旦我們感知到這個「我」，也同時感知到「他」，二元分別便完成了。每當我們認不出自心本性時，阿賴耶識便持續下去；我們並不需要一而再、再而三地試著重製這個從此刻到彼刻的體驗，我們習氣的力量、業的動能和力量，便會使此心恆續而存。不過，業力的動能時而會明顯地出現中斷的狀態，例如當我們進入禪定中陰時、當我們發生意外事故時、或是當心識在臨終時刻消融時；但是，它還是會重返的。

除了這類可被感知的情況之外，我們的心流在剎那相續之間，不斷經歷著止滅和重生的狀態。在每個剎那的念頭之間，自心的清淨本性一直都在那兒，只是我們無法契入或認出罷了。只要阿賴耶識一直在運作著，就會持續不斷地投射出相續串流的各種顯相，我們也會持續為這些現象貼上好或壞、歡喜或不悅等等標籤，這麼一來，我們便會使「業」的網構恆存下去，並持續經歷快樂和痛苦的狀態。

因此，在投生中陰裡，我們的經驗由業所主宰、由阿賴耶識現起的無竭顯相之示現所主宰，而這就是習性所造成的結果。自心的這些投射顯現為念頭、感覺、情緒，以及對周遭環境與眾生

的感知。它們可能顯現為實為幻影的喜悅、恐怖的敵人、抑或具威脅性或險惡的環境元素，這些可能會引發慾望、驚恐或震驚。究竟上，這些都是佛三身的本性：體性空、自性明和無礙化現，它們是心的表達力，心的自顯現；相對上，這些就是我們的妄念。

迷惑再起

在臨終中陰時，粗重和細微的身、心各大元素，會歷經一個漸進和徹底的消融過程，所有二元心識的層面都融入法性的狀態中。我們便是在這個覺性的裸然狀態中，體驗到根明光，以及自心其他究竟現象的現起。肉體的死亡已然發生，身和心之間的聯繫被斬斷了，在心間的紅、白明點也已崩解，由此而釋出了微細心識，亦即不壞的智慧明點，而此微細心識隨後也自然地分離了。

此時，我們再度醒來，開始恢復意識；也就是說，心的二元架構開始恢復運作。這是明（顯）、增、得的逆反程序，已融入法身智慧的心識，此時再度由智慧中現起，輪迴的諸種二元顯相則隨之而顯。這為何會產生呢？由於認不出自心本性，微細業風重現，帶回了跟黑、紅、白的三種顯相互相應合的八十種概念，但此時以逆反的次序現起：首先是無明的重返，然後是貪，再來是瞋。換言之，我們若是認不出自心本性即是一切種智，那麼這個心就會變為一切種識，亦即阿賴耶識。

當我們「醒來」，並恢復二元的知覺時，我們開始意識到自己真的死去並離開肉體了，我們一記起自己的死亡、開始理解到

這點之後，通常很可能會感受到強烈的迷惑和焦慮。恐懼會現起，是因為我們已經太習慣執著此生和整個存在是固著、真實的；然而，我們現在已經失去了那個所依基礎、那個立基點，我們的存在完全失去所謂的堅實基礎，可是我們還是具有執著自我是「我」的習氣，也仍然認定自己是同一個人。我們看起來是有著相同的身體和心靈，但在此時，我們的身體其實是意生身，亦即細微身，這是由自心內在的體性中現起的，沒有固實的物質形體，而我們的各種感知同樣也是意念上的感知。

經典也教導說，作為一個有情眾生的最強大習氣之一，就是不斷在變動，意即無法止靜下來。我們能止靜或安住的習氣並不強，經典上說道，一切迷惑習氣的根本即是：不能安止或安住在一切種智中。投生中陰的真義就顯現在此變動不居的現象上，可能以任何形式現起，創造出任何形態的世界。然而，我們的心若缺乏穩定性，我們的經驗就會變得非常難以捉摸和飄忽不定。由於我們的念頭不停變動，因此我們不斷從某個地點遷移到下一個地點，從某個環境移往另一個環境，以致很難延續一段時間的安歇。這一刻的每件事都很鮮明清晰，但下一刻我們又忘了一切，有時我們甚至可能忘掉自己已經死了。

假如我們在此時能憶起並運用我們的修持之道，那麼這些經驗就會變得很甚深。此時，我們體驗到的無所依處或無立基點，並不僅止於透過研讀所得到的智識了解而已；這不是透過分析所得到的某種結論，也不是觀想空性的結果，而是無立基點的實際體驗，超越了我們一般的解知模式。

業心的神變力

此時，業力的能量以某種神變幻化的形式顯現。相對於目前我們想從某個房間到另一個房間時，必須真的起身、走過房間、穿過門口，在投生中陰時卻具有業心的神變力，能讓我們在瞬間遊歷任何地方。當我們一想到紐約市，就馬上置身其中；假如我們想到北京，我們就到了那兒。我們的旅程沒有任何阻礙；舉例來說，我們並不需要想著要穿越門口，就可以直接穿過牆或任何實體。任何心中所想到的一切，不管是想到某個人或是某個地方的景象，都會立即在我們眼前出現。同時，我們也有神通，能夠讀取別人的心思到某種程度，知道他們正在想什麼或感覺到什麼。這並不是遍知或全知，而只是一種有限的神通力或強化的感知能力而已。

我們終其一生都在嚮往的奇蹟或神通事蹟，現在終於出現了。我們在業力的神變幻化和習氣的展現中，見識到自心驚人的能力。假如我們的心習慣於惡念，那麼我們的心就會充滿負面能量，而示現出令人不悅或看來充滿敵意的顯相；倘若我們的心習慣於善念，那麼，相形之下，我們就會經歷到那些對自己而言是愉悅和歡喜的現象。此外，如果我們也很嫻熟本尊法的觀想修持，那麼本尊的曼達壇城就會顯現，我們就能安住在此聖境中而獲得證悟。憑藉著對空性的甚深見和淨觀，此時，我們就能透過自心的神變力而達到究竟證悟。

締造善緣

在投生中陰的第一個階段中，我們仍視自己是生前的自己，才剛拋卻的此生諸種顯相會清楚地現起。這時，我們會看到所有認識的人、聽到他們的聲音，包括親戚家人、朋友、老師和所屬宗教團體的同修道友等。由於我們具有的是意生身，因此每當我們一想到任何人，就能到達那個人的身邊。然而，儘管我們因為死亡而能看到、甚至多少能讀取他們的心思和感覺，但他們卻不能覺察到我們的存在；當我們呼喊他們時，他們也不會回應。我們不能直接安慰他們，或被他們所安慰。

對那些仍處於在生處中陰的未亡人而言，重要的是去了解，亡者的心識被拉回所愛的身旁或熟悉的環境中，基本上是很有可能的。因此，身為亡者所愛的家人，我們應當保持善念，並創造出正面和穩定的情境，這點非常重要，因為這會有助於死者的心識順利通過投生中陰。假如我們處在混亂的情緒中，那麼我們所愛的亡者可能會因為我們的痛苦而感到沮喪；假如我們覺得憤怒或冷漠，這也可能會讓他或她變得氣憤或失望，覺得缺乏愛或支持。

我們也要留意自己對往生者財產所生的念頭，以及處理其遺產的相關行為。我們應該要以關心和尊重的態度處理這些事物，假如我們處置不當，那麼這個處於中陰的心識就會受苦。這就好像我們走進房間時，看到某人拿走我們非常喜愛的東西並毀掉一樣，我們不可能會高興的。因此，我們應該記得，亡者所見、所回應的方式，和我們自己反應的方式是相同的；我們都會因為迷惑或痛苦的狀態而感到脆弱受傷。

由於中陰心識具有一些能力的緣故，因此要在這個緊迫焦慮的階段中幫助這些與我們有著密切關聯的亡者，是大有可能的。我們若能維持一個清楚、祥和、正面的心境，便能幫助他們在此情境中放鬆；若能用真正的慈悲來關懷他們，以菩提心而唯願他們獲得快樂和解脫，那麼我們絕對能幫助這個人。這就是我們能做的最好修行。

同樣地，我們也能幫助那些跟我們關係較疏遠的人，以及不相識的眾生。今日，我們處於媒體發達的環境，能從新聞播報中聽到世界各地的人們因為種種因素，如戰爭、飢荒、疾病、自然災害和悲慘事故而死去的消息。當我們讀到這樣的新聞、或聽到電視上的播報、見到這些事件的紀實影像時，如果我們能唸一些祈願文並生起善念的話，就能和這些正在歷經死亡的眾生締結善緣；而基於此善緣的締結，我們便能真正幫助那些眾生。我們能幫助他們獲得證悟，他們也能幫助我們獲得證悟，這就是所謂的二利——自利和利他。

當我們見到世上發生上述這類事件時，這麼做，遠比感到氣憤、或只是覺得憂傷沮喪要好得多了。我們總是傾向於陷入自己對好和壞、對和錯的認定上，因而生起瞋念和怪罪之心。這類負面的念頭，完全無法幫助那些已經辭世的亡者，對我們的心境也是有害的。即便我們可能無法時時刻刻保持淨念，或無法在四十九天的期間內完全保持淨念，但至少我們可以在第一念生起正面的念頭。當我們能一視同仁地為友人和陌生人的福祉，真誠地生起善念和祈願時，便會產生立即的助益，甚至會對自、他心靈之旅產生我們察覺不到的吉祥緣起。

傳統的西藏人在得知某人過世時，就會馬上持誦咒語、或某

些短版祈願文，這可以迎請加持並與證悟之心建立關聯，因此，咒語被認為是一種守護自心的方式。可以持誦的咒語有許多種，例如：「嗡 瑪尼 貝美 吽」、「噶瑪巴千諾」、「嗡 班雜咕嚕 貝瑪 悉地 吽」等。持咒之後，我們便唸誦祈願文，並生起善念。最後將我們的善念和祈願的福德迴向給這些眾生，願他們能究竟解脫。

據說我們和家人朋友所共享的業緣，能使我們代表他們而做的修行具有更大的功效。僧團中某位成員臨終時、或他們的心識已離開肉身時，若能為他讀誦中陰法教，就是幫助跟我們具有善緣者的最好方法之一。我們可以幫他們讀誦《西藏度亡經》，或是由各傳承上師所傳授的蓮師教訣。

當然，臨終者也可以親自讀誦這些教訣；但在消融收攝的過程中，由我們來幫他們讀誦也相當重要，這麼一來，即便他們起初認不出心性，也會因為再度聽到這些教訣而被提醒應該做什麼；假如他們已經熟悉這些法教，這些法教甚至會更具威力。死後，在經歷投生中陰可能出現的迷惑時，如果他們能從上師、善知識或同修道友處再度聽到中陰法教，就能夠和這些法教重新連結上，並在此刻生起想要體驗和了悟自心本性的動機。

中陰各階段

經典上說，投生中陰的經驗，約莫持續七週，即四十九天。但是，對這幾週的描述則眾說紛紜。大多數的記載表示，此中陰的前半段與此生諸種顯相和習氣較有關聯，而後半段則和來生的顯相與習氣較為有關；不過，就是到了某個時刻，我們的經驗便會有所轉變，開始受到即將投生的那一道的特質和屬性所熏染。

某些法教指出，這個轉捩點發生在第三週，即第二十一天；但是並沒有固定的規則說明情況一定會是這樣或那樣，那個時間點端賴每個人各自的業力而定。

在此所講述的中陰經驗，是依一般人的情況，亦即積聚了善業也積聚了惡業的眾生而論。但是，還有兩類眾生例外，他們不會經歷投生中陰。高度了悟的修行者，會在臨終中陰或法性中陰時獲得證悟；對他們來說，投生中陰並不存在，他們立即就解脫至法身或報身佛土。另一方面，那些積聚了巨大惡業之人，也不會經歷此中陰；其惡業的業力是如此強大，迫使他們立刻進入下一個投生，直接進入其惡性的相續中，使自己遭受到更深重的痛苦。不過這兩種情況都是極為罕見的，大多數的眾生絕對會經驗到投生中陰。

六道初現

在投生中陰的中途，我們開始見到六道之光，標示出我們投生到輪迴六道之一的途徑。由於我們尚未解脫，且似乎已經徘徊在不斷改變和無立基點的狀態中有很長一段時間了，因此我們很可能會因為亟欲找到另一個身體和居所，而被任何機會所吸引。習氣的動能「業風」，會促使我們投生到反映自己最強勢心念習性的那一道；這時，最重要的是去察覺自己的心理狀態，並實際應用此時最有效的修行法門。此時現前的光，並不是像法性中陰所顯現的純粹「慧光」；此時，心的二元習氣重返，因此這些從自心所化現的光是輪迴之光，其體性是空，本性是明，但卻沾染了我們習氣的顏色和業痕。即便如此，據說假如我們的修行特別

好，這些光還是有可能顯現為五慧光。

　　對大多數的眾生來說，此時所顯現的光，和法性中陰的鮮明活躍之光比起來，是黯淡幽暗的。當我們看到這些光時，會自然覺得被其中的一種光所吸引，而其他的光則不那麼吸引我們。但這時的教訣是，不要讓自己被這些狀態的任何一種所吸引。這時現起的白光和天道有關，紅光和阿修羅道有關，藍光和人道有關，綠光和畜生道有關，黃光和餓鬼道有關，黑霧狀的光則和地獄道相關。

　　除了這些光之外，我們會見到即將投生之道的徵兆，以各種景觀的境象呈現出來。舉例來說，假如你跟隨著天道的白光，就會看到華麗的宮殿；如果你跟隨著阿修羅道的紅光，就會看到一圈火焰，並覺得自己進入了戰場；畜生道的綠光，可能會顯出如空曠的山谷、洞穴或小屋等景象；餓鬼道的黃光，會引你到一堆木頭或叢林中；假如跟隨地獄道的黑霧光，你就會看到地牢或地洞、或是一座金屬城鎮。這些景象的描述形形色色，但再次強調，這些顯相都跟個別的經驗有關。

　　假如你受到藍光的吸引，據說你的下一生將會投生人道。人道是由四大洲所構成，其中有三洲具有許多令人夢寐以求的特質，居住其中的住民享有財富、各種舒適的資具、美麗的環境和長壽，但是他們沒有機會修持佛法。唯有一個洲能夠提供這個機會——南贍部洲。據說假如你看到一座有著公、母天鵝的湖，就表示會出生在東勝神洲；假如你看到一座山上的湖，有公、母馬在湖邊吃草，就表示會出生在北俱廬洲；假如你看到一座有公、母牛在附近吃草的湖，就表示會出生在西牛賀洲；假如你似乎進入了霧中、或是看到了一座有著美好屋舍的城市，就表示會出生

在南瞻部洲。據說霧代表的就是投生人道，而有著美好屋舍的城市則表示「珍貴人身」，一個有機會修行佛法的人身。然後你將會看到一男一女在交合，如果你繼續跟隨這個過程，就會進入女性的子宮中，而這對男女就會成為你的父母。

投生：六道的特質

根據大乘和金剛乘的見，「六道」其實是心靈的狀態，而不是一種實質的所在地，可讓我們真的前往；六道並非像是西雅圖、溫哥華、紐約或聖安東尼奧等地一樣。談到六道時，我們說的是心靈狀態、和在這些狀態中所經驗到的各種情緒強度。因此，每一道所代表的是一種由某個特定煩惱情緒、某種特定的執著、某種特性的痛苦所主宰的心念類型，而這些都在其基礎基因或基本存在中反映出來。

雖然我們可能會將六道概念化，但六道並不是由任何外在媒介或外在生命體所創造出來的，我們既是這些狀態的創造者，也是這些狀態的體驗者。從佛教的觀點看來，六道是我們個人業力（別業）和共同業力（共業）的產品；六道是我們心的投射，以某一道的經驗顯現而出。重要的是去了知我們目前所居住的這一道，也是我們心的投射，是不真實也非實體的，就如同其他五道一樣；而此處的一切都是不斷變遷、且不外乎是顯空不二的。就如同我們可以投射出這一道一樣，我們也可以投射出另一道。此外，雖然我們目前是在人道中，但就在此人道中，我們在生理上、情緒上和心理上，也經歷了所有六道的經驗。在這一生中，我們也可能會經歷痛苦難忍的地獄道經驗和喜樂的天道經驗。

從大乘和金剛乘兩者的觀點來看，六道以及每一道相關的苦和苦因，只存在於我們的心中。偉大的印度大成就者寂天菩薩曾說過，這就是佛陀所教導的，他說：「三界之中並無任何危險物，除了心之外。」亦即，就自心帶來善惡狀態的能力而論，再沒有比心更具威力的東西了。

傳統上，六道被分為三上趣與三惡趣。三上趣是天道、阿修羅道和人道，三惡趣則是畜生道、餓鬼道和地獄道。出生在三上趣，據說是因為積聚善業的結果；出生在三惡趣，則是較少善業、或因惡業習氣所致。因此，在三上趣中，較少痛苦、較少心性的迷障，眾生因而能享受到較多的自由；在三惡趣中，痛苦的程度依次而越趨劇烈，心理迷障也較為深重。然而，所有六道都在輪迴之中，因此六道全都包含了染污和痛苦的成份。

法教告訴我們，我們之所以會投向某一道的經驗，就建基於自己和所見的光之間所締結的關係強弱而定。在這趟旅程的此階段，我們正處在「成變」的過程，或者說，正在投生進入某一道的經驗中。

天道

假如我們跟隨白光而投生在天道中，將會享受到一種似乎能提供持續的生理和心理喜樂的生存狀態。天道眾生擁有的，不僅是無盡的物質財富，而且也擁有龐大的心理資財，以圓滿三摩地之喜樂的形式呈現。再者，天道的壽命用我們的標準來看也極為長久；據說，天道的一天等同於人類的一百年，因此，天人看起來似乎是永生的。

但是，儘管有著這一切的享樂，也沒有明顯的痛苦，天道仍

然是在輪迴之中。我們在此處的經驗主要是由傲慢的煩惱所宰制，傲慢心的滋長是因爲我們認爲自己已經達到了存在的最頂峰，覺得沒有任何事物能勝過我們的成就。然而，當我們的心充斥著這種世俗的傲慢時，我們的心態就出了問題，因爲我們認爲再也沒有需要學習的東西、沒有更進一步需要達成的目標，我們的傲慢便成爲修道的致命傷，使我們的心靈之旅告終，也使世俗智慧的開展因而終結。

此外，經典中也教導，在天道中，我們會對業報失去信心。這是因爲導致這個特殊投生的善業遲早會竭盡，我們終會了解到，自己根本就沒有達到究竟解脫的境界，我們仍舊存在輪迴的領域之中。我們見到天道本身也是無常的，也見到自己無法永遠處在喜樂的狀態中；我們將要在輪迴中經歷後續的痛苦，這點終究會昭然若揭。

據說天道的眾生能在死亡的前一週就預知死期，就人類而言是七百年，這個了知帶來恐怖的痛苦經驗。據說當天人死亡時，其特殊的痛苦是如此巨大，就彷彿是從天堂掉進地獄一般。而且逐漸逼近的死期也被此道的其他天人所預知，因而紛紛走避，因此在這「一週」內，這個天人是完全被孤立的。

從愉悅到痛楚的突然改變，有點類似躁鬱症，是一種瞬間墜落的心境，大幅地從興奮愉悅落入極度的沮喪憂鬱中。在這個情境中，當我們從天道的心理狀態開始下墮時，便會對自己所有的成就和任何帶給我們喜悅的事物失去信心；我們對一切都失去了信心，甚至也對自己失去信心。由此可知，天道中並沒有能達到解脫的眞正修道。

嫉妒的阿修羅道

假如我們被暗紅光所吸引並跟隨，那麼我們就會出生在嫉妒心重的阿修羅道。阿修羅也被稱為半神（demi-gods）。在傳統的佛教圖像描繪中，阿修羅道就位於天道的下方。雖然這是個佔有許多正面優勢的較高投生，但是其住民和天道的住民比較起來，所享受的富足感、愉悅和力量卻是較少的。這一道眾生主要的煩惱是嫉妒，與羨慕是密不可分的，也有著偏執狂和愛競爭比較的特性。嫉妒本身看起來好像相當無害，事實上其本質卻是毀滅性的。

傳統上，我們以阿修羅在其世界中央種植的美麗滿願如意樹的圖像，作為此道痛苦的象徵；他們辛勤地工作，照顧並培育這棵樹，使樹長得挺拔高聳而直入天道中，結果卻是，天人只要輕輕鬆鬆地摘採，就能享用豐碩的果實，而底下的阿修羅卻得繼續工作和照顧這棵樹。由此之故，阿修羅便不斷掀起與上方天道住民的戰爭，宣稱擁有這棵樹乃至所有果實的所有權。爭戰永不止息，而阿修羅總是吃敗仗，卻也從未停止對天人的優越財富與快樂的羨慕。

我們從這個說明所學到的是，當我們致力於任何計畫的基礎階段時，費盡辛勞就為了產生某些豐碩的成果，希望能為將來帶來喜悅和榮祿。然而若是讓自己困在這一道的心理狀態中，我們就會想要玉石俱焚，因為我們不能忍受其他人白白享受我們努力所得的果實。我們嫉妒他們的歡愉、悠閒和快樂。當我們中了這般嫉妒的毒時，就會想要毀掉別人，結果是，我們意欲創造有益事物的一切努力都白費了，不管我們再怎麼想要將計畫付諸實

離死之心

現，都不會有正面的結果。當我們被嫉妒的煩惱所侵略時，是不會有成果的。

此外，嫉妒也帶有極端的偏執。我們容易視別人是對手或敵人，企圖在每一回合都勝過別人。舉例來說，假如某人做了一件布施的行為，我們就一定要做出一件更大的布施。我們不僅嫉妒他人的財富，也嫉妒其福德。但是，我們的舉止並不是發自真正的利他心或悲心，而是出於想要勝過對方或使對方遜色的願望。嫉妒是能夠偷走我們正念覺察與覺性的煩惱之一，如果我們放縱這類念頭，就會將整個世界搞得天翻地覆，到最後，我們可能會從事攻擊行為，嫉妒心越演越烈而成為憤怒，然後又變成瞋恨或厭惡，這麼一來，我們的煩惱就會讓我們投生到地獄道。

人道

假如我們跟隨著暗藍光，就會出生在人道中，人道最主要的煩惱是貪欲。我們在這一道的經驗的特徵，是一種匱乏的心態，不管所處的環境為何，總覺得有一種潛藏和遍佈的不滿足感。我們可能擁有財富、美好的家庭、合適的工作、健康的身心，並居住在一個舒適的環境裡，但依舊覺得生活中缺少了什麼，心中有種不滿意和不安感，這都源自於永無止境的貪欲。我們的欲望就像是個有破洞的罐子，不管把再多的水倒進罐子裡，永遠都不可能滿溢，因為罐子無時無刻都在滲漏著。

人道的貪欲建基於細微的渴求，進而發展成較粗重層次的貪執。這些貪執並非總是易於察覺的，舉例來說，你可能會覺得自己不貪戀財物。假如你是個窮人、沒有太多財產，你就可以說：「你看吧，我對物質真的沒有欲望。」但假如你很有錢，也有很

 第七章　生或不生：業報的投生中陰

279

多資產，可能就不會看到自己對這些資產潛藏的貪執。

　　我們在人道中所經驗到最普遍和最持久的痛苦，就來自於貪執。我們對這點通常沒有什麼認知，因為我們總覺得最大的痛苦是瞋心或仇恨的產物。然而，若是綜觀世間痛苦的全部範疇，我們就會發現，貪執所造成的痛苦，遠超過其他來源所造成的痛苦。之所以會這樣，是因為貪欲的生起和許多事物息息相關：食物、錢財、衣物、住家、摯友、愛侶等。貪欲似乎是我們時時刻刻存在的體性，當然，瞋心的確具有極大的毀滅性和殺傷力，不過與貪欲相較之下，瞋心是較少出現的。

　　在人道中，我們會遇到漂亮的色相、悅耳的聲音、芳香的氣味、美妙的滋味、愉悅的觸感，這些都不是中性的經驗，這些經驗會煽起內心渴求的習氣和攀取的傾向。這些特定的客體被稱為「五妙欲」，是五種感官的對境。即便我們真的擁有了所貪求的對境，我們的喜悅也只能維持一時。最後，對境的美好會消褪、吸引力會減弱，或者露出了真正的面貌、或是遺失、被偷、或自然毀壞了，甚至還可能會轉變為相反的樣貌，變成令人覺得反感厭惡的對境。由此可知，我們的滿足感永遠都是短暫的。

　　寂天菩薩提醒我們，在輪迴中享受歡愉，猶如舔舐刀尖的蜂蜜一般：當我們舔著蜂蜜時，嚐到了非常甜美和無法言喻的美味，但是卻忘了刀子鋒利的邊刃就在底下。

畜生道

　　假如我們跟隨暗綠光，就會投生在畜生道，亦即三惡趣中的第一個。這一道主要是由心智上的愚癡所宰制，有著愚笨的特性。愚癡被視為是根本三毒之一，其他兩種毒則是貪與瞋。然

而，癡又不怎麼算是一種情緒，而是一種具有毀滅性的苦惱心境，因為它是覺醒與智慧的反面。

當我們投生在畜生道時，就像是徘徊在一個沒有保護的境遇中，我們的生存無時無刻都受到威脅，因而總是充滿了恐懼。但畜生道在心智上又不能看清事情或了解其真正的困境，心本然的清明被迷惑所籠罩，由此之故，我們因沉重、黑暗與昏沉的心境而受苦。

這並不表示畜生完全沒有感受或了解的能力，而是代表畜生不知道什麼才是真正應該知道的要點，牠們沒有自覺，也沒有自我省思的能力。牠們缺乏智慧、或說睿智之心，好引領牠們轉化習氣，帶領牠們進入更廣大的覺醒狀態中。舉例來說，畜生的確知道要如何滋養自身、照顧自己的幼雛；然而牠們卻不知要如何避免惡行，如殺戮和爭鬥，這會導致惡業的永存，並造成心本然清明的更深障蔽。

藉由觀照自心，我們便能了解智能有兩個層面：一是本能的智能或自然了解，能讓我們知道如何以雙腳立足而保持平衡，或如何斷定自己身材的大小和走道寬度的關係，使我們在穿越時不至於撞到；二是智識的智能，這能帶來真正的智慧，要獲得這類智能，唯有當我們已經累積了一定程度的福德，也願意努力朝向那個終點邁進時，才有可能。沒有人天生就是個學者或聖人，我們必須努力研讀和用功才行，即便是天才也需要讀書，哪怕只是讀一次。

當我們欠缺第二種智能時，就會被愚癡，也就是一種毀滅性的心理狀態所控制，在其中，我們一再重蹈覆轍，不斷重複那些會引我們深深陷入黑暗與恐懼的行為，總是不知道自己在幹什

麼。當然，這並不僅是對動物或畜生道來說是如此，在人道中也可能會經歷同樣的愚癡本性。

餓鬼道

假如我們跟隨著暗黃光，就會出生在餓鬼道中，其最主要的煩惱是貪婪。在此處，貪婪一般來說即是貪欲的一個面向，但表現出來的樣貌是吝嗇或慳悋。我們執著於物質財富或種種資財，以及諸種不同心理狀態。餓鬼道因貪得無厭導致內心受苦，同時也不能分享任何物質或享受任何經驗，因此，這樣的眾生被描繪成「受折磨的鬼」。

傳統的佛教繪圖，將餓鬼道的眾生描繪成是小口、針般的細頸和龐然大腹，雖然他們總是感到飢餓，心中充滿了吃、喝的欲望，任何可啖者都想要吃下去，但他們的小口和細頸卻讓他們嚥不下任何東西。

在這一道中，不管擁有再多的食物、錢財或快樂，我們仍嫌不夠，因為我們總覺得內在不完整且空乏，需要向外伸手抓取其他東西。我們對所擁有的一切無法放手；我們放不下任何東西，甚至也無法和別人分享我們的所有物，無論是物質或非物質的。我們沒有辦法給予他人金錢或快樂，因為我們太窮了，不僅需要既有的一切，而且想要更多。

這是一種匱乏心態的極端經驗。在這種心理狀態下，我們逐漸養成越來越重的執著習氣，以致於對周遭環境中的每樣東西都很執著。這樣一來，到最後，我們不僅執著和珍惜自認為是正面和有價值的事物，也執著和珍惜自己認定為「我們的」任何事物，包括我們的憤怒、嫉妒和一切負面的習氣。因此，養成這種

貪婪的習氣和過度的執著，會招致投生到幽閉恐懼和痛苦的餓鬼
道中。

地獄道

假如我們跟著黑色霧狀的光，就會投生在地獄道，這一道主
要由瞋的煩惱所宰制。就像所有煩惱一樣，瞋念的現起源自於自
我的根本恐懼，亦即對自我存在的不安全感。從這種恐懼中，憎
惡的習氣滋生。當我們存住於這一道時，攻擊性成為我們用來防
禦自己以抵抗任何威脅的利器，不管這個威脅真實與否。我們的
人際關係中有一種持續的不和感，逐漸生根而發展成暴烈的心
態。我們的整個存在，亦即心識的本性，變得被瞋心所包覆，由
此而產生語言和肢體的暴力，我們的身、語、意被瞋心所吞噬，
在這種情況下，我們再也無法保持開放的心態，也沒有空間容納
其他觀點了。

這種徹底的瞋恨狀態，就是「地獄」的定義。在佛教典籍
中，地獄道被描述成永無止盡的痛苦狀態，地獄中的眾生要不是
被火燒、被烹煮，就是受盡嚴寒。儘管我們不要把這樣的描述句
句當真，但這些情景卻生動地傳達了「地獄眾生」所負荷的心理
創傷。寂天菩薩曾說，被瞋毒所炙燃的心，永久地燒灼著，夜不
成眠，白天不能工作，也無法禪修，因為瞋心之中沸騰著強烈的
瞋恨。

假如我們慣於生氣，那麼我們眼光所及之處，都會看到敵
人。與其企圖摧毀所有的外敵，亦即我們生氣的對象，寂天菩薩
建議我們應摧毀真正的敵人，亦即瞋心本身。如果做不到這點，
那麼我們所累積的任何福德都會被輕易毀掉。舉例來說，這就像

是我們也許已經從事了一項慈善計畫多年，把所有的構想和資料都儲存在電腦裡，結果有個電腦病毒侵入系統，剎那間，硬碟中的一切就報銷了。同樣地，據說一念瞋心便能毀掉數劫的善功德，因此，這類心境不僅會傷害他人，顯然對我們自身才是最具毀滅性的。

以上便是我們可能投生的六種心理狀態的領域，在這六者中，據說人道是最有利於佛法修行的。倘若我們必須投生輪迴之中，就應該專注投生於人道。

投生的修持

經典中教導說，當我們非常接近轉世投生的時刻，就會經驗到強烈情緒的現起，尤其是貪和嫉的煩惱，這和目睹男女交合的經驗有關。當我們見到這樣的顯相時，所見到的是即將成為我們父母的一男一女，同時也會見到投生的可能地點。我們的業力若是將我們推向這對男女的方向，而我們自己也盲目地跟隨這個途徑，那麼不管這對男女居住在輪迴六道的任何一道，都將會是我們投生的所在，而這可能會是吉祥或不祥的情況。我們也許會見到一對真誠修行的愛侶，或許會見到兩條狗在交配。若是盲從於欲望的話，我們便不一定會知道其間的差別。據說假如我們將出生為男性，就會經驗到對母親的強烈情慾，和對父親的嫉妒感；如果我們將出生為女性，則會是相反的狀態。無論是哪一種情況，貪和嫉都會一起現起。

此時會發生的狀態是，根本三毒的能量越來越劇烈。隨著貪和瞋的增強，我們便越加墮入癡的狀態中，直到不知道自己是

誰、身處何處。然而，這時我們還是能透過已薰習的不同修行法門，來阻斷投生的動能。藉由金剛乘的生起次第和圓滿次第修行，我們便能將輪迴的經驗轉化爲聖境的經驗，或者也可以依止小乘出離心的修行，也可以運用大手印和大圓滿的觀禪。最起碼，我們還能減緩這個過程，契入某種程度的正念覺察和覺性之中，讓我們能檢視父母的功德和投生處，而判定某個投生是否能提供修持佛法的可能性。假如我們一而再、再而三地依循著這些教訣來訓練自己，那麼在此投生中陰的關鍵時刻，我們就能自然展現出能讓自己從輪迴中解脫的狀態。

生起次第的修持

在金剛乘中，清淨我們心續和帶來證悟功德的最有效方法，就是從一位具德上師處接受灌頂。灌頂分爲四種不同層面，每一種都和不同層面的見、修有關。四灌包含寶瓶灌頂、秘密灌頂、智慧灌頂和詞句灌頂。此處，寶瓶灌頂和顯空不二見以及生起次第的修行有關；第二種到第四種灌頂，則和圓滿次第的修行有關。秘密灌頂和明空不二見及那諾六法的修行有關；智慧灌頂和樂空不二見、拙火和事業手印（karmamudra）的修行有關；詞句灌頂則和覺空不二見，以及相符於大手印與大圓滿口訣的究竟自心本性修行有關。傳統上，這些灌頂是次第循序地授予弟子的，領受並修持了這些傳續教授後，生起次第和圓滿次第便結合爲一。

金剛乘的生起次第修行，是爲了轉化投生中陰經驗而傳授的主要法門。這些法門在我們開始看到未來的準父母和投生地點的

景象時，更是特別重要。當我們親見交合的男女，生起了貪和嫉妒的煩惱時，會出現兩種可能：這些煩惱的強烈能量，要不是將我們的明覺覆蓋，就是將我們提升到更廣大覺醒的境界中。假如我們被煩惱襲捲而無法認出當下正在發生的一切，就會進入女性的子宮內，繼續輪迴的旅程；另一方面，如果我們能認出這個時刻，就能轉化經驗的本質，並改變我們的際遇。

有兩種途徑能阻斷投生的動能，這是透過不同的方便法門來達成的。第一種叫做「遏止人」（block the person），也就是遏止要進入子宮的人；第二種叫做「閉胎門」（closing the womb's door）。透過生起淨觀，將我們對不淨相的感知轉化為淨相，我們便能達成這兩者。第一種法門是在我們一看到男女交合或感受到貪欲時，便運用金剛慢，觀自身為所選定的本尊。第二種法門即是將眼前所見的、正在進行交合的男女，觀想為是自己所選定本尊的化身，或是觀想為我們的根本上師。在這兩種情況下，我們粗重的煩惱馬上就被轉化為證悟的智慧。假如我們透過這兩種法門的任一種而成功轉化了，便是證得了第三灌的見和修：樂空無別。最起碼基於執著和攀緣的迷妄顯相也會消失，我們會重獲清楚的神智，也能自由地選擇一個吉祥的投生。

基本上，當我們能契入自心本性以及顯相的空、明本質時，進入另一個輪迴投生的入口就被堵絕了。但是，我們的首要之務便是要在生處中陰時好好修學這些修行法，只有在目前獲得某些真正的體驗，我們才能在關鍵時刻展現淨觀。

轉化貪欲

觀想本尊

修學生起次第，要從清楚觀想自身爲本尊形相或圓滿證悟之聖者開始。我們要讓自己習慣現起證悟的形相，並以淨觀來看待周遭的他人與世界。修學一陣子後，我們的觀想會變爲清楚的顯相，具有精確、鮮活和通透的功德特質，就像是水中月亮的倒影一般。當我們能眞正如實地展現淨觀時，便擁有了圓滿解藥，能夠對治投生中陰撲天蓋地而來的迷惑顯相。我們在正式的座上禪修和座下狀態都要練習這個修持。一般來說，此處的教訣是，一意識到自己在執著自我，也就是心中一生起「我」的念頭時，便立即憶起自己的本尊，並生起本尊觀。此外，每當強烈的煩惱現起時，我們便將此能量的閃現轉化爲本尊。

在正式的上座禪修時，首先要以正確的坐姿坐好，並安頓自心，然後再以正念覺察和覺性觀察任何情緒的現起，情緒一出現，就立即觀想自身爲本尊。如此一再一再重複練習，你便會嫻熟這個修持，於是日常生活中每當某個情緒現起時，你自然就能現起爲本尊。除了自現爲本尊之外，將我們所有情緒的對象也觀想爲本尊相，也是非常重要的。

本尊的本源有陽性和陰性的面向，當兩者雙融爲一時，代表的是色、空無別。陽性能量所對應的是此雙運的色分，代表慈悲或善巧方便；陰性能量對應的則是此雙運的空分，是智慧或般若的體性。因此，我們可以用陰或陽的面向來觀想本尊，但在勝義諦的層面上，此兩者從未分開過，空性和慈悲一直都在雙運的狀態中。在概念上，我們可以將其擬人化爲兩者，以作爲淨化和轉

化二元不淨相的善巧法門。

我們就以這樣的了知來練習觀想，將那個讓我們生起情緒的對象或對境觀想爲本尊的配偶或法侶。舉例來說，假如自觀爲金剛薩埵是慈悲的體現，那麼你就觀想任何情緒的對象是金剛托巴（Vajratopa，即金剛薩埵的佛母），是空性和般若的體現，這麼一來，此現起的情緒或能量，以及兩者之間的遊戲幻化，就自動成爲本尊心意的行止，是清淨本覺的活動。當你具有自觀本尊、觀對象爲本尊、觀情緒爲本尊行止的三輪情境時，結果就是你生起了證悟的境界。

在你的修行中，假如感覺到對另一位眾生起了貪愛或慾念，就以同樣的方式生起本尊觀，並觀想你貪愛的對象就是你的法侶，貪欲本身則觀爲證悟心的根本能量、或覺醒能量的一個面向，這樣一來，貪欲便不會障蔽自心且強化習氣，而是能夠將你喚醒。藉由修行，我們便能在貪欲一現起的同時就自觀本尊，於是，在貪欲生起的第一瞬間，當下你就變成了本尊，而你並不需要停止或捨棄貪欲。

將所有的煩惱都囊括在這個修行中，是非常重要的一環。我們應該要去轉化瞋、癡、慢、嫉和貪，亦即輪迴六道的煩惱和心理狀態。當你經驗到瞋，讓你瞋恨的對象就成爲本尊；當你經驗到嫉妒，你所嫉妒的對象就成爲本尊；每回煩惱一現起時，其對象就變成本尊。這麼一來，這個世界就充滿了本尊，而每個讓我們產生煩惱的對象就變成了神聖的對象，於是這個世界就變成了聖境。

在投生中陰的最後階段，將要投生之際，你就可以運用這個修持。當你見到交合的對偶時，就生起本尊觀，並觀想你所貪愛

和嫉妒的對象皆是本尊。這時，你以想要覺醒的強大願心，乍現出一個完全神聖的世界：自身為本尊、對象是本尊、煩惱是本尊的行止。藉由此法門的力量，你會自然而然地證悟自心本性即是樂空雙運，這即是了悟第三灌頂的見，也是第三灌的修持。

如此一來，你便會獲得究竟解脫，而投生中陰及整個輪迴就會到達終點。假如你在此特殊時刻投生的話，那麼你的出生會是一個神聖的降生；縱使你或許不完全了悟心性，也會遏止不淨投生的可能性。你會投生在淨土中，或至少會是個善的投生，因為你具足了聖觀，以此聖觀，不管你進入的世界為何，都會是聖境。

觀想上師

另一個遏止不淨投生的觀想法門，也涉及了轉化凡俗認知成為淨相。在此情況下，我們觀想所緣的對象——交合的對偶，是我們根本上師的體現。我們可觀想上師獨自一人或有法侶，同時也可以換為觀想蓮師和其明妃耶喜措嘉。這時，我們生起虔誠的清淨心，並讓自心專一地安住在上師究竟本性的體性上——樂空無別。假如我們在整條修道上貫徹了自己的虔敬心，那麼在此刻，我們和傳承上師相連結的心，就會喚醒我們內在對於自心本性的真實體驗。

圓滿次第的修持

藉由圓滿次第的修持，我們洞徹大樂的體驗，並獲得對真正本性與心靈修道目標的深刻了解。在噶舉傳承中，圓滿次第的修

行係由那洛六法所組成，在這一組修持中，有四種根本法和兩種支分法。四種根本法的作用是對治我們一生中的「四境」，我們所能想到的各種行為模式，都囊括在這四種情境、或說四種狀態中，亦即醒境、熟睡境、夢境和交合境。兩種支分法則攸關中陰與遷識的經驗。

我們對這四境的經驗，通常都和粗重迷惑緊密相連，但藉由那洛六法的修持，我們便能根除這些迷惑。在這四種根本法中，我們先前已討論過三種：幻身瑜伽，是醒境迷惑的對治；明光瑜伽，是熟睡境迷惑的對治；睡夢瑜伽，是夢境迷惑的對治❸。第四根本法包括了拙火和事業手印的修行，是交合迷惑的對治，這兩種法門都會帶來樂空不二的直接了悟。在事業手印的修行中，行者藉由與實體明妃的雙運修行而獲致樂空不二的直接了悟；在拙火的修行中，行者並不透過實體明妃，而是透過觀想法的善巧方便而證得相同的了悟。

除了本尊法的修行之外，我們也可以靠著這些圓滿次第修持的修煉，來轉化投生中陰的經驗，並阻斷不淨的投生。舉例來說，我們可以憶起一切萬法的如幻本質，這即是在運用幻身修行。此時，我們生起強烈的發心，想要了悟眼前所見的一切，不管是恐怖的對象、或似乎是庇蔭處的子宮，無非都是顯空不二的。這會讓凡俗、不淨的諸顯相止息，而從如幻三摩地中，我們會見到自心之報身本性的淨相。我們也可以依止睡夢瑜伽的修行，假如我們生前已有能力控制夢境，那麼在投生中陰時，便能

---

❸ 在此文義脈絡中，當用到「瑜伽」一詞時，指的是那洛六法之根本六法的其中一種修行。

夠控制自心與意生身，也能夠遊歷或投生淨土。在投生中陰的此時，僅憑對空性的了悟——心與顯相的空性，也是很有幫助的。透過明光瑜伽與立斷（大圓滿修持中直接「斬斷」一切念頭）的修行，便能強化這個了悟。在明光瑜伽中，我們將覺性帶入熟睡狀態中，便能夠了悟自心根本清明而又無念的本質。在立斷的修行中，藉由斬斷一切概念的造作，我們直接洞徹心的空性。若能讓自心處於空性的了悟中，便會自然引發迷妄顯相的消融，因而恢復我們的正念覺察和主導投生過程的能力。

事業手印被視為一種能同時轉化貪、瞋、癡的特別重要法門，這是金剛乘法教中所傳授的法門，尤其是在最高階法教，如無上瑜伽部密續（Anuttarayoga tantras）所傳授的。為了要讓這個修持成為真正超勝了義的修行，能讓我們在當前與投生中陰時轉化迷妄的煩惱，行者必須在一個適當的情境下才能修持此法。這代表著要有適當的修行根基作為基礎，並且要從個人的上師處直接領受詳細的教訣。這些教訣的傳授必須是私下、面對面的授予；若無此適當情境的佐助，就會變成是純粹瘋狂的行為。建立起適當的基礎後，事業手印的修行就會變得非常有威力，在修持時也不會產生任何問題。

身為人類且是欲界的住民，我們世界的主要基礎就是欲念，我們的一切攀緣執著都奠基在某種貪執或貪欲上。從金剛乘的觀點來看，我們要面對或禪修的就是貪欲的元素，這點是非常重要的，因為貪被認為就是存在或成變的根源。假如我們能處理貪欲的強大能量，那麼我們就是在面對和轉化自身存在的根基。當然，我們也要去面對和處理所有的煩惱，這是同等重要的；但處理貪欲更形重要，這是因為藉由轉化貪欲，我們才能超越對此生

的攀執，以及對存在與下一生的貪著。就是因為如此，金剛乘法教才會有這麼多關於這個煩惱的修法練習。

這些就是圓滿次第的修法，被稱為「甚深瑜伽」及「離戲瑜伽」。經由這些逐步漸進的瑜伽修持，你將會了達這些修法練習。運用圓滿次第的教訣，我們就不需捨棄眼前的顯相，而是能在其中修行並證得佛果。

以出離心來轉化

假如你謹守小乘之道來修行，那麼此處所傳授的教訣便是專注在出離心的開展上，這能扭轉將我們繫縛在輪迴中的貪執，你可以在這一生中全心投注在思惟無常、苦和不淨觀。假如你的發願和發心堅強且清楚，那麼這些修行就會轉化你對於肉身和相對世俗存在的貪執。傳統上，你要思惟自己和他人的肉身是如何不清淨或不乾淨，以消弭認為我們的身體是清淨或乾淨衛生的認知。同時，你也要培養出五蘊是「五濁」的見解；這種觀修會引發一種對肉身的厭惡感，並加深我們的出離心，強化想要從輪迴中解脫的心。

於是，在投生中陰時，每當你覺得自己被欲念的誘惑所困時，就可以試著以強化無貪出離的方式，讓自己從這個情境中脫困。假如終此一生你一直都在修持無貪的出離心，那麼在投生中陰時，這些律儀就會是非常強有力的法門，能閉止胎門，直到一個幸運人身的投生徵兆顯現為止。

A計畫與B計畫

　　這些便是爲了超越投生中陰而傳授的主要修行。當然，先前論及的大手印和大圓滿修行，也是我們可以運用的有力法門。但是，既然大手印和大圓滿的超越是究竟的超越，所以此兩者主要應該是作爲臨終中陰和法性中陰時立即證得解脫的方便法門；假如我們已經到了投生中陰，也許就需要倚靠此處所描述的修持。這就好像是準備好一個後備方案一樣。A計畫靠的是大手印和大圓滿觀禪的修行而直接證悟心性；B計畫靠的則是金剛乘的法門，如生起次第和圓滿次第的修行，或者是如出家戒律所規範的小乘法門。

　　雖然在死亡的三個中陰裡的心靈經驗，據說是極爲鮮活清晰的，使我們因而比在生處中陰更容易了悟心性，但我們不應該孤注一擲地指望以此爲拯救之道、或解脫的方便。我們應該全神貫注在當前的修行上，並感念能有機會修學這些法門。目前我們沒有痛楚、擁有穩定的環境、且擁有肉身爲基礎，其實是更容易面對和禪修我們的心念的。因此，我們應該專注於當下就獲致心性的了悟。

　　我們現在擁有一個清楚的心智，可以進一步加以發展。然而如前所見，臨終中陰時，我們卻會歷經各種極可能引發迷惑、並產生恐懼的經驗，我們也可能會經歷肉體痛楚的困難體驗。就你目前所有的心理狀態而論，在面對劇烈痛楚時，你有多確定自己可以在此同時直觀自心本性？這是個大問題。假如我們能眞正看著痛苦而不爲所動，倘若我們可以掌握、超越痛苦，沒有驚慌失措、沒有尋找止痛劑，那麼我們在那個當下就能獲得大證悟。但

通常每當我們有痛楚時，就會去找藥局，即便只是一丁點的頭痛，也要去拿普拿疼。

所以，當我們在還算健康無病痛時，若能坐下來禪修，就是在善加利用這個大好機會。我們擁有大好時機來與平靜清明的經驗產生連結，並讓自己習慣於這種狀態，而這個狀態即是已生起勝義超卓之洞見的心。假如我們無法讓這個基礎合宜穩固，那麼又能在何種基礎下讓證悟現起呢？這是另外一個大問題。

金剛乘的修行之見

為了善加運用本尊法的法門，我們要深入了解構成這些修持的甚深見地，也要知道這些見地即是本尊法之轉化力的根源，這是非常關鍵的一環。若沒有這層了解，這類修行要不是沒有功效，就是會引導我們走到錯誤的方向上。一旦了解此見，我們就能專注在能直接運用於投生中陰經驗的觀想修持。我們知道自己將會面對一定的挑戰，也知道自己將能夠運用觀想的法門，立即轉化這些經驗。

在前述的止、觀修行上，我們透過顯相的兩個面向來禪修本尊法，此兩層面即是：慣常所感知的不淨、二元面向，以及一切顯相根本本質的清淨面向。當我們提及不淨相和淨相時，並不是說有分開的兩組對象；我們所談的是「現象被感知的方式」。已認出其自性即明光空性的那個心，能感知顯相真正明、空的本性；而被障蔽的心，則會感知到一個固實、二元的自我和世界。

如前所述，本尊修法需有兩個階段，即生起次第和圓滿次第的修行。在生起次第中，我們生起與自己有特定緣分的本尊觀。

首先，我們觀想自身即是此本尊的身相，然後也觀想此本尊出現在面前虛空中，最後觀想周遭的整個環境即是此本尊的聖境或壇城。生起次第的修行，是能夠開展我們俱生智慧、洞見或般若的善巧法門訓練，最終定能讓我們直接體驗到明晰、清淨的現象本性。

在一座修法結束前的圓滿次第修持，我們將一切融入於空性中，並安住在鮮明、無形的虛空中。生起次第與圓滿次第這兩個基本原理，我們已於小乘與大乘道上透過止觀禪修培養出來；在金剛乘中，止的面向是生起次第，觀的面向則是圓滿次第。

本尊法是金剛乘修道的一環，有三個特點有別於其他修道：第一，具有豐富的各種善巧方便以用於證悟之道上。第二，金剛乘的行者具有利根器；換言之，行者洞澈的洞見、或說般若，變得如此敏銳和精確，能輕易斬斷在道上現起的任何障礙、迷妄或執著。第三，這是一個沒有困難的修道，意味著金剛乘的旅程是短而快速的。爲什麼？它之所以爲快速道，是因爲金剛乘以果、以目標爲道。金剛乘視證悟、全然清淨和徹底覺醒的境界，都已完全具現在「當下」，且其法門即是對自心本性具有信心的無畏表達。此外，金剛乘引介我們去見到與體驗到，貪、瞋、癡所有煩惱的一切面向，實乃大樂之本性。這麼一來，從這個觀點而言，並沒有所謂輪迴中有著痛苦這件事，也沒有任何東西是需要被摒棄的。當你已經從具德上師處，以灌頂和直指口訣的方式接受了傳承的傳授後，便可進入此道，全心投入生起次第與圓滿次第的修持。

生起次第之見

　　生起次第的修行，我們生起自身即是本尊的觀想，這並不是新創了本來並不存在的某種東西，我們並不是觀想純粹是想像的某物。我們在這個階段所要做的是去達致顯相的根本狀態，而顯相即是我們所經驗到之主體（做者）、客體（受者）、動作或主／客之間的互動（所做之事），盡可能以精確、清楚、神聖的觀點來看待這三者。當我們視自己是本尊、視周遭的世界為神聖的曼達拉壇城時，我們就是看到了心和顯相的真正本性；我們看到了心的明性是遍在的，持續展現為各種清楚和鮮明的顯相。

　　當你在觀想時，如果你想像你（本尊）是自己之外的某人，並想像自己置身於現在真正所處之外的某地，那就沒有什麼助益了。在此情況下，你認為眼前所見到的世界，並不是你所觀想的世界，而是別的東西，是較不神聖的。這並不是大手印或大圓滿的見，這絕對不是金剛乘的見，也不是真正的生起次第。真正生起次第的見，是顯、空的雙運；也就是說，任何可能現起的一切事物：我們自己、別人、念頭、情緒和概念，以及整個現象宇宙，清楚地顯現，但同時卻又沒有任何實質的存在。

　　因此，生起次第無非就是用來訓練我們如何精確體驗此明性的善巧法門，也就是說，這是離於概念，因而也是離於二元分別的一種方式。之所以能精確看到明性，是因為沒有任何概念的障蔽；只要你還透過概念的濾網來看待顯相，就不是「準確或精準地看到」顯相。舉例來說，當你感知到一個視覺的客體時，概念之心並不會清楚分辨實體和你加諸於上的標籤之間的差異。你一感知到某種東西，就立刻下了標籤：紅的、藍的、白的、桌子、

離死之心

椅子。由於客體和標籤兩者，在認知過程中並不被認為是分開的兩個面向，於是在一開頭，兩者就被混為一談了。一旦你為某個東西下標籤，稱之為「紅的」或「椅子」等等，這個標籤就遮蔽或干擾了自心對那個鮮明清晰之客體的體驗。

為了要超越我們的概念之心，金剛乘傳統使用了許多不同的法門。其中之一是具相瑜伽（yoga involving signs），即利用客體來作為參照。在此，我們所使用的徵兆或象徵，是本尊的身相，以及曼達壇城或聖境的意象。當行者觀想某位特定的本尊時，此本尊和某個特定的上師傳承、特定的諸佛菩薩及其他特定的眷眾有關，而他們所象徵的即是覺性和佛行事業的本源。而且，作為本尊故土或所在地的曼達壇城，也被視為一座莊嚴的宮殿，成為本尊和證悟聖眾的一個觀想所依境。因此，生起次第的修行的確包括了某些概念造作的成份，是我們運用概念來超越概念的狀態。這就像是以火攻火、或以毒蛇的血清來治療蛇咬之毒一般，觀想這些象徵的修行，帶我們進入一個無念或離念的狀態。當我們離於概念時，就能全然地、極為精確地體驗到顯相的鮮活明性。

三種善巧方便

在投生中陰中，當我們真正體會到心的明性時，我們就有了聖觀：本尊的曼達壇城就正在我們眼前，於是我們免除了恐懼，且不再發展出任何更深的迷惑。為了要獲得這樣的體驗，有三樣東西必須淨化；而為了淨化這三者，我們要有三種善巧方便：凡俗的顯相藉由觀想本尊曼達壇城而淨化，凡俗的攀執藉由金剛慢而淨化，執顯相為實存則藉由空性見而淨化。

明相

生起次第之第一種善巧方便的用意，是為了淨化凡俗的顯相。普遍來說，我們並不會去質疑顯相的實存，也以顯相的表面價值來看待它們。我們相信肉身和物質世界以我們所感知到的世俗方式存在著。當你聽到法教言及「萬物皆空」，連你自己也不存在時，一開始要了解這些概念是很困難的。因此，為了要逆轉將「自我」概念化為凡俗迷惑眾生的這個習氣，你要說：「對，我的確存在，但是並不是以這種凡俗、迷惑的方式存在。我實際存在的方式是以本尊的清晰形相而存，而我的世界則是清淨、光明的曼達壇城世界。」於是，你對世俗顯相的攀執，便透過觀想自身為本尊、周遭世界是曼達壇城，而被淨化了。以這種方式來修持觀想，就是體驗心之清明本性的善巧方便。

金剛慢

在此第二善巧方便的用意，是為了淨化我們所經驗到的凡俗自我感（我見）視為「我」的攀執。第一種善巧方便與外界、或外在的顯相層次有關，但此處我們要禪修的卻是概念的層次；我們見到自己是如何抱持著自我實存的信念，且認為這個自我在某種程度上是獨立於身體之外的。在金剛乘中，這樣一種凡俗自我的概念，會透過金剛慢或本尊慢的方便而得以轉化。如前所述，金剛慢並不是一般針對「自我」而生起的凡俗、輪迴的傲慢，也不是一種跟「他人」比較而生起的優越心態；金剛慢指的是「以我們的根本佛性為傲」，我們完全俱足信心，知道自心本性原本就是清淨、覺醒，且充滿了證悟功德。我們以這種本性為傲，此本性以究竟本尊的形相根本地存在著，我們就是用這種金剛慢作

為修道。經典上說，若沒有了金剛慢，我們生起次第的修行就不會有什麼成效，更不可能圓滿。不管你的觀想有多麼清晰，假若沒有金剛慢，就不可能徹底轉化凡俗的攀執。

空性見

第三善巧方便的用意，是為了淨化我們對顯相實存的攀執。我們以為自己所經驗到的客體——色、聲、香、味、觸，是以某種具體的方式而實際存在著。同樣地，我們也相信念頭和情緒以意念現象而實存著。對治我們執著於此信念的針砭之藥，便是空性見，這是任何觀想修法的基礎。

經典中教導說，當你在觀想時，應該現起如水中月亮倒影般的觀想——顯而空、空而顯。月亮影像的種種細節清晰易見，同時卻也是通透和非實體的；既在水中，但也不在水中。《心經》中提到：「色即是空，空即是色；色不異空，空不異色。」我們的觀想特質就應該是這樣。

此空性的道理也同樣適用於我們經驗中的一切元素。尤其是在生起次第時，本尊身是顯、空無別的；我們所持誦的任何咒語是聲、空無別的；一切心的變動，亦即我們的念頭和情緒，是覺、空無別的。

此處的關鍵是將你的觀想培養到清楚、鮮明的程度，屆時，只要集中心念在觀想上，一切對世俗顯相、輪迴傲慢、二元分別念的各種攀執，都會自然止息，都會透過這個極為善巧有力的修行而被轉化。

在一開始，生起次第的修行看來似乎主要是一種概念式的修行。但是，一旦你嫻熟於此過程後，那個實相對你來說就會是自

然而然的。到某個階段時，你就不必再去想本尊的形相、或要如何生起本尊觀，本尊會自然於自內心生起，毋須概念的佐助；你這本尊會自動現起在聖境中，你的生起次第修行會離於概念並超越概念。當你到達這個程度時，就叫做「不造作（離戲）的生起次第」，也被稱為「離戲瑜伽」，已幾近於圓滿次第了。

　　生、圓次第的兩個階段，會在某個時刻合而為一，代表你正體驗到顯相和空性是無別的。我們必須了解的事實是，生起次第的真正體驗是超越概念的；我們所觀想的本尊和曼達壇城，並不僅是概念所創造的，而是心之明性鮮活展現的表達，這種明性自始至終一直存在於我們身上。這種能力並不是新創之物，我們也不是在觀想自己所沒有的某種東西，而是終於實際體驗到心的真正本性。

圓滿次第之見

　　圓滿次第的修行有兩階段。第一階段是將所觀之本尊曼達壇城融入空性，這麼做是為了讓我們的心遠離對顯、空雙運之明分的執著。消融可以依次第完成，或是剎那即成。接著，我們儘可能持久地安住在空性的境界中。

　　在圓滿次第的第二階段，我們做的是實際的覺性修持，這會帶來所謂「大樂智慧」的體驗。這些修行都和迎請來自內在真正加持的過程有關，也和自覺智慧（self-aware wisdom）的本源相連。行者在圓滿次第最高層次所體驗到的真正智慧，是大樂的智慧；這是雙運的智慧，是俱生和任運存在的。直到我們體驗到雙運的本性、此大樂和空性的雙運之前，都不算體驗到金剛乘密續

的真正圓滿次第。我們在第一階段所修持的化空階段、安住在空性中，是開始體驗此雙運本性的方式，這是邁向大樂境界的過程。

座下禪修

在座下禪修的狀態中，一切顯相都是觀想之物，亦即生起次第的面向；而當我們看著這些顯相，發現沒有堅固、實存物時，這便是圓滿次第。日常生活中生起次第的實修，是努力維持聖觀之見，並且去體驗眼前所現起之顯相的清新與生動清晰。如果你能體驗到舞動、顯現在眼前和在其他感官中的實相〔審校註：實相（reality）在法義上有兩個層次，一是世俗相對實相，一是勝義究竟實相，此處所指的是世俗實相，也就是所有相對層次的顯相。此處所說的是去看到所有顯相之真實本性的鮮明清晰〕的真正本性，是那麼鮮活與清明，就是對本尊曼達壇城極為清淨的體驗了。究竟上，就是這麼回事。

假如你能觸及此體驗、或是在觀看世界時憶起此體驗，就會是座下狀態中最好的生起次第修行。在幻身的修持中，你所見的一切事物都被視為是如幻的、如夢的，這也同樣非常有幫助。但是假如你陷入某種被強烈煩惱擾獲的境遇中，亦即所謂被某種煩惱所襲擊，或是一般難與某人相處的時候，你就可以應用聖觀之見。你可以觀想自身和其他任何人是本尊的形相，認出煩惱本身的清淨本性是覺空不二的，是本尊智慧心的遊戲幻化，於是，你周遭的一切事物都成了此聖境的一部分。

離死之心

　　根據佛教的修持方法，死亡並不是我們可以取、捨的某種東西。也就是說，我們不能在時機未到就趕赴死亡，也無法在死亡已然來到時，設法無限期地拖延。佛法的修行便是做自己，這也包括了安步當車地置身於所在之處。當前的「做自己」，便是安然置身在生處中陰裡，這是我們應該這麼做到、也是必須做到的。假如我們企圖到別的地方去，比如到死亡中陰中，這就不是佛法的修行了。如此，我們就不實在，就不是身處當下的狀態中，而是試圖活在未來裡。

　　同樣地，當臨終中陰到來時，如果我們試圖跑到別的地方去，比如到生處中陰裡，這也不是佛法的修行。我們不是在做自己，而是試圖活在過去中。當我們是個瀕死之人時，就必須當個瀕死者，在死亡發生時，我們必須真正置身其中。伍迪‧艾倫有個笑話：「我不怕死，只是當死亡發生時，我不想在那兒而已！」表達了我們對死亡的態度，也表達我們文化中普遍的訊息。但在此的重點是：不要害怕在任何時刻、任何情境下做你自己。這就是一切佛法開示的訊息所在，無論是小乘、大乘、金剛乘。

　　每當我們談到「我們的人生」時，事實上，我們是在談論「當下」的每一剎那，也就是我們曾經「真正活過」的生命。這就是我們最實際的自己、最實際的所在之處。由此可知，所有三乘的修行，即是去練習一再、一再回到當下；因為當下總是在可及之處，我們總是可以試著處在當下。不管我們的處境為何，無論周遭環境為何，我們可以努力處於當下而毋須改變任何事情。

假如迷惑在那兒，我們便可赤裸無遮地觀照其體性；假如喜悅在那兒，我們便可直觀此體驗的頂峰。

　　因此，面對中陰這體驗最有效的法門，即是練習「處在當下」。這個修行能帶領我們認出中陰的真正本性，即究竟的中陰，也就是在這當下的體驗、空隙的體驗。這也就是為何在修止時，我們要將注意力帶至呼吸上的緣故。氣息就是當下，呼吸就發生在當下；我們既不是在過去，也不是在未來。某個時刻消融時，有一種純粹敞開、無立基點的經驗，其中無一物是真正固實的，但在此同時又有著驚人的清明和能量，這就是自心或裸然覺性之本性的直接體驗，亦即是中陰的體性。當我們認出心的本性時，輪迴迷惑的顯相便會抵達終點；當我們不能認出其本性時，輪迴迷惑的顯相在下一刻就會持續下去。

　　住於當下、住於此刻狀態中，是本書討論這些法教的起點，也是終點：不在別處，就在此地、此刻中。當投生中陰結束時，我們要不是以某種形式投生在輪迴中，就是在涅槃中。從佛教的觀點來看，死亡並非終點，因為它也是一個起點。此生顯相的終點，是下一生顯相的起點；死亡可能是輪迴的終點與涅槃的起點，也可能是一個珍貴人身的終點，和一個痛苦輪迴經驗的起點。一切操之在我，端視我們經歷各個中陰階段時，如何面對自己所歷經的旅程。

　　對我們心靈之旅來說，重要的是自己真正去接觸這些法教，並不時加以溫習。今日，中陰法教的翻譯有許多種語言的譯本，也有許多口傳法教的謄寫本、書籍和圖表。我們所擁有的，可能比實際上所需要去了解這些法教的還要多；但是，我們需要的是加以利用。舉例來說，每一年定下某些時間來研讀這些法教、思

惟這些教訣，將會有所裨益。我們應該停下目前正在做的事，憶起無常並為死亡做好準備。死期何時會到來？可能是明天、也可能是今天。死亡降臨的時間是不確定的，因此，我們必須做好準備；我們一天二十四小時都必須準備好。

由於我僅是在複述蓮師的教訣，所以研讀這些內容應是會有些助益的，假如能加以實修，也應會有一些實際的功用。此處所呈現的修行教訣和方便法門，直接取自經續典籍，並不是任何上師的個人詮釋，這些訣竅也由許多人使用過，如果你真的試試看，就會因認出生處中陰和死後中陰而受益。既然此生的經驗和臨終的經驗對我們所有人來說都是共通的，顯然每個人都會以某種方式來歷經這六種中陰。

因此，這些修行對我們所有人來說是息息相關，甚至是必要的，直到我們超越旅程本身為止。總有一天我們會發現，在究竟上，心是超越死亡的。我們是誰、我們在哪兒，都是心。心之相續不斷，係因心是無生、無滅的；心之相續不斷，係因心超越了我們對時空的概念；心並不侷限在某個時間或地點所發生的事。心猶如寄居在肉身中的旅客，讓旅程進行著，直到我們能完全擁有與生俱來的無限智慧和慈悲，並了悟本俱自性中的自在和清淨為止。

英文版編輯致謝

　　編輯群要感謝為此書出版做出貢獻的許多人。首先我們要感謝聖安東尼奧（San Antonio）的日佩多傑中心（Rigpe Dorje Center），贊助西元2002年的「智慧寶藏閉關課程」，讓仁波切在此傳授這些法教；也感謝常住在此的主要人物簡・普凱特（Jan Puckett）和約翰・理查森（John Richardson）。特別要感謝蓋瑞・韋納（Gerry Wiener）幫助仁波切所做的口譯和筆譯，他是本書發展過程中源源不絕的豐富資料來源。也要感謝派特・李（Pat Lee）和金剛迴音（Vajra Echoes）的影、音錄製。感謝布魯斯・羅依（Bruce Roe）謄打此次閉關的開示，以及海倫・席門（Helen Silman）製作鉅細靡遺的綱要和原稿的初次編輯。

　　我們尤其感謝那瀾陀菩提佛學中心（Nalandabodhi）的老師與譯者長期的幫助，他們持續提供建言、名相術語的說明和一般的協助。特別地，我們要感謝阿闍黎札西・旺秋（Tashi Wangchuk）、滇津・南達（Tenzin Namdak）、泰勒・德瓦（Tyler Dewar）、卡爾・布魯霍薩（Karl Brunnhölzl）及提姆・華騰（Tim Walton）。泰勒、卡爾和提姆對名詞解釋也貢獻良多。滇津・南達提供了觀想用之藏文字母的繪圖。史蒂芬妮・強斯頓（Stephanie Johnston）幫忙圖片的篩選，她也閱讀了部分原稿，提供了有益的建議，卡洛・佛列明（Carole Fleming）和希瑟・陳（Heather Chan）同樣也是。我們也想要謝謝安娜―布朗・葛瑞斯渥德（Anna-Brown Griswold）在原稿幾近底定時，對內文的審閱和頗具洞見的編輯。

編輯群從安德魯‧何羅賽克博士（Dr. Andrew Holocek）的建言中，受益匪淺，他是位資深的實修學者、圓滿三年閉關的行者，也是香巴拉佛教僧團的老師。多年來，何羅賽克博士一直都是這些法教的忠實學生，我們深深感激他與我們分享其淵博的知識，並持續在本書發展過程中，慷慨撥冗協助閱讀原稿。

我們也要感謝雪獅出版社，尤其是席尼‧彼本（Sidney Piburn）的幫助和鼓勵，讓此計畫有了成果。我們的編輯群：蘇珊‧凱瑟（Susan Kyser）和安東妮雅‧薩克森（Antonia Saxon）提供了有用的編輯佐助，以及對整本書編排上的建言。我們也要對察札基金會（Tsadra Foundation）致上謝忱，准允我們重印八蚌寺的畫作；還要感謝魯賓博物館（Rubin Museum）應允對雪莉和達諾‧魯賓夫婦收藏之畫作的刊印。

最重要的是，我們要感謝竹慶本樂仁波切，他持有這些法教的純正傳承和蓮師的口傳教授，將這些彌足珍貴的教訣，以如此清楚、可親近的方式，與我們分享。在每個階段，仁波切都會空出時間來回答問題，闡明困難之處，並持續強調這些法教的無神論本質，以及每個人都具備了悟書中所描述之自心光明本性的基本能力。我們深切地感謝有此機會，能在仁波切睿智和慈悲的指導下，從事這些法教的相關工作。書中的任何錯誤之處，編輯群願爲其有限的了解和過失，擔負全責。然而，願此努力，能輝映並協助仁波切不動搖之願心，得以成就眾生眞正、永續的利益。

辛蒂‧希爾頓（Cindy Shelton）及瑪格‧庫克（Marg Cooke）
誌於那瀾陀菩提編輯委員會

附錄一 | 《臨終智大乘經》

༄༅། །འདའ་ཀ་ཡེ་ཤེས་ཀྱི་མདོ་བཞུགས་སོ། །

རྒྱ་གར་སྐད་དུ། ཨཱརྱ་ཨ་ཏྱ་ཛྙཱན་མ་ཧཱ་ཡཱ་ན་སཱུ་ཏྲ།

བོད་སྐད་དུ། འཕགས་པ་འདའ་ཀ་ཡེ་ཤེས་ཞེས་བྱ་བ་ཐེག་པ་ཆེན་པོའི་མདོ།

སངས་རྒྱས་དང་བྱང་ཆུབ་སེམས་དཔའ་ཐམས་ཅད་ལ་ཕྱག་འཚལ་ལོ།

འདི་སྐད་བདག་གིས་ཐོས་པ་དུས་གཅིག་ན། བཅོམ་ལྡན་འདས་འོག་མིན་གྱི་རྒྱལ་པོའི་ཁང་བཟང་ན་བཞུགས་ཏེ། འཁོར་ཐམས་ཅད་ལ་ཆོས་སྟོན་པ་དང་། བྱང་ཆུབ་སེམས་དཔའ་ནམ་མཁའི་སྙིང་པོས་བཅོམ་ལྡན་འདས་ལ་ཕྱག་འཚལ་ནས། འདི་སྐད་ཅེས་གསོལ་ཏོ། བཅོམ་ལྡན་འདས་བྱང་ཆུབ་སེམས་དཔའ་རྣམ་འཆི་ཀ་མའི་ཚེ་སེམས་ཇི་ལྟར་བལྟ་བར་བགྱི། བཅོམ་ལྡན་འདས་ཀྱིས་བཀའ་སྩལ་པ། ནམ་མཁའི་སྙིང་པོ་བྱང་ཆུབ་སེམས་དཔའ་རྣམ་འཆི་ཀ་མའི་ཚེ། འདའ་ཀ་ཡེ་ཤེས་བསྒོམ་པར་བྱའོ། དེ་ལ་འདའ་ཀ་ཡེ་ཤེས་ནི། ཆོས་ཐམས་ཅད་རང་བཞིན་གྱིས་རྣམ་པར་དག་པས་ན། དངོས་པོ་མེད་པའི་འདུ་ཤེས་བསྒོམ་པར་བྱའོ། ཆོས་ཐམས་ཅད་བྱང་ཆུབ་ཀྱི་སེམས་སུ་འདུས་པས་ན་སྙིང་རྗེའི་འདུ་ཤེས་རབ་ཏུ་བསྒོམ་པར་བྱའོ། རང་བཞིན་གྱིས་འོད་གསལ་བས་ན། མི་དམིགས་པའི་འདུ་ཤེས་རབ་ཏུ་བསྒོམ་པར་བྱའོ། དངོས་པོ་ཐམས་ཅད་མི་རྟག་པ་ཡིན་པས་ན། ཅི་ལའང་མི

ཆགས་པའི་འདུ་ཤེས་རབ་ཏུ་བསྒོམ་པར་བྱའོ། སེམས་རྟོགས་ན་ཡེ་ཤེས་ཡིན་པས་ན།

སངས་རྒྱས་གཞན་དུ་མི་བཙལ་བའི་འདུ་ཤེས་རབ་ཏུ་བསྒོམ་པར་བྱའོ།

བཅོམ་ལྡན་འདས་ཀྱིས་ཚིགས་སུ་བཅད་དེ་བཀའ་སྩལ་པ།

ཆོས་རྣམ་རང་བཞིན་རྣམ་དག་པས། །

དངོས་པོ་མེད་པའི་འདུ་ཤེས་བསྒོམ། །

བྱང་ཆུབ་སེམས་དང་རབ་ལྡན་པས། །

སྙིང་རྗེ་ཆེན་པོའི་འདུ་ཤེས་བསྒོམ། །

རང་བཞིན་མི་དམིགས་འོད་གསལ་བས། །

དངོས་པོ་ཅི་ལའང་མི་ཆགས་བསྒོམ། །

སེམས་ནི་ཡེ་ཤེས་འབྱུང་བའི་རྒྱུ། །

སངས་རྒྱས་གཞན་དུ་མ་ཚོལ་ཅིག །

བཅོམ་ལྡན་འདས་ཀྱིས་དེ་སྐད་ཅེས་བཀའ་སྩལ་པ་དང་། བྱང་ཆུབ་སེམས་དཔའ་
ནམ་མཁའི་སྙིང་པོ་ལ་སོགས་པའི་འཁོར་ཐམས་ཅད་རབ་ཏུ་དགའ་ནས། བཅོམ་ལྡན་
འདས་ཀྱིས་གསུངས་པ་ལ་མངོན་པར་བསྟོད་དོ།

འཕགས་པ་འདའ་ཀ་ཡེ་ཤེས་ཞེས་བྱ་བ་ཐེག་པ་ཆེན་པོའི་མདོ་རྫོགས་སོ། །

《臨終智大乘經》

梵文名稱爲：*Arya-atyaya-jnana-mahayana-sutra*
藏文名稱爲：*Pakpa da ka yeshe she jawa tekpa chenpo do*

頂禮一切諸佛菩薩

如是我聞，一時佛住於密嚴淨土（Akanishtha）之梵天王殿中，傳法予諸聖眾俱。彼時，虛空藏菩薩頂禮白佛言：「世尊，菩薩於臨命終時，云何觀照其心？」

佛曰：「虛空藏菩薩，菩薩於臨命終時，應修臨終之智。云何臨終智，一切萬法本俱清淨，故修無實之想；一切萬法總集於菩提心，故深修悲心之想；自性光明，故深修不可得之想；實有法即無常，故深修不貪著萬物之想。若悟此心，即爲智慧，故深修不往別處覓正覺之想。」

佛乃說偈曰：

萬法自性俱清淨，
故修無實性之想；
具有殊勝菩提心，
故修大悲心之想。

自性無得光明性，
故修無貪著之想；
心乃智慧之生因，

不往別處覓正覺。

佛說此偈已，虛空藏菩薩等眷眾，皆歡喜信受，讚嘆佛語。
此乃《臨終智大乘經》訖。

【白話文】

《臨終智大乘經》

梵文名稱爲：*Arya-atyaya-jnana-mahayana-sutra*
藏文名稱爲：*Pakpa da ka yeshe she jawa tekpa chenpo do*

頂禮一切諸佛菩薩

　　如是我聞，曾有一時，佛住於密嚴淨土的梵天王宮殿，向聚集此地的聖眾傳授教法。當時，虛空藏菩薩向佛頂禮之後，請問道：「世尊啊，菩薩臨終之時，應如何觀照自心呢？」
　　佛如是答曰：「虛空藏菩薩啊，菩薩臨終之時，應該禪修臨終智。而臨終智又是什麼呢？因一切現象本來清淨的緣故，要禪修無實存之觀；因一切現象都含攝於菩提心的緣故，要深入禪修悲心之觀；因一切現象都是自然光明的緣故，要深入禪修無參照點或無所緣之觀；因一切物質皆是無常的緣故，要深入禪修對萬物的不貪著。若能了悟此心，即是本初智，因此要深入禪修不向他處尋覓佛果之觀。」

佛於是造了偈言：

萬法自性俱清淨，
故修無實性之想；
具有殊勝菩提心，
故修大悲心之想。

自性無得光明性，
故修無貪著之想；
心乃智慧之生因，
不往別處覓正覺。

佛道畢此偈言之後，虛空藏菩薩與其他聖眾皆心生歡喜，並讚嘆佛所作的開示。

以上即圓滿了《臨終智大乘經》。

（審校註：英譯版本係由泰勒·德瓦遵照竹慶本樂仁波切之指示，從藏文譯為英文。此處之文言版，主要依據藏文並參考英文而譯成；另依仁波切指示，加上藏譯中之白話文，以利讀者學習觀修。白話文譯者：江翰雯。）

所有摘錄自《證道歌集》（*Songs of Realization*）的詩歌，版權屬於堪布竹清嘉措仁波切與馬爾巴翻譯委員會（Marpa Translation Committee, 2002）；單獨的詩歌版權屬於譯者所有（2003年）。

一切色相

一切顯空不二色相，如同彩虹光彩閃亮，
在顯空不二的廣境中，放下我心到無心處。

種種聲音聲空不二，如同迴音繚繞不停，
在聲空不二的廣境中，放下我心到無心處。

種種覺受樂空不二，超越筆墨所能形容，
在樂空不二的廣境中，放下我心到無心處。

一切覺空不二覺性，超越概念所能明瞭，
在覺空不二的廣境中，放下覺性到無心處。

堪布竹清嘉措仁波切1998年作於尼泊爾寶大佛塔附近之譯經苑（Garden of Translation）。版權屬於馬爾巴翻譯委員會（2002），金・史考特（Jim Scott）編譯。
英譯中：台灣馬爾巴佛法中心／江翰雯

八無拒

果倉巴之金剛歌

南無　喇那　咕嚕

以三身藥之施予，令等虛空眾有情，
消除滅盡痛苦病，禮敬尊聖樂惠施。
心性虛空清淨處，若為惡業雲覆聚，
即以本智大風力，無拒本淨如是行：

病痛無基亦無根，無作清新鬆坦住，
離言與思法身顯，無拒病痛本清淨。(1)

惑相魔障之神變，唯心而離生滅戲，
離諸懼怖與怯弱，無拒鬼神本清淨。(2)

四大疾病眾苦痛，若病或癒離貪瞋，
俱無漏樂之妙味，無拒煩惱本清淨。(3)

諸種苦樂高與低，知其無實成道伴，
希懼取捨盡遠離，無拒輪迴本清淨。(4)

人生總為病逼惱，莫視為錯莫厭棄，
一味之行出莊嚴，無拒痛苦本清淨。(5)

昏沉掉舉之心識，即是法性本無垢，
不思除滅之心想，無拒愚癡本清淨。(6)

由無始來之串習，如幻心念紛然現，
不修空而離執實，無拒妄念本清淨。(7)

無有生死之俱生，知生滅住亦無存，
無爲寬廣大境界，無拒死亡本清淨。(8)

此八無拒本清淨，是需反修入一味，
是尊叔姪心意趣，是破魔軍之力鎚，
是我乞人之修行，是遊山間之順緣，
是成二利最勝樂，老父已知汝當行。

果倉巴上師撰，版權屬於馬爾巴翻譯委員會（2002年），1997年8
月編譯於美國佛蒙特州噶瑪‧卻林（Karme Choling）。
藏譯中：釋妙融。

離死之心

蓮師祈請文

一首「顯相解脫爲本尊，聲音解脫爲咒語，心念解脫爲淨性」的祈請文。

顯現於眼所見一切相，內在外在一切之萬法，
情器世間諸法雖顯現，令其安住遍尋無我處，
能所二元悉皆淨化時，即本尊身明空不二也，
貪欲已自解脫之上師，鄔金貝瑪尊內我祈請。

顯現於耳所聞一切音，執取諸音悅意不悅意，
令其安住聲空不二境，離一切念超越諸想像。
諸音空性無生亦無滅，如是即成勝利者教法，
勝者教法聲空不二也，鄔金貝瑪尊內我祈請。

心隨境轉一切之驛動，諸念孳生五毒與煩惱，
令諸念心無造作安住，莫思往昔莫臆測未來。
若令驛動安住於原處，一切驛動解脫入法身，
覺性已自解脫之上師，鄔金貝瑪尊內我祈請。

祈請賜予加持令淨化，外在所攝對境之顯相，
祈請賜予加持令解脫，內在心理運作能覺心。
祈請加持能所二元間，明光將證本來之面目，
三世一切善逝悲心中，祈請加持我心得解脫。

由蓮師傳授南開寧波。馬爾巴翻譯委員會1997年9月28日於丹麥編譯。版權屬於馬爾巴翻譯委員會（2002年）。

英譯中：台灣馬爾巴佛法中心翻譯小組

七種樂

南無　喇那　咕嚕

當念生起有能所，引誘迷惑我的心；
但我直觀其本質，不閉根門來修行。
念頭猶如空中雲，搖擺閃爍遨遊處；
念頭生起正歡喜，念頭生起正歡喜。

煩惱令我心動念，烈火燃燒著自己；
無須任何對治法，化鐵成金點金液。
煩惱所具之力量，全然無垢無染樂；
煩惱生起正歡喜，煩惱生起正歡喜。

當受鬼神困擾時，無須法咒來驅除；
自我想法應驅離，此念由我而生起。
魔眾將成殊護法，障礙生起正歡喜；
魔眾將成殊護法，障礙生起正歡喜。

輪迴苦痛折磨我，不可沉溺自哀嚎；
願我擔起大重擔，走向解脫大正道。
眾生業力我願受，心底生起大悲心；
業果成熟正歡喜，業果成熟正歡喜。

病痛蹂躪我身體，無須藥物來解除；
以此病痛爲道路，以此病痛爲道路。
以此力除我無明，讓善功德日增益；
疾病生起正歡喜，疾病生起正歡喜。

神識離開幻化身，焦慮悲痛莫據心；
訓練自己且明白，並沒有人在死亡。
母子光明相結合，心捨身體正歡喜；
母子光明相結合，心捨身體正歡喜。

諸所橫逆相違背，無須任何對治法；
當下應作的修持，直觀念頭的本質。
不去改變與阻止，惡緣生起正歡喜，
不去改變與阻止，惡緣生起正歡喜。

以此輪迴諸過患，譜成歡喜七種樂。
以此輪迴諸過患，譜成歡喜七種樂。

怙主果倉巴所撰，金・史考特（Jim Scott）與安・布查迪（Anne
Buchardi）於1996年8月2日譯於美國佛蒙特州巴涅郡（Barnet）噶
瑪卻林。版權屬於馬爾巴翻譯委員會（2002）。
1999於新加坡英譯中：台灣馬爾巴佛法中心／江翰雯、林有君、
黃靖雅

迴向

願善惡緣諸眾生，
捨此迷惑妄想境，
西方淨土速願往，
五道十地圓滿成。

堪布竹清嘉措仁波切撰於1999年8月29日，金・史考特編譯。版
權屬於馬爾巴翻譯委員會。
1999於新加坡英譯中：林學文、台灣馬爾巴佛法中心／林有君、
黃靖雅

惹瓊巴六中陰（六中有）

摘錄自密勒日巴傳《惹瓊巴的開悟─灰崖金剛堡》末章

敬禮至尊諸上師

介於顯空之中陰

並無常見與斷見

假立言說吾不為

了悟無生與離思

此吾托缽乞者「見」

於諸證悟行者列

吾已無愧於心矣

於諸證悟行者列

吾已無愧於心矣

介於樂空之中陰

並無修止之參照

與其對抗吾心念

安住本心無散逸

此吾托缽乞者「修」

於具悟境行者列

吾已無愧於心矣

於具悟境行者列

吾已無愧於心矣

貪與無貪之中陰
染樂無痕無存跡
非僞善者無邪營
顯相所現爲助伴
此吾托缽乞者「行」
於諸瑜伽行者列
吾已無愧於心矣
於諸瑜伽行者列
吾已無愧於心矣

有過無過之中陰
究竟無淨無不淨
離於欺誑非騙者
以吾自心爲見證
此吾乞者「三昧耶」
於諸持戒行者列
吾已無愧於心矣
於諸持戒行者列
吾已無愧於心矣

介於輪涅之中陰
眾生覺者無分別
不求希懼之果報
痛苦現前爲大樂
此吾托缽乞者「果」

於諸成就行者列
吾已無愧於心矣
於諸成就行者列
吾已無愧於心矣

於字與義之中陰
學者文語成規無
一切疑惑皆已斷
一切萬象爲法身
此吾乞者之「證悟」
於諸博學行者列
吾已無愧於心矣
於諸博學行者列
吾已無愧於心矣

惹瓊巴上師撰，依堪布竹清・嘉措仁波切釋義，由伊莉莎白・卡拉翰（Elizabeth Callahan）英譯，派翠克・瑞利（Patrick Reilly）譜曲。2002年7月於紐約、法國和比利時。英文版權屬於馬爾巴翻譯委員會（2002）。
英譯中：藍星
編譯：江翰雯（2009）

自醒勉

明覺之子
累了
心的旅程浩瀚無垠
在這六道輪迴之旅中
若我能累積里程
此時早已獲得兩張涅槃的免費機票！

心念綿延不斷
若我能正念覺察
一切煩惱之鮮明體驗
此時早已回返本覺之家園！

六塵透晰的美
如此裸然
使其坦誠十足
若我能於當下而住
此時早已得見佛土！

證悟珠鍊串飾了
天使的髮冠

獨一無二的堅韌力量
誠摯閃耀於輪迴心間

讚歎，讚歎，噶瑪巴！

竹慶本樂仁波切於1998年8月23日（星期日），作於亞比寺
（Gampo Abbey）
英譯中：江翰雯（2008）

天堂

海　湛藍，
心　無垠。
天堂　燦爛，
明光是為心。

天堂的廣境
與深藍海洋相遇。
於地平線合而為一
帶我超越氣息。

天堂是狗屁。
愛嚇人的宗教，真是要命！
人不需要上帝。
自由解脫原俱於心。

竹慶本樂仁波切 1997年7月13日作
英譯中：江翰雯（2008）

　　對金剛乘的行者來說，知道一些四不共加行的歷史，以了解
其根本的目的，是很重要的一件事。四不共加行是行者在從事所
謂的「正行」，不管是大手印、大圓滿或密乘本尊修法之前，應
歷經的四項基礎前行訓練。但是，我們必須了解到，前行並不僅
是「先行」於正行而已，而是能讓我們為金剛乘旅程的實際體驗
做好準備，而這樣的理解對我們的修道而言是必備的。

　　我的上師，堪布竹清嘉措仁波切常建議學生，要去回顧偉大
金剛乘上師的生平：如印度大成就者薩惹哈（Saraha）、帝洛巴和
那洛巴，以及在西藏延續這些上師傳承的西藏大師馬爾巴、密勒
日巴和岡波巴。閱讀他們的故事和生平記載之後，我們發現，當
時並沒有固定的一套修法叫做「前行」。

　　現今所修習的四不共加行儀軌：皈依與大禮拜、金剛薩埵咒
語持誦、供曼達和上師瑜伽，都在第九世噶瑪巴旺秋多傑（1560-
1603）之後才發展出來。今日，每一項修持都重複十萬次已成為
傳統；但在第九世噶瑪巴之前，這個修道的部分並未以任何套組
的形式存在。

　　由於以往並沒有任何正式的修法組合是需要做十萬次這個唸
誦、或十萬次那個修持，因此傳承中的每個祖師為自己的實際修
持所做的準備，都是獨一無二的。薩惹哈所做的前行，並沒有被
帝洛巴、那洛巴、馬爾巴或密勒日巴所重複；因此，我們不應該
認為前行就只能是那些符合目前既存文化傳統的儀軌而已。假如
我們以這種僵化的方式來看待前行，就會完全失去重點，我們就

離死之**心**

無法觸及這些修行確實的主要用意。

如果我們檢視這些大師的生平與修道的話，就會發現每個人奠定根基的方式各自不同；我們甚至會開始感謝自己所需要做的，就只是十萬次的大禮拜而已！偉大的婆羅門薩惹哈是一位傑出的學者，曾在印度的那瀾陀大學擔任住持多年；生平後期，他捨棄了僧服和那瀾陀的尊崇地位，成為一個較卑微的密乘瑜伽士和單純的造箭師。實際上，帝洛巴將自己（以禪修帶）繫住了十二年，在一處洞穴中禪修；之後，以白天榨芝麻油、晚上在妓院中工作維生。帝洛巴的心子那洛巴，也是一位聞名的學者。那洛巴跟著帝洛巴，歷盡了十二年大大小小的試煉：先是尋找上師，接著是忠誠地侍奉上師、遵循他的各種指示，像是從一座寺院的屋頂跳下、在一場婚宴上偷取食物（而被怒氣沖沖的賓客痛毆）。那洛巴的心子馬爾巴，則是一位來自西藏知名而驕傲的譯師。馬爾巴的前行，是徒步到印度尋訪上師，這段旅程既艱辛又危險，總是飽受盜匪攻擊的威脅，更遑論是同行譯師的嫉妒了！馬爾巴總共做了三趟這樣的長途跋涉。馬爾巴的弟子密勒日巴的故事，以及密勒日巴的弟子岡波巴，同樣也示現了極為不同與充滿挑戰的準備期。

當我們看著這些歷史上的典範時，就會看到一個必經過程發生時的掙扎情境。這個過程包括了業報的成熟，和隨之而來的超越。除了每個人的前行所採取的截然不同形式之外，其共通之處就是經驗上的強度。

金剛乘的雲霄飛車

　　你可以在自己的前行修法中，看到掙扎情境、業報的成熟過程及超越。你修行的形式雖不同，但激烈的程度卻是相同的。正是這個緣故，使密乘的修行迥異於小乘、大乘的修道方式。相較之下，金剛乘的旅程則充滿了來自於直接面對念頭和情緒之鮮明能量的多采多姿和刺激興奮。這就好比是搭乘雲霄飛車一般——沒有時間覺得無聊。有一次，我和前一世蔣貢康楚仁波切一同搭乘雲霄飛車，是他說服我坐進去的，爬昇上去時我覺得非常享受——如此美景當前；接著卻是瞬間的陡降，這就相當嚇人了！這就是這趟旅程的本質。

　　金剛乘前行的運作方式，就像是取出手中之刺一樣；假如你將手浸泡在溫鹽水中，刺就會鬆開並突起，讓你能輕易地將刺拔出。同樣地，金剛乘的前行正是用來鬆動我們惡業種子和根深柢固習氣的過程，並將之帶到表層；而一旦這些都暴露出來時，我們就能處理並加以超越。不管我們是修持大禮拜、金剛薩埵咒語、供曼達或上師瑜伽，都是在創造讓我們業種成熟的因和緣。就是這麼回事。我們不應該怪罪修持金剛乘前行時所感到的任何不適、或是所歷經的激烈程度，這本來就是我們所追尋的，也是使得「超越」可能發生的所在。否則，倘若我們因為這些經驗而退縮，不能好好利用它們來使自己免於這些習性，就會像剛開始要拔出那根刺，卻因為疼痛而半途而廢一般。與其完成拔刺的工作，我們竟然試著將刺推回去；我們心想：「晚一點再拔好了。」此處的目的，就是要使我們惡業的因和緣成熟，並且要在惡業成熟時，超越或降伏。

有時業報成熟的經驗會讓我們覺得相當暴烈難受，但也可以覺得相當美好，就好比坐雲霄飛車往上攀爬時。那洛巴和帝洛巴在一起時，有某些喜悅的時刻，同樣也有艱苦。所以，無論是在上師的指示下去婚宴上偷食物、或是做十萬次的大禮拜，我們都是在面對內心，並且為修道的下一個階段做好準備。

前行法的目的

　　前行法的目的，是讓我們準備好以便面對接下來的一切。這很像是笑話的故事情節，能為我們鋪排出最好笑的部分。你必須在一開始先掌握住故事情節，笑點才會有意思。每個人都想要聽到笑點，但如果你講得太快，就達不到目的，不會有任何的效果。不過，如果你安排得恰到好處，聽眾就會真的懂得笑點而哈哈大笑；假如你的故事情節掌握得不好，聽眾就會說這個笑話普普通通。

　　金剛乘的修道也是如此。前行是讓我們聽懂笑點所鋪陳的故事情節；在此情況下，笑點所比喻的正是引介我們進入心性實修的直指口訣。因此，前行是極為珍貴的——如果修得好的話。前行之所以有如此功效，並不僅是因為我們所做的持誦和重複次數，而是這個過程讓我們有了面對自心的機會。計算自己十萬次大禮拜、咒語等等的過程，掀起了極大的情緒，同時也讓許多業種達到成熟的階段。整個前行法的目的，就是要讓我們在此情況下去面對自心。如果我們錯失了這個步驟，只是專注在累計數字直到完成為止，我們的修行就變成只是個遊戲，到最後就會成為所謂「普普通通」的前行。這也不錯，至少我們做完了。但這並

非真正的準備，唯有當我們能在這個階段面對自心時，真正的準備才會發生。

當我們聽到「前行」這個詞時，不應該自動認為這只是必須完成四件事的一個列表，反而應該認為是在為真正的修行做準備。舉例來說，如果你要在家中招待一位像是達賴喇嘛之類的重要人物，就必須花上許多時間為他這次來訪做好準備。實際的拜訪可能只花十五分鐘，但你卻需要費上幾個月的時間，來為這十五分鐘做準備。這就是前行——準備工作。因此，好好想一想，前行就好像是為一個重要事件，譬如直指心性的口訣、你的正行，做好準備工作。這是我們所能擁有的最重要的來訪，貴賓就是我們的上師，而重要事件則是對心性的直指。

有時候學生會在我已經給了直指口訣後，又問我直指口訣。要如何「得到」直指口訣，是常常縈繞在我們心中的問題之一；但唯有在我們充分準備完善時，才會真正得到口訣。直指並不會花太長的時間，有時可能只是幾秒鐘而已，就像是帝洛巴和那洛巴的故事一樣。那洛巴已經從帝洛巴處接受直指的口訣多年，但卻一直未能認出這些直指心性的時刻。最後，帝洛巴對他說：「你還是不懂嗎，我兒啊！」他脫下拖鞋猛敲了那洛巴的額頭一記。這時，那洛巴便得到了完整的傳授，因為他已經準備了十二年之久；而這段準備的過程，就是我們所謂的前行。

密續的四種前行修法

皈依

在四種前行的每個修法中，我們都有機會和金剛乘修道的甚

深要點產生關聯。四者的第一種——行六皈依、發菩提心和大禮拜，是用來和傳承本源產生關聯的方法。我們常會談到傳承，以及我們和傳承的關係，但這卻是我們正式締結關聯的時刻。做大禮拜時，我們站在觀想出來的傳承系譜、所屬的族譜圖像前，這可回溯到持金剛（審校註：以往法本譯師譯為「金剛持」或「金剛總持」，但此處採用第十七世大寶法王親自更譯的「持金剛」）、這證悟心性自身。在禮拜時，應該集中心力培養虔敬心，並專注和面前的金剛乘傳承產生心意上的相連。除了佛、法、僧三寶之外，我們也找到和三根本的關聯，也就是由我們上師所體現的傳承本源、本尊本源，以及由勇父、空行、護法所代表的一般護法本源。傳統上，我們說上師是加持的根本，本尊是心靈成就的根本，護法則是證悟事業的根本。這是處理和面對傲慢心和其他煩惱的「身」修行，但同時這也是金剛乘修行中，與金剛乘大手印和大圓滿傳承在較深層面上——屬於更個人且較少概念性的層面，產生連結的時刻。在此修法的結行時，我們要生起菩提心。

金剛薩埵

第二個前行是金剛薩埵咒語的唸誦，是用來淨化那些障礙得見自心本性之能力、且妨礙我們真正利益眾生之負面習氣或業種的方法。在這個修行中，我們觀想報身佛金剛薩埵、這本淨的具現，就在我們的頭頂上。然後，如同儀軌的解說，我們持誦金剛薩埵百字明咒語，並一再、一再地觀想我們身、語、意的一切不淨都被清淨了，這麼一來，我們一次又一次地變得與金剛薩埵沒有分別。身為金剛乘的行者，我們必須記得，心的究竟本性是圓滿清淨的，從無始以來便沒有任何染污。當我們和金剛薩埵產生

連結時，就是直接與自身的佛性、俱生的證悟潛能產生連結。但是，就世俗諦相對層次而言，我們都以二元的負面方式來感知自己的身、心，而這正是我們所要淨化的東西。由此可知，在金剛薩埵的修行中，我們不僅在清淨世俗相對業力的不淨，也在和佛性的根本心產生連結。我們發現，自心從本初以來，便是金剛薩埵的本性。

獻曼達

第三個前行是獻曼達，是用來放下一切貪著和攀執的方法。透過金剛薩埵修行的淨化過程，我們終於和身、心的清淨本性，以及宇宙的清淨本性產生連結。現在，我們甚至也放下了清淨的實相。我們先觀想出整個器世間宇宙，想像其充滿了無數全然清淨、美麗的形相，和令諸感官感到愉悅的其他種種事物，然後我們一再重複將這個曼達獻給六個皈依的對象。這麼一來，我們不僅捨去了對不淨事物與負面心境的貪著與攀執，也同樣捨去了對任何清淨、愉悅與所渴求之事物的貪著與攀執。我們常認為對負面習氣，例如對生氣或嫉妒的執著是錯的，是必須降伏的某件事；但卻認為對正面習氣，例如對智慧或是清淨事物，譬如佛性之念的渴望，是沒有問題的；我們看不出這類執著其實也是一種障礙。不過，在供曼達的修行中，我們試著放下這世界所能提供的一切最美好事物。我們不是在丟垃圾，把不想要的東西給出去，而是在放下我們真的很想要的東西，特別是那些有著純淨本性的東西。

上師瑜伽

第四項前行是上師瑜伽，是用來增長我們的虔敬心，並與傳承加持力產生連結的方法。在完成了前三項的修行後，我們已經建立了對於自身佛性、自身金剛心的某些信心基礎。對於所領受之法教的甚深本性，我們已有了某些了解，也發展出一種對上師的感激與尊敬之情，以及一種想在更深層面上與他或她產生關聯的企求。總之，我們對自己、法教和持有傳承的上師，有了信任和信心。此時，我們已準備好全然地敞開心胸，領受傳承的加持。

重要時機

今日，我們不需要越過高山、跋涉千里地去尋找上師；我們也許在附近的商場就能遇到上師了。然而，儘管肉體上的艱困較不具挑戰，我們卻常會缺乏與上師長時間、近距離親身接觸的機會。但是，如果我們的前行很如法的話，不管是以何種形式來修持，都會將上師的體驗、將師徒關係的經驗，直接帶入自己的生活中。它將會以上師親臨的同樣方式，帶領我們面對情緒和概念的鮮明能量和多采多姿，所以其中不會有任何東西錯失。不管我們的年紀多大，假如我們能迎請上師和傳承進入我們心中，就會和帝洛巴、那洛巴，以及往昔所有大成就者一樣，有相同的機會證悟心之本性。

但首先，我們需要藉由明白前行的歷史和目的，來了解什麼是前行、什麼不是。前行並不僅是四件事的組合而已，而是一條

甚深的修行之道，能讓我們的身、語、意爲金剛乘之旅做好準備，以便讓我們一路通達悟境。前行可以是五件事、或六件，或是一段時間，像是十二年之久，同時也可以僅是對佛學見地深入廣大的學習研究。

　　藏文中有個諺語說道：前行比正行更爲深奧。爲什麼？因爲沒有前行，我們就無法體驗正行的深奧。我曾在一家銀行裡見過一個標語寫著：「當準備遇上機會，就成了運氣。」這說的就是前行：準備是前行，而機會就是正行；當這兩者遇上時，就是重要的時機，亦即在心性體驗上，可能發生戲劇性轉變的關鍵時刻。

臨終中陰：死亡時刻

I. 肉身五大的粗分收攝消融

五大	脈輪	五蘊、 五識、 五智	外徵兆 （肉身經驗）	內徵兆 （認知經驗）	密徵兆 （譬喻明光）
地→水	臍輪	色蘊 眼識 大圓鏡智	沉重感漸增 失去體力和 靈活度 體重減輕	心覺得沉重、倦 怠、視覺減弱	海市蜃樓相
水→火	心輪	受蘊 耳識 平等性智	身體開始枯乾 口渴感漸增 體液滲出	心智的清明漸 失，心變得更加 煩躁，容易迷惑	煙狀相
火→風	喉輪	想蘊 鼻識 妙觀察智	四肢開始失溫 覺得漸冷	心在清楚與不清 楚之間，逐漸無 法認人，也不能 區別物體	螢火蟲相
風→識	密輪	行蘊 舌識、身識 成所作智	呼吸變得急促 呼吸變得困難 呼氣較吸氣長 外息停止 （醫學上的死亡）	心變得極迷惑、 不穩，時而有 「幻覺」，時而有 清晰念境	熠耀火炬相

II. 意識的細微消融收攝

明（顯） 心的顯相融入心的增相	吭 白明點降至心輪	陽性能量；慈悲或方便；色空雙運之色分	如月光照耀於無雲夜空 光明的白顯相	三十三種與瞋相關之念於此止息
增 心的增相融入心的得相	短啊 紅明點升至心輪	陰性能量；智慧或般若色空雙運之空分	光明的紅顯相如日光照耀於無雲晴空	四十種與貪相關之念於此止息
得 心的得相融入空大	紅、白明點在心輪會合包裹住本覺	內息停止真正死亡	光明的黑顯相如同無日光、月光、星光的無雲天空	七種與癡相關之念於此止息，一切概念止息
圓得 空大融入明光	識在心輪再度融入佛智或一切種智	識蘊及法界智完全收攝消融	無相明光或法身明光清淨（無著）覺性廣大如晴空般	究竟本性揭顯亡者要不就是昏厥，或因了悟心性而得獲解脫

法性中陰的文武百尊

四十二尊寂靜尊

天數	顯現面向	象徵
	法身明光	
遍在	本初佛普賢王如來（深藍色） 和普賢王佛母（白色）	根明光 明空不二
	報身明光	
第一天	毗廬遮納佛 和女性佛虛空法界自在母（白色）	識蘊（佛父） 與空大（佛母）的本淨
	五方佛族系：佛部 五智：法界體性智 六道：天道與畜生道	
第二天	金剛薩埵佛（不動佛） 和女性佛佛眼佛母（藍色）	色蘊（佛父） 與地大（佛母）的本淨
	五方佛族系：金剛部 五智：大圓鏡智 六道：地獄道	
	男性菩薩地藏菩薩和彌勒菩薩 女性菩薩持鏡菩薩和持花菩薩❶	眼識與耳識的本淨（男性菩薩） 色塵與過去念的本淨（女性菩薩）❷

第三天	寶生佛 和女性佛瑪瑪基佛母（金黃色） （Mamaki）	受蘊（佛父） 與水大（佛母）的本淨
	五方佛族系：寶部 五智：平等性智 六道：餓鬼道	
	男性菩薩普賢菩薩和虛空藏菩薩 女性菩薩鬘女菩薩和香女菩薩	鼻識與舌識的本淨（男性菩薩） 香塵與法塵的本淨（女性菩薩）
第四天	阿彌陀佛 和女性佛白衣佛母（紅色）	想蘊（佛父） 與火大（佛母）的本淨
	五方佛族系：蓮花部 五智：妙觀察智 六道：人道	
	男性菩薩觀世音菩薩和文殊菩薩 女性菩薩持琴菩薩和持燈菩薩	身識與意識的本淨（男性菩薩） 聲塵與未來念的本淨（女性菩薩）
第五天	不空成就佛 和女性佛三昧耶度母（綠色）	行蘊（佛父） 與風大（佛母）的本淨
	五方佛部：羯磨部（業部） 五智：成所作智 六道：阿修羅道	
	男性菩薩除蓋障菩薩 和大勢至菩薩（金剛手菩薩） 女性菩薩散香菩薩和持糖菩薩	阿賴耶識與染污識的本淨 （男性菩薩） 現在念與味塵的本淨（女性菩薩）

第六天	四十二位寂靜尊壇城俱現。上方為普賢王如來與普賢王佛母，其下各為諸佛菩薩之壇城、眷眾；還有：	煩惱之本淨（六佛） 邪見之本淨（男性守門聖尊） 四種生之本淨（女性守門聖尊）❸
	六道之六佛 四位男性守門聖尊 四位女性守門聖尊	

第七天	五持明及其明妃（不屬於中陰文武百尊之中） 半忿怒尊	

五十八尊忿怒尊

法身明光		
	大勝嘿嚕嘎與忿怒母 （深棕色至栗色）	本初佛的忿怒相 轉化無明為本覺

報身明光		
第八天	佛部嘿嚕嘎和佛部忿怒母	轉化妄念的能量為法界體性智❹ 降伏與色塵相關的概念

第九天	金剛部嘿嚕嘎和金剛部忿怒母	轉化瞋的能量為大圓鏡智 降伏與聲塵相關的概念

第十天	寶部嘿嚕嘎和寶部忿怒母	轉化慢❺的能量為平等性智 降伏與香塵相關的概念

第十一天	蓮花部嘿嚕嘎和蓮花部忿怒母	轉化貪的能量為妙觀察智 降伏與味塵相關的概念
第十二天	羯磨部嘿嚕嘎和羯磨部忿怒母	轉化嫉的能量為成所作智 降伏與觸塵相關的概念
	五十八位忿怒尊壇城俱現，加上本初佛之忿怒尊共六十位。上方為大勝嘿嚕嘎與忿怒母，其下各為嘿嚕嘎與明妃之壇城；還有四十八位女性神祇、瑜伽母或女神： 　八位瑜伽母 　八位女魔 　四位女性守門聖尊 　二十八位女神	八識與八境的本淨（八位瑜伽母和八位女魔）；避免四種輪迴投生與生起利他心（四位女性守門聖尊）；行使四種事業：息、增、懷、誅（二十八位女神）❻。

❶ 關於諸佛眷眾的名號，有一些差異的說法。

❷ 關於文武本尊眷眾——菩薩、門神、瑜伽女、女魔、女神的詳細象徵意義，主要引自於兩個來源：一是法蘭卻絲卡‧弗列曼陀（Francesc Fremantle）所著的《光明空性》（*Luminous Emptiness*，2003年由Shamabhala出版社出版），以及久美‧多傑（Gyurme Dorje）所翻譯的《西藏度亡經》（2005年由Viking出版社出版）。

❸ 在某些典籍中提及男性守門聖尊，是象徵四種事業，女性守門聖尊則象徵四無量心。四種事業是息、增、懷、誅；四無量心是：慈、悲、喜、捨。

❹ 在五方佛的體系中，佛部和轉化癡為法界體性智有關。但是，當五方佛與輪迴六道相連結時，佛部便可視為和兩道有關聯：與傲慢相關的天道，及與愚癡相關的畜生道，此兩者的根源皆是根本無明。

❺ 請參見第一章註2。寶部在五方佛體系中，和轉化傲慢有關，可與六道體系中的餓鬼道及極端貪婪、貪恪的煩惱相連結。

❻ 有關這四種事業與其保護的描述，有不同說法。

名詞解釋

備註：縮寫：Eng.為英文，Skt.為梵文，Tib.為藏文。藏文名詞前方為拼字，後方為讀音。無縮寫記號者，是梵文或藏文的英譯讀音。以筆畫排序。

一切種、阿賴耶（Eng. *All-Basis*; Skt. *ālaya*; Tib. *kun gzhi / künshi*）：一般而言，「一切種」或「阿賴耶」一詞，既可用於法性（心之真正本性），也可用於阿賴耶識。當心性未被認出時，稱做「一切種識」或阿賴耶識；當心性被認出時，就稱做「一切種智」或阿賴耶智。參見「阿賴耶識」和「阿賴耶智」。

一切種智或阿賴耶智（Eng. *All-Base Wisdom*; Skt. *alaya-jnana*; Tib. *kun gzhi ye shes /künshi yeshe*）：指的是心清淨的智慧本性，即佛性，本來就不受任何外來、暫時的染污所垢障，能自明。另參見alaya-vijnana。

一切種識或阿賴耶識（Eng. *All-Base Consciousness*; Skt. *alaya-vijnana*; Tib. *kun gzhi rnam shes /künshi namshe*）：根據唯識宗的思想體系，阿賴耶識是第八識，也是一切業印與業習的貯存庫，等同於無明，是外來暫時垢染的總集。另參見「一切種」。

二利（Eng. *Two Benefits*; Tib. *don gnyis /dön nyi*）：自利和利他。

二資糧（Eng. *Two Accumulations*; Skt. *saṃbhāra-dvaya*; Tib. *tshogs gnyis /tsok nyi*）：福德資糧與智慧資糧，是在證悟之道上必須聚集的基本兩類資糧，這兩者的圓滿就等同於證悟本身。福德

資糧相應於方便的面向，牽涉到概念性的參照點；智慧資糧則和智慧相應，漸漸地離於參照點。

二障（Eng. *Two Obscurations*; Tib. *sgrib gnyis /drib nyi*）：兩種能阻礙行者獲得證悟的事物：煩惱障和所知障。煩惱障阻礙了從輪迴中解脫的成就，所知障則阻礙了遍知的成就。唯有圓滿的佛才摒除了二障。參見煩惱障與所知障。

二諦（Eng. *Two Truths*; Skt. *dvisatya*; Tib. *bden pa gnyis /denpa nyi*）：真理的兩個層面：勝義諦和世俗諦，或真諦與似諦。參見究竟真理與相對真理。

人身難得（Eng. *Precious Human Birth*; Tib. *mi lus rin po che /milü rinpoche*）：俱足了修持佛法應具備之暇滿條件的人身。經典上教導說，爲了能讓人身變得珍貴，行者應該具備信心、精進與智慧（般若）三項特質。

三身（Eng. *Three Bodies*、*Three Kayas*; Skt. *trikāya*; Tib. *sku gsum /ku sum*）：心之證悟本性的三個不可分面向；三種層面的證悟化現：法身、報身和化身。參見三身的各條目。

三身（Skt. *trikaya*; Tib. *sku gsum*）：參見三身。

三昧耶（Skt. *samaya*; Tib. *dam tshig /damtsik*）：金剛乘修道上的承諾。根本上，外在三昧耶是與金剛上師和法友維持和諧和睦的關係，內在三昧耶則是不逸離持續的修行。

三乘（Eng. *Three Vehicles*、*Three Yanas*; Tib. *theg pa gsum /thekpa sum*）：聲聞乘、緣覺乘、菩薩乘與大乘。參見各自的條目，與乘的條目。

三慧（Eng. *Three Prajnas*; Tib. *shes rab gsum /she rap sum*）：三慧是聞、思、修的智慧。

三寶（Eng. *Three Jewels*; Tib. *dkon mchog gsum /könchok sum*）：
即佛、法、僧。

三輪清淨（Eng. *Threefold Purity*; Tib. *'khor gsum rnam par dag pa
/khorsum nampar dakpa*）：這個詞指的是爲了讓波羅蜜多的修
行成眞，所必須遵守的準則。這是對一個行爲的三輪體空之洞
見，以及不執著於此行爲的三輪：一、行爲的對象，二、行爲
本身，三、行爲的執行者或從事者。舉例來說，在布施的部
分，這表示：一、所要布施的個人或團體；二、「布施」本
身，包括了被施予的禮物；以及三、從事施予的布施者。

上師曼達壇城（guru mandala）：透過上師的在場與加持，以及
弟子的虔誠心與感受力，所迎請而來的智慧境。

大手印（Eng. *Great Seal*; Skt. *Mahamudra*; Tib. *phyag rgya chen po
/chakgya chenpo*）：奠基於直接證悟自心本性的甚深禪修法門
傳承。大手印是藏傳佛教噶舉派、薩迦派、格魯派最高的禪修
法門。

大成就者（Skt. *mahasiddha*; Tib. *grub chen /drubchen*）：用來指
稱佛教金剛乘中，透過修行而證得極高深微細之覺醒境界與證
量的修行者。

大空（Eng. *Great Emptiness*; Skt. *mahāśūnyatā*; Tib. *stong pa chen
po /tongpa chenpo*）：顯空不二或明空不二。

大乘（Eng. *Great Vehicle*; Skt. *Mahayana*; Tib. *theg pa chen po
/thekpa chenpo*）：也稱做「菩薩乘」，是釋迦牟尼佛在二轉、
三轉法輪時所傳下的法教與修行法，其特點是對悲與智兩者的
雙重強調，「悲」即是希求一切眾生從痛苦中解脫，「智」則
是能感知現象的眞正本性。行者在進入並得以駕馭此乘之後，

便能讓一切眾生到達圓滿證悟的境界。

大圓滿（Eng. *Dzogchen*; Tib. *rdzogs chen /dzogchen*）：強調心的本淨與證悟本淨心之法門的禪修傳統。此禪修在寧瑪派的傳承中，是最高的修行。教導說，大圓滿是一切禪修形式中最為高段者。在西藏，大圓滿的法教由蓮師廣傳開來，包含了臨終的當下口訣與整部六中陰法教。

小乘（Skt. *Hinayana*; Tib. *theg pa dman pa /thekpa menpa*）：包括了一般佛教修道上的前兩乘或階段：聲聞和緣覺，其果報是個人的解脫。

不淨相（Eng. *Impure Appearance*; Tib. *ma dag pa'i snang ba /madak pe nangwa*）：在輪迴中由凡夫所經驗到的二元的、煩惱的顯相。

中陰（Eng. *Bardo*; Skt. *antarābhava*; Tib. *bar do /bardo*）：被譯成「中間」、「間隔」或「之間」的狀態。就某個意義而言，中陰指的是現前時刻的經驗。另外，中陰也指居於某些「期間」的體驗，有清楚的開頭、某種延續感和明顯的結束點。依據後者的定義，而傳授出六種中陰：自然的生處中陰、睡夢中陰、禪定中陰、痛苦的臨終中陰、光明的法性中陰和業報的投生中陰。參見各中陰條目。

中觀派（Skt. *Madhyamaka*; Tib. *dbu ma pa /umapa*，中道的倡議者）：由龍樹大師所創始的大乘佛教學派，倡議一切萬法皆無實存。由於中觀論師以超越常見與斷見之兩種邊見的方式，來教導世俗諦與勝義諦的雙運，因此被稱為「中派（的倡議者）」。藏語*uma*的詞源闡明了中觀學派的洞見：*u*指的是「中心」或「中間」，*ma*可解釋為是名詞字尾，抑或否定分詞。因此，

後者會讓這個詞語的字義成為「非中間」之意；這說明了中觀派甚至不倡議在超越兩種邊見後，還存留了某個實存或究竟存在的「中間」。

五悅、五妙欲（Eng. *Five Sense Pleasures*; Tib. *'dod yon lnga /döyön nga*）：妙色、悅聲、芳香、美味和軟觸之物。

五蘊（Eng. *Five Skandhas*、*five aggregates*; Tib. *Phung po lnga /pungpo nga*）：「蘊」一詞，字面上的意義是「群」、「堆」或「聚」。五蘊是：色（Tib. *Gzugs /zuk*）、受（Tib. *tshor ba /tsorwa*）、想（Tib. *'du shes /dushe*）、行（Tib. *'du byed /duje*）、識（Tib. *rnam shes /namshe*）。這五項包括了我們經驗的一切可能面向，且被說為是我們執著於「自我」的基礎，但也是檢驗「自我不存在」的基礎。

六道（Eng. *Six Realms*）：六道是六種輪迴存在的狀態，眾生會在第六個中陰，即投生中陰結束時，投生於六道之中。從大乘的觀點看來，六道被視為是心理上的實相，而非物質的實體，每一道都呈現了一種被特定情緒，以及某種類型的痛苦特性所宰制的心理狀態。六道分為三上趣和三惡趣。三上趣是天道、阿修羅道和人道；三惡趣是畜生道、餓鬼道和地獄道。

化身（Eng. *Manifestation Body*，示現身；Skt. *nirmanakaya*; Tib. *sprul pa'i sku / trul pe ku*）：佛的色身（身體），可對凡夫（不淨）和聖者（淨）兩者顯現，這是為了利益其他有情眾生所證得的果報，因此，此身與悲心息息相關。經典上也說道，雖然心離於生、滅，卻能以各種方式化現，這即是心之表達力的無竭顯相。從身、語、意三身的觀點看來，這是佛果「身」的功德。根據共通的歷史記載，最晚近的化身佛即是釋迦牟尼佛。

但是在西藏的傳承中，蓮師也被認爲是位化身佛。

化現（Eng. *Manifestations*; Tib. *'char sgo /chargo*）：心的所顯或經驗，即念頭和顯相。

幻身（Eng. *Illusory Body*; Tib. *sgyu lus /gyulü*）：「不淨幻身」的修行（Tib. *ma dag pa'i sgyu lus /ma dak pe gyu lü*），意指讓自己熟悉並了悟「一切萬法的如幻本性乃是顯空不二」。「淨幻身」的修行（Tib. *dag pa'i sgyu lus /dakpe gyulü*），則和圓滿次第的修行相關。參見不淨相與淨相。

月稱大師（Skt. *Chandrakirti*; Tib. *Zla ba grags pa /da wa drak pa*）：西元七世紀的印度大師、學者及那瀾陀大學的住持。月稱菩薩身爲中觀應成派的創始者，成爲中觀大師龍樹菩薩的學識繼承人及心之法嗣。

止，奢摩他（Skt. *shamatha*; Tib. *zhi gnas /shi ne*）：止定的禪修，其面向是正念覺察（憶念禪修的對境）和正知警醒（持續的正念）。*Shama*意指「止靜」，tha則是「住」，所以shamatha的意思是「止定」或「安住」。之所以稱爲「止」，是因爲對諸如色相等客體對境的分心皆被止息了，心專注地安住於所修持的那個三摩地上。

出離心（Eng. *Renunciation*; Skt. *nihsarana*; Tib. *nges 'byung /nge jung*）：出於一種「厭惡煩惱和我執」的感覺，而誓願完全脫離輪迴監牢的心。

加持（Eng. *Blessing*; Skt. *adhisththana*; Tib. *byin rlabs /jinlab*）：由自己的上師、證悟大師或透過自身禪修與祈請而得到的祝福、加被力。

四大解脫（Eng. *Four Great Modes of Liberation*; Tib. *grol lugs chen* *po bzhi*）：即本來解脫、自解脫、裸然解脫和圓滿解脫，這些全都在指出，心的煩惱和念頭無非是心之本性無礙的創造性展現，並能認出這點來。

四聖諦（Eng. *Four Noble Truths*; Skt. *caturāryasatya*; Tib. *'phags pa'i bden pa bzhi /pak pe denpa shi*）：佛陀在初轉法輪時所傳的法教。前兩諦——苦諦和集諦，在描述輪迴之因與果；後兩諦——滅諦和道諦，則在描述涅槃之因與果。

平常心（Eng. *Ordinary Mind*; Tib. *tha mal gyi shes pa /thamal gyi shepa*）：大手印的用語，指的是根本、不造作、覺醒的心性。「平常」一詞是用來指出一切眾生皆擁有此心，不管他們是否認出。大手印的傳承中教導說，心的這個面向，必須由證悟上師為具格弟子直指而出，好讓心性的了悟能發生。參見自心本性。

平常心（Tib. *tha mal gyi shes pa /thamal gyi shepa*）：參見平常心。

本淨（Eng. *Alpha Pure*; Tib. *ka dag /kadak*）：一般而言，這個詞用於本初清淨和輪涅萬法的平等性；也特別指大圓滿立斷修行的根本見。參見「本初智慧或俱生智」（primordial wisdom）。

本淨（Eng. *Primordial Purity*; Tib. *ka dag /kadak*）：有情眾生之心的根本性，是本來或本初清淨的，從未被任何染污所染污，也超越了迷惑或解脫。本淨也是大圓滿法教兩大主要面向之一，另一個是「任運」。大圓滿有兩大部分：立斷和頓超；前者強調本淨，後者則強調任運。

本尊（Eng. *Deity*; Skt. *deva*; Tib. *Lha /hla*）：各種報身的形相，能顯現為寂靜相或忿怒相，象徵顯空雙運；運用在本尊法的觀想

上（生起次第）。參見本尊（yidam）。

本尊（Tib. *yidam*; Skt. *Devatā*）：代表心之證悟特質的所修本尊，也被稱做「成就的根本」。

本尊法（Eng. *Diety Yoga*; Tib. *lha'i rnal 'byor /hla yi naljor*）：涉及本尊觀想的禪修練習，是一個與本尊所具現之智慧產生連結的善巧法門。（與生起次第同義）

本覺（Tib. *rigpa /rig pa*; Skt. *Vidyā*）：無遮裸然覺性；透過大圓滿禪修所證悟的心之本淨狀態。

生起次第（Eng. *Creation Stage*; Skt. *utpattikrama*; Tib. *bskyed rim / kyerim*）：這是金剛乘兩大主要禪修型態的第一類（第二類是圓滿次第），修行重點集中在所禪修本尊的觀想上，以便嫻熟並了悟顯空雙運。參見圓滿次第。

生起次第（Skt. *utpattikrama*）：參見生起次第（creation stage）。

立斷（Tib. *khregs chöd /trekcho*）：大圓滿阿底瑜伽部修行兩階段的第一部分，藉由強調本淨的見，直接「斷除」一切粗重和微細的念頭。參見頓超。

伏藏（Tib. *gter ma /terma*）：法要典籍，通常稱做「伏藏法」，由蓮師所埋藏，以待之後較適合的時代，由其預定之具緣弟子取出並弘傳。

伏藏師（Tib. *gter ston /terton*）：取出蓮師所埋藏之法要典籍的人。

光明的法性中陰（Eng. *Luminous Bardo of Dharmata*; Tib. *chos nyid kyi bar do /chönyi gi bardo*）：從緊接著死亡時刻開始，到我們進入投生中陰之際即結束的這段期間。

地（Eng. *Ground*; Skt. *bhumi*; Tib. *sa /sa*）：菩薩所歷經的十個階

離死之心

段或層級。證得第一地，表示行者首度對空性的全盤了悟；隨著每一地而增上，其了悟也就越來越深厚。在十地的旅程中，還有額外的四度波羅密多修持與其中四個菩薩地相應而至圓滿。除了六度波羅密多之外，所增加的是：方便、願、力和智慧。

如來藏（Skt. *tathagatagarba*; Tib. *de bzhin gshegs pa'i snying po / deshin shek pe nyingpo*）：如來或佛的種子或體性，通常翻譯為「佛性」或「如來藏」。這是一切眾生所擁有的俱生潛能，能證得佛果的境界、究竟正覺。另一名稱是「善逝藏」。

自心本性（Eng. *Nature of Mind*; Tib. *sems kyi gnas lugs /sem kyi ne luk*）：指本然境界或心的真正本性；不造作且自然的境界，也稱為「平常心」（ordinary mind），或俱生智或自覺智慧（wisdom of self-arisen awareness），是實相的同義詞，也譯為「本然境界」（natural state）、「不動本性」（abiding nature）或「住態」（abiding mode）。

自然的生處中陰（Eng. *Natural Bardo of this Life*; Tib. *skye gnas kyi bar do /kye ne gi bar do*）：介於我們出生到遇到致死之緣的期間。

自證智、自覺智（Eng. *Self-Aware Wisdom*; Tib. *rang rig pa'i ye shes /rang rik pe yeshe*）：指的是「心之證悟智慧的俱生本性」，能了悟心自身。

佛（Skt. *Buddha*; Tib. *sangs rgyas /sangye*）：這可以指歷史上佛教的創始者釋迦牟尼佛（其名亦為悉達多或喬達摩），或是更泛指已達到證悟境界或圓滿正覺的人。當某人已降伏「二障」，即煩惱障與所知障，並證得二智，即了知自心與一切現象之究

竟本性的「一切智」或「如所有智」，以及了知萬法現象之變化萬千的「一切種智」或「盡所有智」，具足此「斷、證」二功德即是成佛。佛也可以指心本身的證悟功德，例如佛性或佛智。

佛性（Eng. *Buddha Nature*; Skt. *tathāgatagarbha*; Tib. *de bzhin gshegs pa'i snying po /deshin shek pe nyingpo*）：存在於每位眾生心續中獲得圓滿覺醒的潛能。

佛法（Skt. *Buddhadharma*; Tib. *nang pa sangs rgyas pa'i chos /nang-pa sangye pe chö*）：佛的法教。

我執（Eng. *Ego-Clinging*; Skt. *atmagraha*; Tib. *bdag 'dzin /dak dzin*）：心的迷惑習性，認為在身心的延續中，有一個實存的「我」。

究竟眞理、勝義諦（Eng. *Absolute Truth*; Skt. *paramārthasatya*; Tib. *don dam bden pa /töndam denpa*）：「眞理」是證悟者所見者，通常被描述爲空性、心的光明本性或是佛性。參見「二諦」。

那洛巴（Naropa, 1016-1100）：印度大成就者及大手印、密續大師中最重要的人物之一。在見到其上師帝洛巴之前，他是北印度那瀾陀大學的著名學者。他從帝洛巴處，接受了大手印和密續傳承法教，並將之傳給了心子西藏大譯師馬爾巴。

咒語（Skt. *mantra*; Tib. *Sngags /ngak*）：神聖的聲音，代表各個本尊的體性，且據說能清淨我們的語。

岡波巴（Gampopa; Tib. *Gam po pa*, 1079-1153)：也稱做達波仁波切（Tib. *Dakpo Rinpoche*），是密勒日巴最重要的弟子。他也跟隨噶當派的上師學習，是噶舉派寺院體系的創始者，其嫡系繼承者的傳承被稱爲達波噶舉（從第一世噶瑪巴之後，也被稱爲

噶瑪噶舉）。他的心子包括了第一世噶瑪巴杜松·虔巴（Düsum Khyenpa）與帕莫·竹巴（Pakmo Drupa）。

帕當巴·桑傑（Tib. *Phadam pa sangs rgyas /Padampa Sangye*）：將「息解法」（苦的止息）的禪修體系引介入西藏的印度大成就者；他也是施身法傳承祖師瑪姬拉尊（Machik Labdrön, 1055-1153）的上師。（審校註：亦即禪宗始祖達摩祖師）

念珠（Skt. *mala*; Tib. *'phreng ba /trengwa*）：和珠串相同，是成串的珠子或石頭，用來計算咒語的持誦、祈請文唸誦等等。

所知障（Eng. *Knowledge Obscurations*; Tib. *shes bya'i sgrib pa*）：阻擋或妨礙我們獲得遍知佛果的障礙，主要是由不知現象真正本性（空性）的無明所構成。經典指出，所知障是二障中較為微細者，另一障是煩惱障。

明光（Eng. *Luminosity*; Skt. *prabhāsvara*; Tib. *'od gsal /ösel*）：佛陀法教三轉法輪的主要主題，是清明與光明的本然功德，與現象的空性本質無二無別。

明點（Skt. *Bindu*）：參見氣、脈、明點。

法身（Eng. *Phenomenal or Truth Body*，法界身、真實身；Skt. *dharmakaya*; Tib. *chos kyi sku /chökyi ku*）：法身是證悟了觀之精髓，或是圓滿了非概念本性的果位。法身是為了自利而證得的果報。談到心性，法身是心之空分的體性，超越了語言、念頭和表達。經典上說，法身也是心本身的無生，且離於一切概念戲論。從身、語、意三身的觀點看來，法身是佛果的意功德。

法性（Eng. *Reality*，實相；Skt. *dharmata*; Tib. *chos nyid /chönyi*）：心與現象的究竟本性或實相，是空性、真如、心性

和佛性的同義詞。

法界（Eng. *Expanse or Space of Phenomena*，虛空、現象界；Skt. *dharmadhatu*; Tib. *chos dbying /chöying*）：輪迴與涅槃現象的究竟、本初虛空，無生也無滅，非因緣生，也不變易。

空性（Eng. *Emptiness*; Skt. *śūnyatā*; Tib. *stong pa nyid /tongpa nyi*）：這個詞指的是在勝義究竟的層面上，沒有人我或法我的實存，但並不駁斥世俗相對顯相上的我。事實上，「空性」的本然狀態，表示一切萬法超越了任何恆常或固實意義上的存在或不存在之邊見。

空性（Eng. *Emptiness*; Skt. *shunyata*; Tib. *stong pa nyid /tongpa nyi*）：一切萬法的真如或真正本性，毫無真實、俱生且獨立的存在，且超越了各層面的概念性戲論造作。參見空性（emptiness）。

金剛（Skt. *vajra*; Tib. *rdo rje /dorje*）：「鑽石」，「石王」。作為形容詞時，表示不壞、無敵、穩固、堅硬、如鑽石般。究竟的金剛是空性，世俗的金剛則是儀軌所使用的法器。

金剛乘（Skt. *Vajrayana*; Tib. *rdo rje theg pa /dorje tekpa*）：大乘的密續法教，這是快速的修道，運用各種以覺醒之果為道用的方便法門，也稱為「密咒乘」或「果乘」。

垢染（Eng. *Defilements*; Tib. *glo bur gyi dri ma /lobur gi drima*）：這些垢染或不淨並不是佛性，並不是心之本性的原有物，但仍障蔽我們對佛性的認知，就像是烏雲遮蔽了太陽的光芒一般；這也是「偶發的」或「外來的」染污。參見二障。

帝洛巴（Tilopa, 989-1069; Tib. *ti lo pa*）：印度八十四大成就者之一，帝洛巴從印度的幾位偉大密乘上師處，接受了開示和傳

法，特別是「四不共傳承」。從究竟的觀點看來，據說帝洛巴並沒有人類的上師，而是直接從金剛薩埵佛接受了全部的大手印和金剛乘的傳法。他是那洛巴的上師。

度，波羅蜜多（Skt. *paramitas*; Tib. *pha rol tu phyin pa / paröl tu chinpa*）：字面上是「到彼岸」的意思。波羅蜜多的修行包括了布施、持戒、安忍、精進、禪定和般若（智慧）。

相對眞理（Eng. *Relative Truth*; Tib. *kun rdzob bden pa /kündzop denpa*）：世俗諦（conventional truth）的同義詞；意即我們日常的眞實體驗。在世俗諦中，現象被感知爲實存且與心是分離的，也被稱爲「妄諦」，因爲其隱藏了現象的眞正本性──空性。此名相因不同的佛教小乘─大乘宗派，而有不同的定義與理解。參見二諦。

持金剛（Skt. *Vajradhara*; Tib. *rdo rje 'chang /dorje chang*）：字面上是「金剛的持有者」之意，是法身佛的名號。噶舉傳承中許多法教來自於持金剛，常用來作爲根本上師的名諱。（審校註：「持金剛」爲第十七世大寶法王親自更譯之名相。）

乘（Skt. *yana*; Tib. *theg pa /tekpa*）：字面上意指「能載者」、「運載工具」，是一套能傳送我們投生在三上趣、讓我們從輪迴中解脫、或達到圓滿佛果的法教開示。乘有不同的分類，像是小乘、大乘和金剛乘的三重分法；還有聲聞乘、緣覺乘和菩薩乘的三重分法；或聲聞、緣覺、菩薩、事部、行部、瑜伽部、大瑜伽、阿努瑜伽和阿底瑜伽的九乘次第。

煩惱障（Eng. *Afflictive Obscurations*; Skt. *kleśāvaraṅa*; Tib. *nyon mongs pa'i sgrib pa*）：英文亦可稱爲klesha obscurations，從輪迴中解脫的障礙。煩惱障的性質同於五種根本煩惱：貪、瞋、

癡、慢、嫉及其相關心境（心所），是二障中較為粗重者。

俱生智（Eng. *Connate Wisdom*; Skt. *sahajajnana*; Tib. *lhan cig skyes pa'i ye shes /lhenchik kye pe yeshe*）：心的本初法身本性。

展現、顯能（Eng. *Display*; Tib. *Rtsal /tsal*）：心的顯現特質。也翻譯成「顯現」、「化現」或「表達力」。

氣（Skt. *prana*）：參見脈、氣、明點。

涅槃（Eng. *Pass Beyond Suffering*，離苦而去；Skt. *nirvana*; Tib. *mya ngan las 'das pa /nya ngen le depa*）：可意指聲聞乘或緣覺乘所達到的「從痛苦中解脫」，或是大乘所證得的遍知、圓滿正覺。

真如（Eng. *Suchness*; Skt. *tathātā*; Tib. *de kho na nyid /dekona nyi*）：空性或法性、究竟本性的同義詞。

脈、氣、明點（Skt. *nadis, pranas, and bindus*; Tib. *rtsa rlung thig le /tsa lung thigle*）：微細身的脈或走道（脈），在脈中，身體的氣或微細能量（氣）運行著，帶著肉身的精華（明點）。

脈輪（Skt. *chakra*; Tib. *'khor lo /korlo*）：沿著微細身中脈的某個點，有三條主要的脈，交叉形成一個特別的結構或「法輪」（dharma wheel）。有四個主要的脈輪：頂輪、喉輪、心輪和臍輪。在圓滿次第的修行中，會運用到涉及脈輪的禪修。

般若，智慧（Skt. *prajna*; Tib. *shes rab /sherap*）：與深入空性的洞見相關的智慧或超越智，也是覺性本然敏銳的辨別特質。當般若作用在我們世俗相對層次的活動時，在最高的層面上，是能「見」到無常、無我和空性的覺性。

馬爾巴（Marpa, 1012-1097）：印度大成就者那洛巴與梅紀巴（Maitripa）的最重要弟子之一，也是西藏噶舉派的創始祖師，

他的心子是偉大的瑜伽士密勒日巴。馬爾巴數次至印度旅行，帶回了口傳與經典，翻譯爲藏文。

曼達壇城（Skt. *mandala*; Tib. *dkyil 'khor /kyilkhor*）：藏文的曼達壇城一詞，字面上的意思是「中心與周圍」。在佛教的金剛乘中，曼達壇城是本尊的所在處，是一個由全然淨相所構成的環境，其所傳遞的訊息是證悟智慧的體性。

唯識派（Skt. *Chittamatra*; Tib. *sems tsam /sem tsam*）：教導「除了心之外，別無他物存在」的大乘佛教學派，並主張這個僅是清明和覺知的心是實存的。

寂天大師（Skt. *Shantideva*; Tib. *zhi ba lha /shiwa hla*）：西元八世紀印度那瀾陀大學的佛教學者，八十四大成就者之一，以其所著作的長詩《入菩薩行論》而聞名，這是一本充滿詩意、饒富啓發的關於證悟之道的釋論。

密咒乘（Skt. *Mantrayana*）：參見金剛乘。

密勒日巴（Milarepa, 1040-1123）：大譯師馬爾巴的最重要弟子之一，也是岡波巴的上師。密勒日巴被尊爲西藏最偉大的瑜伽士，他一輩子便清淨所有業報與障礙的能力，是人們備加推崇的範例。他的證道歌是其了悟的證言，由人們傳唱不輟。

密續（Skt. *tantra*; Tib. *Rgyud /gyü*）：佛以報身形相所傳下的金剛乘法教。密續的眞正意思是「相續」，意即俱生的佛性，這被稱爲是「表義的密續」。一般密續的意思是特別的密乘典籍，也被稱爲「表字的密續」。另也可指整個金剛乘的一切果教。

梅紀巴（Maitripa, 1012-1097）：印度的大成就者，是大譯師馬爾巴主要的大手印上師之一。

淨相（Eng. *Pure Appearance*; Tib. *dag pa'i snang ba / dakpe nang-*

名詞解釋

wa）：已證得心之本淨性之行者的非二元顯相和體驗，顯現爲離於煩惱，以及本尊曼達壇城、清淨佛土的顯相等。

習氣（Eng. *Habitual Tendencies*; Skt. *vāsanā*; Tib. *bag chags /bakchak*）：由心的慣性所造成的癖好，以潛伏的形式藏在阿賴耶識中。儘管習氣的成熟可以引發身體上、語言上和心理上的正面、負面或中性的行爲，但習氣的特性一直是中性的。

報身（Eng. *Body of Perfect Enjoyment*，圓滿受用身；Skt. *sambhogakaya*; Tib. *longs spyod rdzogs pa'i sku /longchö dzokpe ku*）：在外相的意義上，報身指的是佛出現在天界「淨土」時的化現，以光身而非肉身的方式傳法給僅限於菩薩聖眾的海會。佛教金剛乘中五方佛部的諸佛，皆是報身佛。但是，報身在特殊意義上，也意指心的光明本性，心無礙、燦爛和大樂的能量。從身、語、意的觀點看來，這是佛果「語」的功德。

智（Skt. *jnana*; Tib. *ye shes /yeshe*）：證悟者的非二元智慧。

智慧（Eng. *Wisdom*; Skt. *jñāna*; Tib. *ye shes /yeshe*）：也譯成「本智」（primordial wisdom），或「本覺」，指的是菩薩在座上以及佛的無二元、非概念性的洞見。

智慧度（Skt. *Prajnaparamita*; Tib. *shes rab kyi pha rol tu phyin pa /sherap kyi parol tu chinpa*）：用來表示智慧的圓滿，意即證悟空性的相關法教與此實相本身。也稱做「偉大佛母」般若佛母。

無上瑜伽部（Skt. *anuttarayogatantra*; Tib. *ranl'byor bla med rgyud /naljor lame gyü*）：根據藏傳佛教新譯派的體系，這是四部密續中的最高者。

無生（Eng. *Unborn*; Tib. *skye ba med pa /kyewa mepa*）：空性的同義詞，表示在究竟上，無一物有任何「眞正的」生起或出生，

雖然在世俗相對的層面上，顯現出似乎有生起或出生。也譯成
「無生」。

無我（Eng. *Egolessness*; Skt. *nairātmya*; Tib. *bdag med /dak me*）：
在意義上與空性雷同，也翻譯成「無自身」（selflessness）和
「無本體」（identitylessness）。「無我」乃是沒有某種物體是單
獨的、恆常的、或獨立存在，而可以稱之為一個自我、自身、
靈魂或身份，或「我」。有兩種無我的主要類型：人無我（Skt.
pudgala-nairātmya; Tib. *gang zag gi bdag med /kangzak gi
dakme*）、法無我（Skt. *dharma-nairātmya*; Tib. *chos kyi bdag med
/chö kyi dakme*）。

無常（Eng. *Impermanence*; Tib. *mi rtag pa /mitakpa*）：無常的現象
即是會生、住、滅的現象。粗分無常指的是，未開展之心隨著
時間的消逝而直接觀察到的變化；微細無常指的則是每一剎那
的變化，一般是無法直接觀察到的。

痛苦的臨終中陰（Eng. *Painful Bardo of Dying*; Tib. *'chi kha'i bar
do /chi ke bar do*）：從遇到致死之緣的當刻，到真正死亡時刻
的期間。

善逝（Eng. *Those Gone to Bliss*，入大樂者；Skt. *sugata*; Tib. *bde
bar gshegs pa /dewar shekpa*）：佛或諸佛的名號。

菩提、正覺（Eng. *Awakening*; Skt. *bodhi*; Tib. *byang chub /
changchub*）：佛的境界，也被譯成「證悟」（enlightenment）。
心的一切障礙皆被降伏或淨化，且圓滿證得了智慧。

菩提心（Eng. *Awakened Mind*，覺醒之心；Skt. *bodhichitta*; Tib.
byang chub kyi sems /changchub kyi sem）：一般而言，這個詞語
用來表示「為了利益一切眾生而願證得圓滿佛果的發心」。特

別又分為勝義菩提心和世俗菩提心；世俗菩提心又可分為願菩提心和行菩提心。

菩薩（Eng. *Awake Courageous One*，覺醒之勇者; Skt. *bodhisattva*; Tib. *byang chub sems dpa' /changchub sempa*）：步上大乘之道的發願者，誓願為了讓一切眾生從輪迴中解脫而證得圓滿正覺。菩薩一詞指的可以是正在修習、訓練菩提心的凡夫（稱為「初學菩薩」），或是證得菩薩十地之任一地的聖者（稱做「大菩提薩埵或大菩薩」）。

圓滿次第（Eng. *Completion Stage*; Skt. *sampannakrama*; Tib. *rdzogs rim /dzokrim*）：這是金剛乘兩大主要禪修型態的第二類（第一類是生起次第），包括次第淬煉氣、脈、明點，臻至大手印和大圓滿中越來越無參照點的無相禪修。透過這類修行，行者能嫻熟並了悟明空雙運、樂空雙運和覺空雙運。參見生起次第。

圓滿次第（Skt. *sampannakrama*）：參見圓滿次第。

微細身（Eng. *Subtle Body*）：在肉身中氣、脈、明點的精細網絡，也稱做「金剛身」。

業報的投生中陰（Eng. *Karmic Bardo of Becoming*; Tib. *srid pa'i bar do / si pe bardo*）：於光明的法性中陰之後開始，直到進入未來父母的母胎時才結束的這段期間。

煩惱（Eng. *Mental Afflictions*; Skt. *klesha*; Tib. *nyon mongs /nyönmong*）：使有情眾生痛苦的負面、迷惑心境。六種根本煩惱是貪、瞋、癡、慢、疑與邪見。

經（Eng. *Discourses*; Skt. *sutras*; Tib. *Mdo /do*）：指的是：一、佛所傳的小乘和大乘法教，相對於金剛乘的密續；二、（經、律、論）三藏中「經藏」的典籍，被認為是三摩地或禪定的法教。

解脫（Eng. *Liberation*; Tib. *thar pa /tarpa*或*grol ba /drolwa*）：有兩個不同的藏文用語，皆翻譯為英文的「liberation」解脫一詞。Tarpa主要是指聲聞乘、緣覺乘所獲得從痛苦中解脫的境界，相對於大乘所獲得佛的圓滿正覺。Drolwa有更廣泛的意涵，通常指的是，行者透過大手印和大圓滿的修行而產生關聯的任運、俱生解脫，比如「自解脫」。

道歌、證道歌（Skt. *doha*; Tib. *Mgur /gur*）：源自心靈證悟而即興吟唱的一種歌曲，在歷史上，由諸如密勒日巴等大師所唱出。

頓超（thogal /Tib. *thöd rgal*）：大圓滿阿底瑜伽部（Atiyoga）修行兩階段的第二部分，通常翻譯為「躍過」（leap over）或「頓超」（direct crossing），強調心無礙展現之任運呈現的見地。參見立斷。

睡夢中陰（Eng. *Bardo of Dream*; Tib. *rmi lam gyi bar do /milam gi bardo*）：介於入睡與再度醒來之間的時段，我們在其中體驗到夢境的現起。

儀軌（Skt. *sadhana*; Tib. *sgrub thabs /drup tap*）：這是金剛乘的修行法，需要領受儀式性的灌頂方能修習。

樂空不二（Eng. *Bliss-Emptiness*; Tib. *bde stong /detong*）：代表對非概念、遍在大樂的體驗，全然離於任何執著和參照點。

緣起（Eng. *Interdependent Origination*; Tib. *rten cing 'brel bar 'byung ba /tenching drelwar jungwa*）：一切事物之間互相的關聯性；事實是現象的現起唯有靠其因、緣的和合始成，由此可知現象是「非俱生或非究竟存在」的。

蓮花生（Skt. *Padmasambhava*）：參見蓮師。

蓮師（Guru Rinpoche）：佛教密乘的印度大師，透過各種符合世

俗或不符合世俗慣例的行持，成爲將佛教金剛乘移植入西藏的主要傳遞者。西元八世紀時，蓮師應印度堪布寂護與藏王赤松德贊之邀而入藏。蓮師除了是整套中陰法教的主要持有者與弘傳者之外，也埋藏了無數的佛法開示，稱爲「伏藏」，遍佈於西藏、尼泊爾和不丹，以待後世的具緣弟子取出。有時他也被稱爲「第二佛」，也以「蓮花生」之名著稱（Padmakara, "the lotus-born," Padmasambhava）。

論（Skt. *shastra*; Tib. *bstan bcos /ten chö*）：哲學論述，意指印度、西藏地區的班智達或博學大師爲闡述佛陀言教所作的釋論。

輪迴（Eng. *Cyclic Existence*; Skt. *samsara*; Tib. *'khor ba /khor-wa*）：眾生因無明而經驗到的存在狀態，痛苦是輪迴的主要特性。

龍樹大師（Nagarjuna; Tib. *klu sgrub /lu drub*，西元二世紀）：著名的印度學者，曾爲那瀾陀大學的住持。其著作像是《中論》（*Mūlamadhyamakakārikā*，或譯爲《中觀根本頌》），影響極爲深遠，是大乘中觀派的基礎。同時，龍樹菩薩也是一位偉大的密乘大師，是八十四大成就者之一。參見中觀派。

彌勒（Skt. *Maitreya*; Tib. *Byams pa /jam pa*）：目前住於兜率天的菩薩，將成爲這一劫的第五佛。

戲論、造作，概念的（Eng. *Elaborations, Conceptual*; Skt. *prapañca*; Tib. *sprod pa /tröpa*）：錯誤地加諸於現象上的概念建構。一般而言，有四種戲論，也就是四種邊見：存在、不存在、既存在又不存在、兩者皆非。佛學名相：存、非存、存非存、非存非非存。

禪定，三摩地（Skt. *samadhi*; Tib. *ting nge 'dzin /ting nge dzin*）：

不散逸的入定狀態。三摩地的定義是「關注需檢視之對境的一心不亂」。

禪定中陰（Eng. *Bardo of Meditation*; Tib. *bsam gtan gyi bar do /samten gi bardo*）：行者的心安住在禪定狀態或三摩地的時段。

聲聞（Eng. *Hearers*; Skt. *shravakas*; Tib. *nyan thos /nyenthö*）：透過修持初轉法輪之四聖諦法教，以證得涅槃的小乘行者。

薈供（Skt. *ganachakra*; Tib. *tshogs kyi 'khor lo /tsok gi kor lo*）：佛教金剛乘中獨特的集體共修。在薈供中，參加者還淨三昧耶，並能極為快速地積聚福、慧二資糧。

蘊（Skt. *skandha*）：參見五蘊。

顯（明）、增、得（Eng. *Appearance, Increase and Attainment*; Tib. *snang ba, mched pa, thob pa /nangwa chepa thobpa*）：這些相關用語指的是死亡過程中，意識逐漸收攝消融，逐漸臻至心的根本明光經驗。在各種金剛乘修行中也可發現相關的用法。

顯相（Eng. *Appearance*; Tib. *snang ba /nangwa*）：六種感官的客體，也可被譯為「經驗」或「感知境」。參見「不淨相」和「淨相」。

觀，毗婆奢那（Skt. *vipashyana*; Tib. *lhag mthong /lhaktong*）：能開展洞見深入實相本性的禪修。觀的修行，是以止禪為基礎。在梵文的 *vi（shesha）pashyanā* 一詞中，*vishesha* 指的是「不共」或「殊勝」，*pashyanā* 則意指「見」或「觀察」，因此，*vi（shesha）pashyanā* 便是「勝觀」之意。之所以稱之為「勝觀」，是因為行者以智慧之眼見到了「最殊勝者」，即現象的本性。

觀世音（Skt. *Avalokiteshvara*; Tib. *spyan ras gzigs /Chenrezi*）：大

延伸閱讀

傳統典籍：

Dorje, Gyurme, trans. *The Tibetan Book of the Dead.* Ed. by Graham Coleman with Thupten Jinpa. New York: Viking, 2005.

Gyatrul Rinpoche. *Natural Liberation: Padmasambhava's Teachings on the Six Bardos.* Trans. by B. Alan Wallace. Boston: Wisdom Publications, 1998.

Rangdrol, Tsele Natsok. *The Mirror of Mindfulness.* Trans. by Erik Pema Kunsang. Boston: Shambhala Publications, 1989.

Thurman, Robert, trans. *The Tibetan Book of the Dead.* New York: Bantam Books, 1994.

Trungpa, Chogyam and Francesca Fremantle.《藏密度亡經：中陰聞教大解脫》，台灣明名文化，2009。

當代釋論：

Bokar Rinpoche. *Death and the Art of Dying in Tibetan Buddhism.* English trans. by Christiane Buchet. (Original trans. from Tib. into French by François Jacquemart.) San Francisco: Clear Point Press, 1993.

Fremantle, Francesca. *Luminous Emptiness: Understanding the Tibetan Book of the Dead.* Boston: Shambhala Publications, 2001.

離死之心

Gyatso, Tenzin, H.H. the Fourteenth Dalai Lama. 《達賴生死書》（*Advice on Dying and Living a Better Life*）Trans. and ed. by Jeffrey Hopkins. 天下雜誌，2002。

Gyatso, Tenzin, H.H. the Fourteenth Dalai Lama. 《達賴喇嘛：心與夢的解析》（*Sleeping, Dreaming, and Dying: an Exploration of Consciousness*）Trans. by B. Alan Wallace and Thupten Jinpa. 大是文化，2008。

Hanh, Thich Nhat. *No Death, No Fear.* New York: Riverhead Books, 2002.

Lati Rinpoche and Jeffrey Hopkins. *Death, Intermediate State, and Rebirth in Tibetan Buddhism.* Ithaca, New York: Snow Lion Publications, 1979.

Lodö, Lama. *Bardo Teaching.* Ithaca: Snow Lion Publications, 1987.

Smith, Rodney. 《生死習題：人生最後的必修課》（*Lessons from the Dying*），法鼓文化，2009。

Sogyal Rinpoche. 《西藏生死書》（*The Tibetan Book of Living and Dying*），張老師文化，2006。

Tenga Rinpoche. *Transition and Liberation.* English trans. Alex Wilding. (Original German trans. by Susanne Schefczyk.) Osterby: Khampa Buchverlag, 1996.

Thondup, Tulku. *Peaceful Death, Joyful Rebirth.* Ed. by Harold Talbott. Boston: Shambhala, 2005.

Thrangu Rinpoche. *Journey of the Mind.* Trans. by Lama Yeshe Gyamtso. Vancouver: Karme Thekchen Choling, 1997.

Trungpa, Chogyam. *Transcending Madness: The Experience of the Six*

Bardos. Boston: Shambhala Publications, 1992.

錄音帶與錄影帶：

Karthar, Khenpo. *Death, Dying and the Bardo*. May 1982. DVD/audiotape.

Ponlop, Dzogchen. *Bardo Teachings*. March 2002. DVD/audiotape.

Tai Situ Rinpoche. *Overcoming the Fear of Dying*. June 1997. DVD/audiotape.

離
死
之
心

那瀾陀菩提佛學中心資訊

美國
Nalandabodhi USA
www.nalandabodhi.org
General inquiries: 一般諮詢
info@nalandabodhi.org

西方那瀾陀
Nalanda West
3902 Woodland Park Ave. N.
Seattle, WA 98103 USA
www.nalandawest.org

西方那瀾陀課程
Nalanda West Programs
Email: programs@nalandawest.org

波爾德
Nalandabodhi Boulder
Boulder, CO USA
Email: info@nbboulder.org
www.nbboulder.org

康乃狄克
Nalandabodhi Connecticut
Simsbury, CT USA
Email: connecticut@nalandabodhi.org
www.nbconnecticut.org

西雅圖那瀾陀菩提佛學中心
Nalandabodhi Seattle
Email: seattle@nalandabodhi.org

加州舊金山灣區
Nalandabodhi SF Bay Area
Mt. View, CA USA
Email: sfbayarea@nalandabodhi.org
www.nbsfbayarea.org

德州
Nalandabodhi Texas
Corpus Christi, TX USA
Email: texas@nalandabodhi.org
www.nalandabodhi.org/texas

美國區佛法研習團體
Study Groups: USA
紐約市
New York City NB Study Group
New York, NY USA
Email: nbnyc@nalandabodhi.org
www.nbnewyork.org

肯德基
Louisville NB Study Group
Louisville, Kentucky USA
Email: programs@nblouisville.org
www.nblouisville.org

賓州
Philadelphia NB Study Group
Philadelphia, PA USA
Email: philadelphia@nalandabodhi.org

羅德斯
Rhode Island NB Study Group
Email: rhode_island@nalandabodhi.org

加拿大
Nalandabodhi Canada
www.nalandabodhi.org

加拿大那瀾陀菩提基金會
Nalandabodhi Foundation, Canada
Email: canada@nalandabodhi.org

溫哥華那瀾陀菩提佛學中心
Nalandabodhi Vancouver
Email: vancouver@nalandabodhi.org
www.nbvancouver.org

加拿大佛法研習團體
Study groups: Canada
哈力法克斯
Halifax NB Study Group
Halifax, Nova Scotia CANADA
Email: halifax@nalandabodhi.org

蒙特婁
Montreal NB English Study Group
Email: montreal.english@nalandabod-hi.org
www.nbmontreal.org/index-an.html

蒙特婁法語佛法研習團體
Montreal NB French Study Group
Email: montreal.french@nalandabod-hi.org

竹慶本樂仁波切指導的中心

德國
Kamalashila Institute
Email: kamalashila@t-online.de
www.kamalashila.de

Theksum Tashi Choling
Email: germany@nalandabodhi.org
www.ttc-hamburg.de

多倫多
Toronto NB Study Group
Email: toronto@nalandabodhi.org

墨西哥
Mexico NB Study Group
聯絡人：Gabriela Monjaraz
Email: gmonjaraz@cuer.laneta.apc.org

歐洲
奧地利
Nalandabodhi Vienna
Email: vienna@nalandabodhi.org

德國漢堡
Hamburg NB Study Group
Hamburg GERMANY
Email: germany@nalandabodhi.org

德國柏林
Berlin NB Study Group
Berlin, GERMANY
Email: berlin@nalandabodhi.org

離死之心

正知國際
Nitartha International
www.nitartha.org

正知國際　西雅圖
Nitartha International
P.O. Box 85414 Seattle, WA 98145-
2414, USA
聯絡人：Lynne Conrad Marvet and
Marty Marvet
Tel: 206-985-8887
Fax:206-985-8878
Email: lcmarvet@nitartha.org
　　　　mmarvet@nitartha.org

正知國際文獻輸入中心
Nitartha International Document
Input Center (NIDIC)
GPO － 8974, CPC － 150

正知國際學院
Nitartha Institute
Email: info@nitarthainstitute.org
www.nitarthainstitute.org

菩提雜誌
Bodhi Magazine
Managing Editor
Email: bodhi@nalandabodhi.org
www.bodhionline.org

Kathmandu, NEPAL
Tel: 977-1-480-511
Email: nidic@ntc.net.np

那瀾陀菩提佛學中心資訊

MIND BEYOND DEATH by Dzogchen Ponlop

Copyright © Dzogchen Ponlop

Published by arrangement with Snow Lion Publications

through Bardon-Chinese Media Agency

Complex Chinese translation copyright © 2010

by Oak Tree Publishing Publication, a division of Cite Publishing Ltd.

ALL RIGHTS RESERVED

善知識系列　JB0063

離死之心

作　　者／竹慶本樂仁波切

譯　　者／藍星

審　　校／江翰雯

編　　輯／丁品方

業　　務／顏宏紋

副 總 編 輯／張嘉芳

出　　版／橡樹林文化

　　　　　城邦文化事業股份有限公司

　　　　　台北市民生東路二段141號5樓

　　　　　電話：(02)25007696　傳眞：(02)25001951

發　　行／英屬蓋曼群島家庭傳媒股份有限公司城邦分公司

　　　　　台北市民生東路二段141號2樓

　　　　　客服服務專線：(02)25007718；(02)25001991

　　　　　24小時傳眞專線：(02)25001990；(02)25001991

　　　　　服務時間：週一至週五上午09:30-12:00；下午13:00-17:00

　　　　　劃撥帳號：19863813；戶名：書虫股份有限公司

　　　　　讀者服務信箱：service@readingclub.com.tw

　　　　　城邦讀書花園網址：ww.cite.com.tw

香港發行所／城邦（香港）出版集團有限公司

　　　　　香港灣仔駱克道193號東超商業中心1樓

　　　　　電話：(852)25086231　傳眞：(852)25789337

　　　　　E-mail：hkcite@biznetvigator.com

馬新發行所／城邦（馬新）出版集團【Cite(M) Sdn.Bhd.(458372 U)】

　　　　　41, Jalan Radin Anum, Bandar Baru Sri Petaling,

　　　　　57000 Kuala Lumpur, Malaysia.

　　　　　電話：(603)90578822　傳眞：(603)90576622

版 面 構 成／歐陽碧智

封 面 設 計／李男設計有限公司

印　　　刷／韋懋事業有限公司

初版一刷／2010年1月

初版六刷／2021年2月

ISBN／978-986-6409-11-0

定價／400元

城邦讀書花園

www.cite.com.tw

版權所有・翻印必究（Printed in Taiwan）

缺頁或破損請寄回更換

國家圖書館出版品預行編目資料

離死之心 /竹慶本樂仁波切（Dzogchen
Ponlop）著；藍星譯；江翰雯審校. -- 初版.--
臺北市：橡樹林文化, 城邦文化出版：家庭傳媒
城邦分公司發行, 2010. 1
　面； 公分. --（善知識系列；JB0063）

ISBN 978-986-6409-11-0（平裝）

1.藏傳佛教　2.佛教修持　3.生死觀　4.死亡

226.965　　　　　　　　　　　　　98023869